NEGROS, ESTRANGEIROS

MANUELA CARNEIRO DA CUNHA

Negros, estrangeiros

Os escravos libertos e sua volta à África

2ª edição revista e ampliada
1ª reimpressão

COMPANHIA DAS LETRAS

*Grafia atualizada segundo o Acordo Ortográfico da Língua Portuguesa de 1990,
que entrou em vigor no Brasil em 2009.*

Capa
warrakloureiro

Foto de capa
Fotógrafo não identificado © Fundação Pierre Verger a partir de foto pertencente à família Alakija

Preparação
Leny Cordeiro

Cronologia
Luis Felipe Kojima Hirano

Índice remissivo
Luciano Marchiori

Revisão
Márcia Moura
Valquíria Della Pozza

Dados Internacionais de Catalogação na Publicação (CIP)
(Câmara Brasileira do Livro, SP, Brasil)

Cunha, Manuela Carneiro da
  Negros, estrangeiros : os escravos libertos e sua volta à África /
Manuela Carneiro da Cunha. — 2ª ed. rev. ampl. — São Paulo :
Companhia das Letras, 2012.

  ISBN 978-85-359-2055-0

  1. Escravos - Emancipação - Brasil 2. Escravos libertos - Brasil -
Condições sociais 3. Etnicidade 4. Igreja católica - Missões -
Nigéria - Lagos 5. Negros - Nigéria - Lagos - Condições sociais
I. Título.

12-00855   CDD 305.560981

Índice para catálogo sistemático:
1. Brasil : Negros : Escravos libertos e sua
volta à África : Condições sociais : Sociologia   305.560981

[2020]
Todos os direitos desta edição reservados à
EDITORA SCHWARCZ S.A.
Rua Bandeira Paulista, 702, cj. 32
04532-002 — São Paulo — SP
Telefone: (11) 3707-3500
www.companhiadasletras.com.br
www.blogdacompanhia.com.br
facebook.com/companhiadasletras
instagram.com/companhiadasletras
twitter.com/cialetras

Este livro ainda é do Marianno.
É de Elena e de Jacques.
É do Mateus e do Tiago.

Sumário

Estrangeiros no Brasil, estrangeiros na África

Suspeito ter sido Antônio Joaquim de Macedo Soares quem, no Brasil, primeiro escreveu demoradamente sobre as comunidades de brasileiros e abrasileirados na África Ocidental. Seu trabalho, "Portugal e Brasil na África: vestígios portugueses nas línguas do Ocidente e do Oriente da África. Colônias brasileiras na África Ocidental", foi publicado em 1942, no volume 177 da *Revista do Instituto Histórico e Geográfico Brasileiro*. Só o li quase seis décadas depois, mas estava preparado para o que iria encontrar em Lagos, quando ali cheguei, nos últimos dias de setembro de 1960, pelas referências feitas por Nina Rodrigues, em *Os africanos no Brasil*, aos brasileiros que viviam no golfo do Benim, por uma série de textos sobre o tema escritos por Gilberto Freyre em 1951, para acompanhar fotografias de Pierre Verger na revista *O Cruzeiro* (reelaborados em "Acontece que são baianos...", incluído em *Problemas brasileiros de antropologia*) e por um longo ensaio de J. F. de Almeida Prado, "A Bahia e as suas relações com o Daomé", que consta de seu livro *O Brasil e o colonialismo europeu*, de 1956. Sabia da existência do bairro brasileiro de Lagos — o *Brazilian Quarter* —, mas foi entre surpresa e espanto que atravessei a Campos Square e caminhei pelas ruas Tokunboh, Bangbose, Kakawa e Igbosere, onde se sucediam sobrados, moradas inteiras e meias-moradas que, se fossem cobertas por telhas de barro em vez de folhas de zinco, poderiam estar, com suas janelas com persianas, seus balcões em ferro fundido e suas pinhas de louça no alto das fachadas, no Recife, em Salvador ou no Rio de Janeiro.

Alguns meses depois, voltei a Lagos. E encontrei-me com duas senhoras brasileiras que eram, por assim dizer, malungas, pois em 1900 tinham viajado, meninas, para a Nigéria, no mesmo barco, o *Aliança*. A mais velha, dona Romana da Conceição, falava um português doce e perfeito. Ambas tinham saudade de suas infâncias brasileiras e me disseram, numa confidência de primeiro encontro, o que, vinte anos mais tarde, ouviria de outras bocas tantas vezes: a decepção com a África que encontraram e que não correspondia ao que alguns tinham guardado na memória e outros imaginado a partir do que lhes narravam pais ou avós. Como só muito excepcionalmente um deles se reincorporava à sua terra natal e à sua linhagem, mesmo os auoris, os ijebus, os ijexás e os egbás que retornavam do Brasil sentiram-se na Nigéria — e isso me afirmaram seus netos e bisnetos — o que quase todos eram ou se tinham tornado: estrangeiros. Viveram, assim, duas vezes a condição de expatriados: a primeira, como escravos africanos no Brasil; a segunda, como ex-escravos brasileiros na África. Como se estivessem para sempre fadados a estar no exílio em casa.

Fácil é compreender, por isso, o alvoroço com que dei, em 1985, com um livro de Manuela Carneiro da Cunha, cujo título me prometia explicar o que eu equivocadamente julgava já saber: *Negros, estrangeiros: Os escravos libertos e sua volta à África*. Desde as primeiras páginas, foi-me esse livro um bom companheiro — conciso, claro, fino, arguto e elegantemente provocador. Se me fez recordar o que lera em A. B. Laotan, Pierre Verger, Antônio Olinto, Zora Seljan e J. Michael Turner, trouxe-me não só novos enredos, mas principalmente uma nova análise das razões e motivações dos retornos e das formas de organização em que se abrigaram os retornados, preparando-me para o que leria depois em Kristin Mann, Robin Law e Milton Guran.

Aguçaram-me a curiosidade as boas lembranças que encontrara em Lagos, onde vivi de 1979 a 1983, das entrevistas que Marianno e Manuela Carneiro da Cunha haviam feito com membros da comunidade brasileira e que certamente estariam nos alicerces do livro. Alguns dos entrevistados disseram-me que Marianno os punha inteiramente à vontade para contar a experiência deles próprios ou o que neles tinha ficado da história dos pais e dos avós. Ou — pensava eu — da história como queriam que tivesse sido — o que também tem valor como documento.

De poucos ouvi, por exemplo, que seus antepassados tinham sido feitos cativos em guerra ou razia. Nos racontos mais comuns, um menino ou meninote era enganado por um tio ou outro parente próximo e vendido a um mercador. No caso de um homem feito, era embriagado por amigos e ia acordar manietado no navio negreiro. Parecia-me que se tinha por vergonhoso deixar-se um homem, durante uma batalha, aprisionar: era como se escolhesse, por covardia, a escravidão à morte. Já sobre as razões do regresso à África, a maioria afirmava que se dera por saudades de dias mais felizes ou em busca de melhores oportunidades econômicas. Excetuados os muçulmanos, que tinham orgulho em ressaltar que seus antepassados haviam sido deportados da Bahia por envolvimento no *jihad* de 1835 ou por motivos religiosos, não me recordo de ter sabido por uma só pessoa que seu avô tinha sido expulso do Brasil. Várias conheci, porém, que fizeram questão de deixar claro, e em voz alta, que descendiam, por um ou mais lados, de mercadores de escravos.

Manuela Carneiro da Cunha amplia o quadro: as desconfianças com que eram vistos os libertos no Brasil, sobretudo os africanos, e os obstáculos que enfrentavam no dia a dia empurravam emocionalmente os mais resolutos e empreendedores, entre os que tinham meios, para os navios que demandavam a África, de onde chegavam boas-novas de muitos dos que para lá haviam ido. E, ao descrever as políticas adotadas pelas autoridades baianas contra os libertos urbanos — as mesmas autoridades que os encorajavam a voltar para a África —, ela destaca as proibições e os entraves ao exercício de ofícios especializados por ex-escravos africanos. Aí está o porquê da presença de tantos artífices de alto nível nas comunidades brasileiras da África Ocidental. Sem perspectivas de melhor vida no Brasil, muitos deles atravessaram o oceano, para atender a uma demanda de mão de obra requerida pelos europeus que se instalavam no continente africano, e criaram fama como pedreiros, carpinteiros, marceneiros, pintores, ourives, estofadores, alfaiates, modistas e doceiras. O mesmo mestre de obras que não conseguia quem lhe encomendasse um pequeno prédio em Salvador se voltava em arquiteto na Costa da África e construía sobrados, igrejas, mesquitas e arruamentos de casas térreas de parede e meia.

Os retornados brasileiros e seus discípulos — pois alguns deles formaram escola — chegaram a dominar algumas dessas profissões. E praticamente monopolizaram o comércio com o Brasil. Manuela Carneiro da Cunha — e esta é mais uma das formulações novas que traz o seu livro — os define como uma diáspora mercadora. Semelhante a tantas outras que existiram na África Atlântica, como a uângara, a diula, a diacanquê, a marca, a iarse e a hauçá. Em muitos lugares esses libertos arrimaram-se às comunidades formadas pelos comerciantes de escravos provenientes do Brasil e suas famílias africanas e se beneficiaram da rede de cooperação por eles criada ao longo da costa. Adquiriram uma identidade própria, a de brasileiros, agudás ou amarôs, que os distinguia das gentes entre as quais se fixavam. Eram diferentes porque haviam, eles ou seus pais, vivido no Brasil. Por isso falavam português, vestiam-se à europeia, eram vistos como católicos, organizavam procissões, carnavais, piqueniques e festas que eram só deles, representavam peças de teatro e tocavam violão, cavaquinho, prato e faca e alguns outros instrumentos que os demais desconheciam.

Discriminados, no início, pelos demais africanos, por serem ex-escravos ou descendentes de escravos, transformaram habilmente o opróbrio em marca de prestígio, e o cativeiro num exílio enriquecedor, que os tornara íntimos dos valores, das técnicas e dos modos de vida que os europeus estavam trazendo para a África. A rejeição inicial os isolou na cidade em que viviam, mas aproximou-os das comunidades de brasileiros existentes em outros lugares, que passaram a ligar-se por laços familiares, de compadrio e clientela. Como defesa, desenvolveram o orgulho da diferença. E surpreendentemente transformaram o Brasil onde tinham sido maltratados e humilhados num ícone grupal e na mais importante referência da memória coletiva. Comemoravam anualmente o aniversário do imperador d. Pedro II e procuravam acompanhar o que se passava no Brasil. Foi, assim, com grandes festas que celebraram a assinatura da Lei Áurea.

Manuela Carneiro da Cunha quis que este instigante livro ficasse nos limites do século XIX. Só de passagem referiu-se aos numerosos indivíduos — brancos, caboclos, cafuzos, mulatos e negros — que se transferiram, no Setecentos e mesmo antes, do Brasil para a África e lá formaram famílias, intervieram nas disputas políticas locais e nos conflitos armados e, em algumas regiões, acabaram por controlar o comércio de escravos. Tampouco se deixou escorregar pelo século XX, para descrever como os brasileiros e abrasileirados se desestrangeiraram, passaram a casar-se com pessoas de outros grupos e alguns deles assumiram papéis de relevo na vida política, econômica e cultural da Nigéria, sobretudo após a independência. (Quando lá vivi, o mais renomado jurista nigeriano e ex-presidente da Corte Suprema, o ministro do Planejamento, o diretor da empresa estatal de petróleo e o principal cineasta do país, Ola Balogun, eram descendentes de brasileiros.) Assim como ser nigeriano não implica deixar de ser ibo, hauçá, ijebu, ijexá, bornu ou edo, os netos e bisnetos dos retornados continuaram a ser, por herança, agudás, amarôs, brasileiros. Em Lagos, podiam ser vistos na missa dos brasileiros, na catedral católica que ajudaram a construir, os homens de terno branco e gravata verde, e as mulheres de vestido branco e faixa verde a cruzar o peito. Os que eram muçulmanos tinham por imame--em-chefe de Lagos o *Alhaji* Ilade Ibrahim, um descendente de brasileiros pelo lado materno, que disso muito se orgulhava.

"Agudá" é uma palavra que pode ser traduzida por "português", "brasileiro" ou "católico". Manuela Carneiro da Cunha analisa finamente as relações entre os retornados e o catolicismo e como este foi fundamental na conformação de uma ideia de brasileiro. Hoje, há brasileiros das mais diversas religiões, e até mesmo dentro da mesma família. Mas foi o arcebispo católico de Lagos quem presidiu o *garden party* com que a Associação dos Descendentes de Brasileiros disse adeus a mim e a minha mulher, Vera, na Casa da Água, em 5 de fevereiro de 1983. E lá estavam batistas, adventistas, episcopalianos, metodistas, muçulmanos e devotos dos orixás.

Alguém dirá, com o seu tanto de razão, que este livro de Manuela Carneiro da Cunha é especialmente fascinante para mim porque o li a recordar experiências por que passei. Mais fascinante ainda, e surpreendente, ele se revelará, no entanto, a quem nada ou pouco saiba do assunto de que trata. Um desses leitores, em seu noviciado, talvez não resista à tentação de, capítulo após capítulo, ir tomando, do que neles se diz, exemplos para ilustrar um ensaio, no espelho de Montaigne, sobre as diferentes espécies de saudade. Ou de pessoas com saudade. Ele talvez começasse por mostrar como esses ex-escravos que retornaram do Brasil para a África ficaram marcados por duas travessias do oceano: a primeira, uma viagem cheia de medo, rumo a um desconhecido que o estar manietado num porão sufocante e escuro do navio antecipava monstruoso; a segunda, uma viagem de esperança, durante a qual os dias da meninice se tornavam cada vez mais próximos. Ao longo dos anos de cativeiro em terras brasileiras, tinham acarinhado a lembrança da aldeia natal, um paraíso de que tinham sido exilados, mas que esperavam um dia reabitar. Essa saudade se abrandou, mas não morreu neles, quando, já na África, viram ser impossível voltar ao chão da infância e, mais ainda, ao tempo perdido. Começaram, então, a entretecer novas saudades: as da juventude e mocidade, passadas num Brasil que nas suas memórias se adoçava. Houve, e não foram poucos, aqueles que, arrependidos ou inquietos, voltaram a atravessar o oceano, e mais de uma vez. Na África, eram tomados pela nostalgia do Brasil; no Brasil, tinham saudade da África.

De volta à África, não se desprenderam do Brasil e procuraram copiar-lhe as formas. Não reproduziram, porém, as roupas, as casas e os comportamentos dos escravos. Tinham saudade de si próprios e de seus dias de juventude no Brasil, mas o Brasil que queriam refazer não era o dos cativos, mas o dos senhores. Passaram a vestir-se como seus antigos donos, a servir a mesa como eles e a repetir suas rotinas diárias, em casas, assobradadas ou não, cuja distribuição de cômodos era semelhante às do outro lado do Atlântico. Exemplos dessas casas, que tanto me emocionaram quando de minha primeira viagem, em 1960, a Lagos podem ser vistos nas fotos de Pierre Verger que figuram em *Da senzala ao sobrado: Arquitetura brasileira na Nigéria e na República Popular do Benim*, de Marianno Carneiro da Cunha, escrito de mãos dadas com a autora deste *Negros, estrangeiros*, livro que louvo, agradeço e invejo.

Alberto da Costa e Silva

Introdução à segunda edição

Acabo de reler pela primeira vez, após quase três décadas, o livro que vai agora ser reeditado. Tenho grande dificuldade em reler o que já escrevi: os defeitos saltam aos olhos, e o fastio de ter passado anos debruçada sobre aquilo previne qualquer veleidade no sentido de corrigi-los. Mas a distância temporal que me separa da época em que o escrevi me fez lê-lo com novos olhos e, inesperadamente, com aprovação. Não me lembrava da extensa pesquisa que tinha feito e perdi toda familiaridade com as fontes que consultei na época. Fiquei surpresa de que um dia tivesse sabido tudo aquilo que lá estava.

Não cogitaria em atualizar a bibliografia. Desde essa época, muito se pesquisou e publicou, e a minha afirmação, por exemplo, de que carecíamos de estudos sobre os muçulmanos escravos na Bahia se tornou felizmente obsoleta, a contar dos escritos magistrais do historiador João Reis. Mas seria uma empreitada acima de minhas forças tomar ciência e incorporar a extensa pesquisa relevante das últimas décadas.

O livro é portanto confessadamente datado quanto à bibliografia. No entanto achei, ao relê-lo, que seus argumentos se sustentavam. Sentindo-me como se outra pessoa me estivesse tentando persuadir, achei convincentes os capítulos. Mas era como se estivesse vendo tudo de fora, por uma janela de trinta anos.

A coisa mudou quando cheguei à conclusão, essa conclusão que já me censuraram por ser curta e críptica demais. De repente, não só o hiato temporal se aboliu mas surpreendi-me antecipando posições a que eu julgava ter chegado e que teriam ficado claras só muito mais tarde. Reconheci-me na conclusão. Já estava tudo — ou quase tudo — ali, mas eu tinha esquecido.

Há poucos dias — escrevo isto em abril de 2011 —, em Lisboa, o vendedor de uma loja me veio com uma frase desconcertante. Eu tinha achado uma camiseta que me convinha: perguntei-lhe se a loja tinha mais exemplares que eu pudesse comprar, ao que ele me mostrou uma camiseta que me pareceu muito diferente. Quando manifestei que a segunda não era igual à primeira, o vendedor me retrucou: "É idêntica, mas não é igual". Achei muita graça até perceber, no dia seguinte, que de forma insólita ele tinha achado a fórmula justa que eu procurava para o que aqui vai a seguir.

A identidade, como assinalou com justeza a antropóloga Sylvia Cayubi em uma resenha deste livro, pode ser vista sob duas acepções: uma é a continuidade ao longo do tempo, que garante que aquela moça magrinha cuja foto está na carteira de identidade é de algum modo a dessemelhante matrona de idade provecta. Outra acepção, muito diferente, é a da semelhança. Dizer que há identidade, nessa segunda acepção, é abandonar a continuidade em prol da semelhança. Muitos intelectuais — Marx e Wittgenstein talvez sejam os mais célebres — só têm identidade no primeiro sentido. O jovem Marx ou o primeiro Wittgenstein são distintos de suas versões mais tardias. Não são iguais a, respectivamente, o Marx ou o Wittgenstein maduros. São idênticos mas não são iguais, como diria o vendedor de Lisboa.

A etnicidade é um processo em que se procura fazer coincidir essas duas acepções ou formas de identidade. A segunda acepção, a da semelhança cultural, é posta a serviço de uma continuidade, de uma origem putativa. O conservantismo cultural militante, ativo, é o fiador da identidade étnica. Consiste no trabalho de assemelhar-se o mais possível a um tipo, imagem ou protótipo consagrados. O processo, em si, não é em nada natural: manter-se semelhante a si mesmo, ou ao que se acredita que o seja, manter-se distinto o bastante de outrem, exige dispêndio de energia, esforço.[1] A inércia trabalha em sentido contrário: as coisas, deixadas por si mesmas, mudam, não permanecem. Mas

---

1. Na passagem mais citada de Lewis Carroll, a rainha Vermelha explica: "é preciso correr quanto se pode para ficar no mesmo lugar".

quem se guia pela etnicidade quer crer que o rio é sempre o mesmo, embora as águas que por lá passam sempre sejam outras. Ou seja, a etnicidade, enquanto prática militante, acredita em essências.

Volto ao que estava dizendo sobre minha surpresa ao reconhecer-me, depois de tanto tempo, nas conclusões do livro. Afinal, fora alguns artigos mais ou menos da mesma época, nunca mais toquei no material africano e poderia me perguntar se este livro não seria o que se chama em estatística um ponto fora da curva. Se eu fosse historiadora, com certeza seria. Mas aos antropólogos se dão maiores liberdades e permite-se que mudem de assunto, no sentido literal como no figurado, sem realmente mudar de ideias. Estou me encaminhando, o leitor já terá percebido, num certo rumo. Estou querendo convencer(-me) de que houve tanto semelhança quanto continuidade deste livro com outras coisas que escrevi, antes e depois.

Etnicidade não é coisa que se recomende no absoluto: em si, não é boa nem má. Mas é um poderoso mobilizador de forças, que pode fortalecer subalternos ou gerar opressões e massacres intoleráveis.

Isso posto, a identidade étnica se funda de saída em um paradoxo. Qualquer identidade se assenta na memória, e identidade étnica é a que se assenta, mais especificamente, na memória de uma história compartilhada, real ou putativa. A identidade étnica repousa em algo que se acredita resultar de um processo histórico. Mas a ironia, o paradoxo, é que não há nada mais a-histórico do que a construção dessa história que não olha para fora e para além de si mesma. As circunstâncias em que diferenças são mobilizadas e reconfiguradas acabam obliteradas, e essencializam-se inimizades que passam a ser chamadas "atávicas". Os belgas e sua administração na África, favorecendo tutsis sobre hutus, estão, segundo especialistas, na origem da sangrenta etnicidade contemporânea de Ruanda e do Congo oriental. E outros exemplos abundam.

O que tentei mostrar com o exemplo analisado neste livro foi que a emergência de uma identidade étnica não pode ser entendida fora de seu contexto, em um duplo sentido: tem de ser reinserida no seu momento histórico e nas relações estruturadas da sociedade em que se manifesta. As pessoas que se identificaram como brasileiras na África Ocidental de meados do século XIX tinham na maior parte histórias familiares parecidas, que incluíam a escravidão e a alforria no Brasil; mas isso não basta para dar conta da forma em que elas se organizaram enquanto grupo social. Para tanto, é preciso entender esse grupo no contexto mundial de expansão do Império Britânico e no contexto local de um mosaico de grupos submetidos a um progressivo colonialismo; e ainda como parte de uma sociedade em que identidade étnica e culto a divindades específicas se confundiam. A situação histórica e política, em suas várias escalas, bem como as formas estruturais, ou seja, o modo local de organizar e expressar as diferenças, são ambas dimensões do que se passou.

Do mesmo modo que a identidade pessoal, segundo os neurocientistas, resulta necessariamente da interação com outros, a identidade étnica resulta da interação com outras identidades étnicas. É essa interação que contribui para a consciência de uma origem particular e para a relação que se estabelece com a própria história familiar.

O que significa dizer que não basta que pessoas tenham uma história familiar semelhante para que se organizem de forma étnica: a emergência da etnicidade depende também, entre outras coisas, de condições históricas, da organização das peças no tabuleiro de xadrez e das regras do jogo que se joga. Um sistema de equações.

Introdução à primeira edição

Este trabalho, só o vejo claramente agora, é uma parábola dobrada de uma pesquisa.

Escravos libertos de origem africana voltam do Brasil para suas regiões de origem. Lá chegados, concebem-se brasileiros, são vistos como "brancos negros". Apesar de muitos serem muçulmanos, apesar de no Brasil a religião dos orixás se ter mantido em vigor, na África a comunidade se agrega em torno do catolicismo. Qual a identidade dessa gente e o sentido dessa história?

Em 1975, após um ano de pesquisa, apresentei uma resposta que me parecia adequada (M. Carneiro da Cunha, 1977). A identidade étnica dos brasileiros, e em particular o catolicismo de que se haviam apropriado com exclusividade, correspondia ao lugar político e econômico *sui generis* que ocupavam na sociedade regional. Era um modo de diferenciação recorrente na África Ocidental, estabelecido por distinções do tipo religioso e étnico. Creio que tudo isso está correto, e o capítulo 3 deste trabalho implementa com dados mais extensos o que afirmava então. A diferença que vejo, a quase dez anos de distância, é a peremptoriedade com que eu falava nessa época do conceito de identidade. É nisso que reside a parábola: ao longo desses anos, minha própria identidade enquanto pesquisadora e enquanto pessoa foi abalada. À busca do nexo da história dos brasileiros de Lagos se colou a busca de meu próprio nexo teórico e pessoal.

Uma primeira revisão dos meus pressupostos foi feita em 1978 (publicada em 1979), e nela eu discutia a questão da etnicidade enquanto ideologia. Era um problema ao mesmo tempo teórico e de militância. O ponto teórico era a relação, ainda a meu ver irresolvida, da determinação estrutural dos símbolos étnicos e da sua determinação política enquanto elementos de uma ideologia. Desembocava numa reavaliação do significado da cultura, e coincidia com desenvolvimentos análogos que vinham sendo elaborados, com pontos de partida diferentes, por vários antropólogos brasileiros, e em particular por Eunice Durham. Quanto à militância, 1978 foi o ano da grande mobilização em torno do repúdio ao projeto de emancipação dos índios brasileiros. As questões que levantei (e que explicitei mais tarde em 1981 e 1983) diziam respeito à impossibilidade de se usarem critérios raciais ou culturais para a identidade étnica. Nesse sentido, dirigiam-se sobretudo ao Estado brasileiro. Quanto à discussão da etnicidade como ideologia, era endereçada às esquerdas, que, havendo percebido naquele ano os movimentos indígenas, questionavam ainda sua legitimidade, sua adequação e a propriedade de sua linguagem.

Em 1980, morreu Marianno Carneiro da Cunha, meu marido, com quem eu havia iniciado a pesquisa sobre os brasileiros da Nigéria. Durante muito tempo, foi-me emocionalmente muito difícil retomar manuscritos dele e questões que havíamos debatido juntos, tanto mais que tínhamos em geral perspectivas divergentes.

Desde 1977, havia procurado entender o século XIX brasileiro e a posição dos libertos nessa sociedade. Pouco a pouco — e acho que a relutância em retomar o material nigeriano pesou nessa inflexão que tomou o trabalho — me vi envolvida numa pesquisa mais aprofundada desse tema. A questão era entender quem eram esses africanos, seu modo de acesso à liberdade e o lugar que lhes era alocado no Brasil oitocentista.

Meu propósito não era fazer, como não fiz, obra de historiadora: os dados que reuni e que apresento não são sistemáticos, foram suficientes apenas para me convencerem e, espero, convencerem o leitor. Pois a visão que emergiu do material era substancialmente diversa daquela que ainda é voz corrente. Como esta deriva em parte da intromissão de antropólogos na área de relações raciais comparadas, creio que, se invado a seara dos historiadores, é para uma operação de resgate. Essa área sofre de uma mitologização, sem dúvida benevolente quanto às classes dominantes brasileiras, mas que carece de fundamento histórico. Pratico com gosto a análise da mitologia, não creio porém que seja o papel do antropólogo fornecer mitos à sua sociedade. A ideologia das relações ditas raciais é interessante em si mesma, enquanto ideologia. Imergi-la em mito de origem não a esclarece. Ao contrário, a investigação sobre a ideologia da alforria permite uma visão renovada: sim, houve uma prática de alforria relativamente generalizada mas que se assentou em um sistema de conivências paternalistas. Não se emergia livre da escravidão, mas dependente. O liberto passou por uma empresa de sujeição, tanto cruamente política e policialesca — tema do capítulo 2 — quanto, mais sutilmente, ideológica — tema do primeiro.

As perseguições políticas, baseadas no medo à população livre de cor, que se moveram aos libertos, não foram ainda, que eu saiba, sistematicamente historiadas e comentadas. Achei, portanto, que devia fazê-lo. Mas menos analisadas ainda eram as dimensões ideológicas da alforria. A preservação inquestionada até 1871 do direito exclusivo que competia ao senhor de alforriar ou não seu escravo, podendo recusar a liberdade ao escravo que oferecesse seu valor em dinheiro, foi uma das bases dessa forma de vinculação pessoal do liberto e do seu patrono. O paternalismo que Gilberto Freyre descreveu, e que foi tão contestado posteriormente, teve uma existência real e até crucial. O que evidencia, porém, não é a benignidade da escravidão no Brasil, mas a forma brasileira, feita de favores, lealdades pessoais, clientelismos, de constituição de camadas dependentes.

A resistência dos libertos, uma resistência sobretudo passiva, manifestou-se, por exemplo, na rejeição do trabalho além do nível de subsistência e na chamada "vadiagem". A volta para a África de africanos e crioulos foi outra de suas dimensões.

Já se discorreu sobre um traço que é comum às escravidões, que o escravo é sempre, por definição, um ser sem raízes.[1] Só através de um corte radical com todas as lealdades que fazem de um homem um membro da sociedade é que se pode torná-lo um ser completamente apropriável por outrem, outra família, outra sociedade. O escravo é assim, por excelência, um estrangeiro, não enquanto membro de uma outra comunidade da qual proveio, mas enquanto permanentemente alheio à comunidade que o escravizou. É alguém que deve ser mantido na sua condição de estranheza. É um *outro*. E é um outro que não pode ter lealdades próprias, mas apenas lealdades mediadas pelo senhor. Posi-

---

1. Ver, por exemplo, J. Goody, 1980.

ção que fez dos escravos (como dos eunucos, que não têm sexualidade própria) instrumentos políticos privilegiados em várias sociedades.

Se o escravo é sempre pensado como um *outro*, se é um homem ou uma mulher privado de raízes, o africano enquanto objetivamente estrangeiro e arrancado à sua sociedade desempenhava, entre todos no Brasil, mais adequadamente o papel: à falta dele, o negro crioulo. Já os pardos, sobretudo os mais claros, introduziram um mal-estar no sistema. Enquanto foi possível, até o fim do tráfico, em 1850, a escravaria foi alimentada por africanos. Creio que foi isso que permitiu internamente uma política relativamente liberal de alforrias e de ascensão social dos pardos. Nos Estados Unidos, onde houve criação de escravos crioulos, a linha divisória que permitia marcar os escravos como *outros* passava alhures, entre brancos e negros. Mas no Brasil, do começo do século XIX, eram muito mais os africanos do que os negros em geral que serviam de paradigma do escravo.

Se essa "estranheza" fazia dos africanos, na primeira metade do século XIX, os escravos por excelência, essa mesma "estranheza" fazia deles, quando libertos, o epítome do perigo, a não ser que laços de sujeição pessoal conseguissem incorporá-los, individualmente, ao séquito ou à clientela de poderosos.

Inseridos no Brasil, *volens nolens*, na *categoria* de estrangeiros, os que voltaram para a África constituíram-se voluntariamente numa *comunidade* de estrangeiros. Eram "os brasileiros". Dessa vez, o sentido da "estranheza" era outro, e o terceiro capítulo o discute. Paradoxalmente, a afirmação conspícua de suas diferenças e de sua ocidentalidade permitiu organizar o grupo para ocupar um papel tradicional, o de uma diáspora mercadora, nos moldes do antigo comércio transaárico, e que dessa vez cruzava o oceano Atlântico. Os brasileiros de Lagos, na atual Nigéria, apropriaram-se do comércio com o Brasil e dividiram com os saros — os iorubás anglicizados vindos de Serra Leoa — o comércio com o interior iorubano.

Entre os sinais culturais que marcaram a diferença entre os "brasileiros" e os que eles chamavam com desdém de "negros da terra" figura em primeiro plano o catolicismo. O último capítulo descreve esse catolicismo em algum detalhe, para contribuir para a historiografia nigeriana, que até hoje não dispõe desses dados, mas também para questionar o que, a meu ver, apressadamente, se disse das conversões religiosas que marcaram a África Ocidental no século XIX, que seriam conversões às religiões universais. Tento mostrar que, se nos ativermos a uma definição adequada, certamente não o foram.

Houve continuidades sociais, portanto, que a aparência ocidentalizada dos retornados mascarou. Paradoxalmente, é sob a aparência inversa, de retorno às raízes da cultura iorubá, que se deram as maiores transformações e rupturas políticas. A adesão da burguesia lagosiana — brasileiros e saros — aos nomes e às roupas tradicionais, seu interesse pelo folclore e pela história iorubás, iniciados na última década do século XIX, marcaram a emergência de um conceito, este sim inteiramente novo, de nacionalidade. O metatradicionalismo desses estrangeiros operou o nascimento da ideia da nação.

Esse jogo multifacetado em que as coisas nunca são o que parecem, essa não coincidência consigo mesmo, que faz com que o igual signifique o diferente, põem em causa a noção de identidade concebida sob as espécies de uma continuidade de aparência: no caso da identidade étnica, uma continuidade cultural. Na conclusão, tento tirar as implicações deste estudo de caso para a noção de identidade e de cultura.

A PESQUISA E OS DADOS

Esta pesquisa começou em 1975, e procedeu no sentido inverso da ordenação de seus capítulos. Em 1975, estive por oito meses na Nigéria, em Ife, acompanhando Marianno Carneiro da Cunha, meu marido, que ensinou por dois anos na Universidade de Ile-Ife. Durante esse tempo, trabalhou sobre questões de cosmologia iorubá e de cultura material. Juntos, começamos a pesquisa sobre os "brasileiros" da Nigéria. Por gosto, mas sobretudo pela pouca mobilidade de que dispunha com dois filhos pequenos, concentrei-me no estudo de fontes escritas, jornais e fontes oficiais ou missionárias do século XIX, disponíveis em microfilmes na biblioteca da Universidade de Ife e na de Ibadan. Fizemos juntos, Marianno e eu, algumas entrevistas com descendentes de brasileiros, mas a maior parte desse material foi conseguida, sem dúvida, por Marianno, que também levantou toda a extensa documentação sobre arquitetura dita brasileira da Nigéria, pedindo a Pierre Verger que a fotografasse.

Os microfilmes das missões católicas da Biblioteca de Ibadan eram de leitura muito difícil e sobretudo incompletos: no ano de 1976, pesquisamos durante um mês e meio, e graças ao apoio da Fapesp, nos arquivos da Société des Missions Africaines, em Cork, na Irlanda, e em Roma. Veio à tona assim um material escrito — cartas, relatórios, artigos — e fotográfico que só havia sido antes consultado mas relativamente pouco utilizado por Jerry Michael Turner para sua pesquisa sobre os brasileiros do Daomé.

A existência desses brasileiros ultramarinos é conhecida de longa data, embora continue causando surpresa no Brasil e parecendo insólita. Lorenzo Turner (1942), J. F. de Almeida Prado (1954), Pierre Verger em múltiplas publicações (vide 1953 e 1968, por exemplo) — comentadas por Gilberto Freyre, 1959, e Roger Bastide, 1973 —, Júlio Santanna Braga (1968), Antonio Olinto, que dedicou um estudo (1964) e um belíssimo romance, *A casa da água*, à história dessa diáspora, e mais recentemente Jerry Michael Turner (1975), todos trataram dessa questão, enfatizando de modo geral as continuidades culturais.[2] Isso sem mencionarmos o historiador local dos brasileiros, Anthony Laotan, que em 1943 publicou em Lagos seu livrinho pioneiro, *The torch bearers, or Old Brazilian colony in Lagos*.

Os dois primeiros capítulos, os que versam sobre os libertos no Brasil do século XIX, resultaram de um ano letivo (1981-2) passado essencialmente na biblioteca da Universidade de Cambridge, graças ao convite do departamento de antropologia e ao apoio do CNPq. Tive assim acesso a uma ampla bibliografia primária e secundária sobre o Brasil do século XIX e a região que se tornou a Nigéria e o Daomé.

Nas últimas duas décadas, novas gerações de historiadores, sobretudo nigerianos e ingleses, ampliaram o escasso conhecimento que se tinha do século XIX na Nigéria, o que permite agora uma perspectiva mais completa sobre o período. Usei essas obras para traçar um quadro sintético dos processos envolvidos, mas alonguei-me, ao contrário, no material inédito e em particular em dois subcapítulos, aquele que descreve o comércio de Lagos com o Brasil e o

---

2. J. M. Turner tem de ser, na verdade, tratado à parte pelo estudo detalhado que faz do papel dos brasileiros no Daomé, mas em que concede ainda grande peso à "saudade" e a uma cultura brasileira que se perpetua na África.

que descreve a comunidade de Lagos e suas relações com os missionários. O desequilíbrio assim introduzido, em que conscientemente sacrifiquei a homogeneidade do estilo, parece-me justificado na medida em que torno acessíveis dados que poderão ser úteis.

A demora da pesquisa, sua extensão descabida quanto ao período — mais de meio século — e ao espaço — dois países separados por um oceano — faziam deste trabalho uma empresa particularmente difícil. Era preciso dar conta ao mesmo tempo dessa massa de dados e de uma reflexão que foi mudando de foco ao longo desses quase dez anos. Na realidade, saíram quatro ensaios, escritos, portanto, nos últimos dois anos e meio. Eu havia iniciado, em 1975, uma pesquisa com convicções claras, notadamente a de que a questão da identidade étnica brasileira de Lagos só era inteligível no contexto local e não como resquício de situações anteriores (vide meu artigo de 1977); chego agora à mesma conclusão após uma longa peregrinação em que minha própria identidade esteve em jogo, e com muito maior humildade. Pode ser, afinal, sinal de maturidade.

A identidade entre os brasileiros de Lagos e os libertos africanos da Bahia não ficou demonstrada. Há continuidade, sim, mas identidade, em que sentido? De certa forma, o nexo do trabalho e talvez sua fecundidade está precisamente nessa questão irresolvida.

Agradecimentos da primeira e segunda edição

São muitas as dívidas que acumulei. Agradeço às famílias brasileiras da Nigéria que prestaram amizade, informações, papéis e fotos pessoais, em particular Joseph Sebastian Nicholas, Cosmos Anthonio, Vera Beyioku, Angelica Thomas, Alexandre Candido da Rocha, Germana Remilekun, Benedito Ramos, Pa Awolowo, Pedro Adebayo, Francisco Fragoso, Francisco Pereira, Abiola e Abiodun Akerele, Augusta Maximilian Mendes e a família Martins.

Agradeço ao padre Noel Douau, arquivista da Société des Missions Africaines, o acesso aos documentos e a ajuda; ao padre Robert Hales, o acesso ao seu manuscrito sobre o catolicismo iorubá; aos bibliotecários das Universidades de Ife e de Cambridge pelo auxílio; ao Departamento de Antropologia da Universidade de Cambridge e ao King's College pela acolhida e as excelentes condições de trabalho que me proporcionaram.

Agradeço à Fapesp, que me permitiu a pesquisa nos arquivos da Société des Missions Africaines; à Ford Foundation, que subvencionou uma assistente de pesquisa; e ao CNPq, que me deu a possibilidade de passar um ano na Universidade de Cambridge em condições ideais.

Devo a outros: Nádia Farage ajudou-me na pesquisa e estimulou-me. Meus colegas da Unicamp tiveram a generosidade de me permitir sair para pesquisar e escrever. Agradeço de modo especial aos colegas e alunos que discu-

tiram algumas ideias minhas e, de forma particular, pela amizade e o encoraja-
mento, a Verena Stolcke, Beatriz Góis Dantas, Ana Maria Niemeyer, Marisa
Corrêa, Peter Fry e Peter Eisenberg. As conversas com Elena Cassin e Jean-
-Pierre Vernant foram essenciais para minha reflexão.

Edgardo Pires Ferreira, Mada Penteado, Marcos Lanna, Armando Espino-
sa me ajudaram na preparação dos manuscritos, originalmente uma tese de
livre-docência apresentada à Universidade de São Paulo. Agradeço os comentá-
rios dos membros da banca, professores Thales de Azevedo, Oracy Nogueira,
Roberto Cardoso de Oliveira, João Batista Borges Pereira e Ruy Galvão Coelho.

Agradeço a Mauro Almeida, companheiro querido; a Mateus e Tiago; a
Conceição, dona Ida, Celina e Melissa; e a Miklós, Fanny, Marianne e Anika.

Quero agradecer muito especialmente a Lilia Schwarcz, que insistiu para
que eu republicasse este livro; a João José Reis, que se deu ao trabalho de me
assinalar uns erros, e a Mauro Almeida, que melhor do que eu explica como eu
penso. Continuam valendo, é claro, todos os agradecimentos da primeira edição, mas acrescento-lhes Luana, Daniela, Lourdes, Lourenço, Greta e Gata, pela
alegria que me dão.

AFRICANOS LIBERTOS NO BRASIL

MERCADO NO PORTO

BAHIA

Mercado no Porto da Bahia dominado por escravos. Fotografia de Otto Karl Schönwald, *c.* 1887. [Arquivo G. Ermakoff]

1. Libertos: sujeição pessoal

A escravidão teria marcado desde o nono século progressos imensos? Certamente não. O que havia mudado era o próprio conteúdo da noção de liberdade. E de servidão, que não é senão sua antítese: de forma que uma multidão de homens que antigamente teriam passado por livres viam doravante sua condição ser tratada de servil.

Marc Bloch, 1947:162

A existência de uma população apreciável de homens livres de cor já chegou a ser considerada um índice da qualidade relativa de uma sociedade escravista. Foi um dos critérios usados por Frank Tannenbaum e, graças a ele, o Brasil manteve durante algum tempo sua complacente imagem de sociedade escravista, sim, mas bonachona. Essa discussão valorativa da escravidão peca pela base, como Finley (1980) e Gorender (1978) argumentaram. O escravismo é um sistema hierárquico de produção, e seus aspectos específicos são esclarecidos por referência ao sistema. Em particular, como qualquer sistema hierárquico, tem em si *loci* de violência e de opressão que estarão eventualmente situados em pontos diferentes em diferentes sociedades, mas não poderão deixar de existir. Assim, se é uma falsa questão a da leniência relativa da escravidão brasileira, é ao contrário pertinente explorar o lugar dos mecanismos de controle. A questão da existência de uma população livre de mulatos e de negros dentro de um sistema inteiramente escravista, tanto em relação aos números absolutos quanto à localização dos escravos na produção, torna-se então interessante sob um outro ângulo. Como se formou e como coexiste com este sistema, até que ponto é incorporada? Qual o espaço que lhe é reservado, qual o que tenta ocupar, quais suas alianças e lealdades? Quais são os mecanismos de acesso à liberdade, que compromissos supõem? Concentrar-nos-emos nesses pontos neste primeiro capítulo, deixando para o segundo o comentário detalhado sobre o significado da manumissão.

A POPULAÇÃO LIVRE DE COR

Os números são tão impressionantes quanto vagos (ver Tabela 1). A população livre de cor (veremos, aliás, quão anacrônico e impróprio é este termo) aparece desde o século XVI, mas seu crescimento data dos séculos XVIII e XIX. Em 1798, dados de um certo dr. Sta. Apolônia, desde então sempre citados, mencionavam na totalidade da população uma porcentagem de 12,4 por cento de pardos e pretos livres. Todos os números da tabela, aliás disparatados entre si, são sujeitos a caução. De certa maneira, eles são tão interessantes pelo que mostram quanto pelo que procuram esconder.

Há geralmente uma tendência em se acreditar mais nos censos do que em qualquer estimativa. No entanto, os censos sabidamente reagiam a várias injunções. Os senhores podiam não declarar seus escravos em censos eclesiásticos, para não pagar o dízimo (A. Balbi, 1822, tomo 2: 229); esconder o número de livres para escapar ao alistamento militar ou a algum imposto; aumentar, ao contrário, após 1871, o número de escravos para receber indenizações do fundo de libertação por escravos já falecidos (ver, por exemplo, D. Alden, 1963). Considerações políticas também entravam, e uma é particularmente elucidativa para o nosso assunto: segundo o viajante americano Thomas Ewbank (1856: 430) "no que toca a certos setores da população, é considerado discreto por parte das autoridades, de pouco falar; assim não é fornecida nenhuma comparação digna de fé entre o número de brancos e o de livres de cor, por conta da suposta esmagadora maioria destes últimos".

Até pelo menos o fim do tráfico negreiro, em 1850, há no Brasil mais escravos do que brancos. Os maiores contingentes de escravos estão nos engenhos de açúcar, na mineração e nas fazendas de café. Vista da Fazenda Santa Isabel (*detalhe*). [Museu Imperial/ IBRAM/ MinC]

As estimativas, ao contrário, embora também falsas, revelam percepções que os censos não deixam entrever. Os efetivos relativamente reduzidos que os ingleses atribuíam aos brancos provinham de dados consulares que faziam separações e assimilações extravagantes para brasileiros e que provavelmente considerariam pardos a maioria dos "brancos da terra". O cônsul inglês no Pará, por exemplo, distinguia entre brancos nativos e brancos estrangeiros, enquanto reservava uma única categoria para pretos e pardos livres. Ora, pretos livres e pardos livres eram sistematicamente diferenciados no Brasil em todas as cifras, e a categoria "homem livre de cor" simplesmente não era usada. Voltaremos a essa questão mais adiante.

Os números, por falsos que sejam, deixam no entanto claro que em todo o Brasil do século XIX, até a Abolição, a população livre excedia — às vezes à justa — a população escrava, mas a população negra e parda sempre excedeu a população branca. O que isso significava era que as solidariedades mostradas pela população livre não branca eram politicamente decisivas: a população livre de cor podia ser o fiel da balança de forças. O peso relativo dessa população era incomparavelmente maior do que nos Estados Unidos: nos anos faustos entre a independência e o começo do século XIX, a população livre de cor não ultrapassou 8,5 por cento da população negra e 5 por cento da população livre do Sul escravista (Ira Berlin, 1974: 47). O alcance dessa alta proporção de livres não brancos não passava despercebido, e o comentário acima citado de Ewbank é revelador a esse respeito. Henry Koster, o inglês lavrador de cana, era igualmente explícito: "É bem sabido", escrevia ele, "que a paz do país e o sentimento de segurança que todos possuem, embora rodeados de escravos, provêm da satisfação das pessoas livres (de cor)" (H. Koster, 1816b: 336).[1]

Os números para o Brasil como um todo dão uma visão global demais para ser precisa. É no mínimo no nível regional e de acordo com a conjuntura que devemos olhar os dados. Fica clara, então, uma concentração desigual de livres de cor no tempo e no espaço. No auge da mineração e da cultura cafeeira em alguns municípios, os escravos eram francamente mais numerosos do que os livres como um todo. É nas zonas decadentes, ou melhor, em épocas de decadência, que vamos, como sugere H. Klein (1978: 5), encontrar uma grande população livre de cor: "alta porcentagem de homens livres de cor nas regiões periféricas, chegando aproximadamente à metade da população de cor, e uma significativa minoria de homens livres de cor, da ordem de 20 a 30 por cento, nas regiões agrícolas de mão de obra escrava do Maranhão, Bahia, Pernambuco, Minas Gerais e Rio de Janeiro". Em suma, a taxa de manumissão parece ter sido inversamente proporcional ao número absoluto de escravos em cada província: quanto mais escravos, menor a proporção entre libertos e a população servil.[2]

1. É verdade que Koster, como mostro em outro artigo (Carneiro da Cunha, M. 2009 (1991)), é, nesse aspecto, uma fonte parcial, ligado que estava aos abolicionistas britânicos.
2. Minas Gerais, que em outros sentidos parece ser um caso *sui generis* de economia escravista não articulada com a agricultura de exportação, segue, no entanto, a mesma regra: com a maior população escrava do Brasil, tinha entretanto a menor taxa de alforria (A. Martins Filho e R. Martins, 1983: 566).

TABELA 1

COMO SE DIVIDIA A POPULAÇÃO DO BRASIL NO SÉCULO XIX

Ano / Categoria	1798(1)	1817(2)	1816-17 (3)	1845(6)	1847(7)/(8)	1872(9)
Brancos	1010000	820000	843000 (4)	2160000	928000	3787289
Índios bravos		500000	–	800000	–	–
	250000					
Índios domesticados		100000	259400	800000		386955
Pardos livres			426000	1100000		3324278
	406000	80000			3100000/2417000	
Negros livres			159500 (5)	180000		921150
Pardos escravos	221000		202000			477504
		1000000		3120000	2500000/2995000	
Negros escravos	1361000		1728000			1033302
Total	3250000	2500000	3617900	7160000	6528000/6340000	9930478

(1) Fonte: Dr. Sta. Apolônia *apud* Nina Rodrigues, 1976: 15, e A. Perdigão Malheiro, 1976 (1867), vol. II: 30.

(2) Fonte: H. Hill, 1817, Memória, *RIHGB*, t. XXIX, Parte 1: 178, *apud* A. Perdigão Malheiro, 1976 (1867): 31.

(3) Fonte: Adriano Balbi, 1822, t. 2: 229.

(4) Perdigão Malheiro em 1867 (Parte 3): 31, assim como Nina Rodrigues e Thales de Azevedo que o retomam, atribuem a Balbi a cifra de 1043000 brancos. No entanto, a cifra que cito, de 843 mil brancos, é tirada do original "Essai statistique...", de 1822, tomo 2, p. 229, e segundo Balbi, geógrafo italiano de grande renome em sua época, baseia-se no relatório do visconde de São Lourenço, ex-ministro das Finanças no Brasil, que, por sua vez, se fundava no censo que havia sido pedido em 1816. De acordo com Balbi, o número de escravos seria francamente inferior ao real, em alguns casos sabidamente metade do verdadeiro número, pois os senhores deixavam de declarar escravos para fugir ao pagamento do dízimo devido à paróquia. Outra fonte de erros seria a ausência das crianças de menos de sete anos, que não eram computadas. Balbi faz uma estimativa de correção que elevaria a população total a 4221000 almas.

(5) O reverendo Walsh (1831) faz uma avaliação semelhante à de Balbi: 160 mil negros livres e 430 mil pardos livres, totalizando cerca de 600 mil livres de cor.

(6) Fonte: Estimativas de Sousa em 1845, *apud* Thomas Ewbank, 1856: 431.

(7) Fonte: James Macqueen, depoimento 4 de julho de 1849, Select Committee on the Slave Trade, Parliamentary Papers (Lords), 1849, XVIII (32). Trata-se do depoimento de um especialista em estatísticas, que afirma basear-se em um censo de 1847.

(8) Fonte: James Bandinel, Appendix, Select Committee on the Slave Trade, Parliamentary Papers 1847-8, XXII, pp. 465 e 688. Bandinel serviu 47 anos no Foreign Office, em Londres, e afirma basear-se nos relatórios dos cônsules britânicos no Brasil de 1847 e 1848. Seus números, no entanto, divergem um pouco dos de Macqueen. Citamo-los separadamente, distinguindo-os por um travessão.

(9) Fonte: Censo de 1872.

É tempo de distinguir o que se abrangeu até agora por conveniência sob o termo de "pessoas livres de cor". Essa categoria não era certamente pensada como homogênea, pelo menos na primeira metade do século XIX. Três dimensões intervinham para classificar internamente essa população: a *cor*, a *nacionalidade* e a *condição legal*. A cor era negra ou parda: as gradações intermediárias, usadas eventualmente para descrever um indivíduo, não pareciam ser usadas para classificá-lo numa subclasse. Quanto à nacionalidade, era-se africano (com subdivisões não necessariamente usadas)[3] ou crioulo, isto é, nascido no Brasil. Quando à condição legal, enfim, era-se forro — isto é, liberto — ou ingênuo — isto é, nascido livre. Se a isso adicionarmos os escravos, veremos que a população de cor como um todo era no mínimo subdividida em nove categorias ao longo dessas três dimensões. Nove e não mais, porque algumas combinações eram impossíveis (por exemplo, pardo africano). Note-se que africano livre (e não forro ou liberto) era uma categoria existente, embora, como veremos, concebida como anômala: aplicava-se aos africanos apreendidos após a lei de 1831, que declarava ilegal o tráfico. Essas categorias e mais, se acrescentarmos as diferentes etnias importadas, coincidiam com divisões bastante reais que permeavam a população de cor como um todo, livre e escrava. Basta ver a extrema setorização da longa série de revoltas baianas de 1798 a 1847 envolvendo a população não branca: pardos na famosa Revolta dos alfaiates (foram presos cem pardos livres, quatro pardos libertos, nove escravos pardos e apenas um africano mina, aliás absolvido); hauçás escravos de Salvador e de Santo Amaro em 1807; hauçás e nagôs escravos do Recôncavo e de Salvador em 1809; hauçás

---

3. Os africanos eram designados genericamente pelo seu porto tradicional de embarque ou por uma identidade étnica cuja precisão era variável. Assim costumava-se, no século XIX, chamar genericamente de cabinda a qualquer escravo da África Central e nego mina a qualquer escravo da África Ocidental, em razão de o porto de embarque principal da escravaria dessa vasta região ter sido, até sua captura pelos holandeses em 1637, o castelo São Jorge da Mina, hoje no Gana. Entre os mina figuravam, por exemplo, os tapa (nupe), os hauçá e os nagô. Nagô correspondia ao que, a partir do final do século XIX, se passou a chamar de iorubá. Os nagôs provinham de várias cidades-Estado, frequentemente em guerra entre si, e as denominações mais precisas remetiam a essas cidades. Assim, os egbás eram os habitantes de Abeokuta, e os ijexás, os da cidade de Ilesha. Cada uma dessas cidades usava escarificações específicas no rosto, que se reencontram nas fotografias de escravos no Brasil.

escravos novamente em fevereiro de 1813, e, em fevereiro de 1814, hauçás e talvez algumas outras etnias, todos escravos e gritando "Morte aos brancos e aos mulatos"; nagôs escravos em 1826, 1828 e 1830; escravos crioulos em 1827; malês, hauçás, nupes — escravos e libertos — em 1835, prometendo matar os negros crioulos além dos brancos e pôr os mulatos a seu serviço como escravos (A. Ruy, 1942, N. Rodrigues, 1976: 146, J. Carlos Ferreira, 1903, P. Verger, 1968: 328-50). Na emboscada que armou aos conjurados da "Revolta dos alfaiates" (em cujo programa estava a abolição imediata da escravidão), o coronel do Segundo Regimento não hesitou em empregar cem escravos disfarçados de ganhadores. Os revoltosos haviam convidado

> a vários Escravos de diversos Senhores, e alguns soldados e outros indivíduos... quasi todos pardos, ...*sem que appareça ate agora hum só preto* convidado à excepção do segundo denunciante (um barbeiro e capitão do 3º regimento de milícias dos homens pretos) ou seja, *por certa opposição que há entre pardos e pretos* ou por aquelles, alem de serem mais presumidos e vaidozos, são reputados como mais astutos e sagazes para qualquer empreza (d. Fernando José de Portugal a d. Rodrigo de Souza Coutinho, Bahia, 20.10.1798, *apud* A. Ruy, 1942: 72, grifos meus).

De forma semelhante, na região de Sabará, em Minas Gerais, as unidades usadas em 1788 na caça aos quilombos eram inteiramente compostas (soldados e comandantes) de escravos alforriados (L. Nielsen, 1975: 221). Koster, por sua vez, menciona que os africanos eram desprezados pelos negros crioulos, que não sentiam com estes nenhuma identidade de origem (H. Koster, 1816a: 424).

Havia sido política oficial deliberada evitar grandes concentrações de uma mesma etnia entre os escravos, e mesmo alimentar, na medida do possível, as dissensões entre vários grupos vizinhos. Os particulares seguiam a mesma política, evitando concentrar nas propriedades escravos de mesma origem.[4]

Os libertos e livres de cor no Brasil no século XIX não tinham, além disso, necessariamente interesses antiescravistas. Como todos os livres pobres, tanto urbanos quanto rurais, eles tendiam a aplicar seu pecúlio em bens móveis, vacas,

---

4. Depoimento de C. Herring, Select Committee on the Slave Trade, PP (Lords), 1849, XVIII (32): este cavalheiro residiu catorze anos em Minas Gerais como diretor-geral da companhia inglesa de mineração de São João del Rey; vide também depoimento de José Cliffe, *ibidem*.

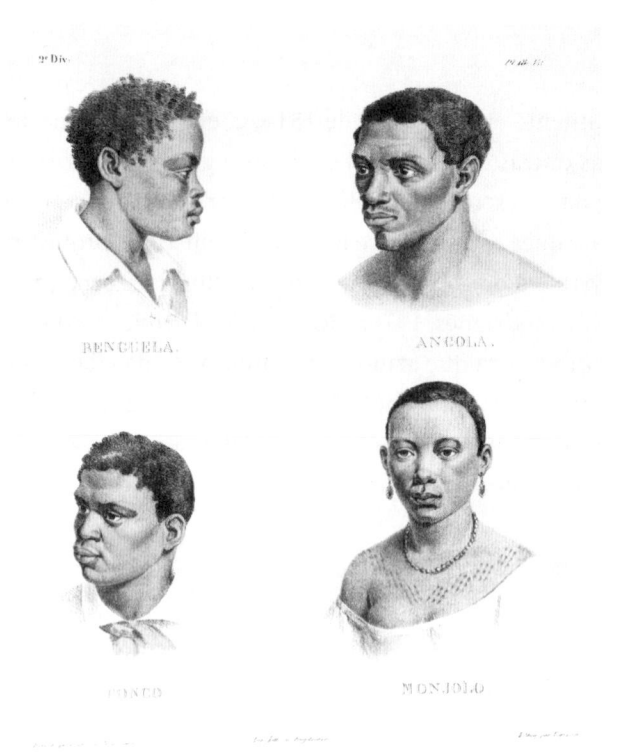

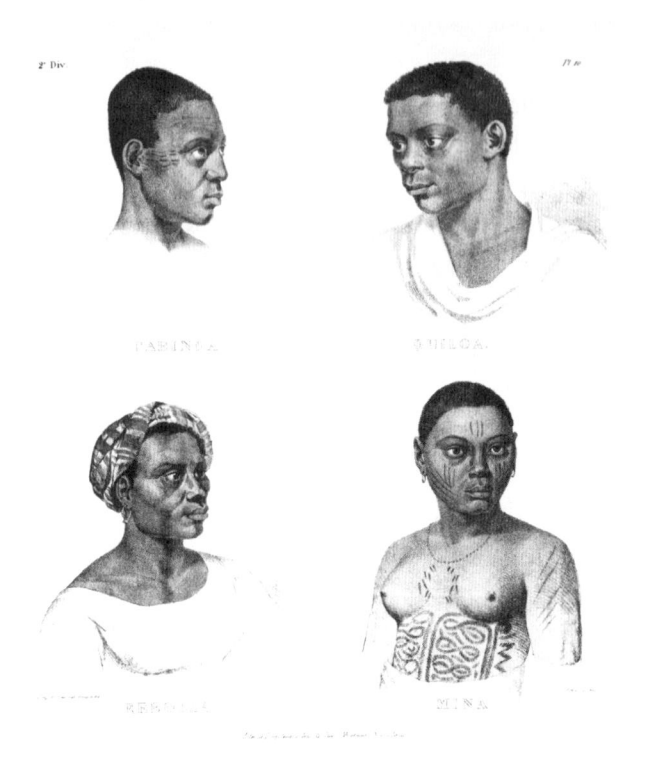

Algumas das muitas etnias de escravos africanos: por segurança, evitava-se a concentração de escravos de uma mesma etnia e estimulavam-se rivalidades.

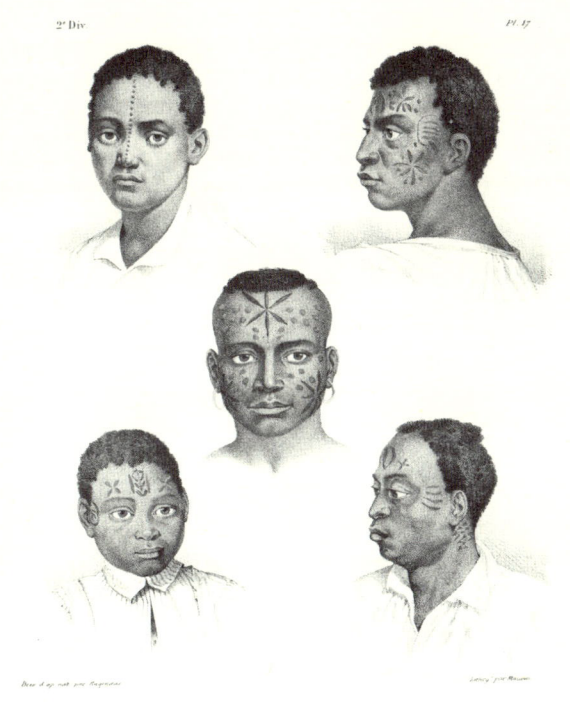

Crioulos, ou seja, os que haviam nascido no Brasil, não portavam escarificações étnicas. Johan Moritz Rugendas e Vigneron, 1835, litografia. [Arquivo G. Ermakoff]

Libertos também tinham escravos. Aqui, no Rio de Janeiro da década de 1820, uma quitandeira liberta, que se reconhece por estar calçada, tem um escravo que lhe carrega a mercadoria. Debret é o pintor que melhor mostra a presença dos homens negros, escravos ou livres, em todos os ofícios mecânicos e das mulheres nos mercados e no comércio ambulante. Na África Ocidental, é tradição as mulheres terem o monopólio dos mercados. Gravura de Jean-Baptiste Debret. [Museus Castro Maya – IPHAN/MinC]

joias, dinheiro e, sobretudo, em meio urbano, em escravos de ganho (S. Schwartz, 1973). Nos testamentos de libertos da Bahia analisados por Kátia Mattoso, no período 1790-1826, sobre os 75 testamenteiros que têm algo a legar e descrevem seus bens, 64 possuem escravos e apenas onze não os possuem (K. Mattoso, 1974).[5] Assim, os interesses dos libertos eram até certo ponto contraditórios com os dos escravos.

5. Trinta e quatro só possuem escravos, vinte possuem escravos e bens mobiliários urbanos, quatro, dinheiro e escravos, seis, bens imobiliários (rurais e urbanos), escravos e mercadorias ou di-

Quando, em 1840, os enviados ao Brasil da Anti-Slavery Society de Londres mandaram seu relatório, registraram com evidente desapontamento que não se podia contar com os livres de cor para engrossar as fileiras antiescravistas (Charlotte e George Pilkington a Alexander, Rio de Janeiro, 24.2.1840, Anti-Slavery Society Papers, G. 79). Na realidade, será preciso esperar a década de 1870 para se ver surgir líderes mulatos libertos ou mulatos livres como José do Patrocínio e André Rebouças, capazes de juntar seus interesses aos dos escravos e obter deles uma adesão.[6] Seja como for, antes da campanha abolicionista, era o esfacelamento que predominava na população de cor.

SOLIDARIEDADES

Mas nem tudo separava internamente essa população. Existem casos de solidariedade que atravessam a linha de liberdade, os mais óbvios sendo os que se assentam no parentesco: mães e pais resgatam filhos, amantes e esposos se resgatam mutuamente. Mas há também alguns exemplos de libertos que ajudam membros da mesma etnia a comprar sua alforria. É o que se contava dos carregadores de café do porto do Rio de Janeiro, todos minas da Costa do Ouro. Dizia-se o mesmo dos minas ou dos "cantos" nagôs da Bahia, acrescentando que eles faziam severamente pagar aos forros o preço de sua liberdade.[7] As irmandades religiosas de negros e pardos também emprestavam, como veremos, dinheiro a seus membros para a compra de sua alforria (A. J. R. Russell-Wood, 1974: 91).

---

nheiro/dívidas. No período 1790-1850, 78 por cento dos libertos possuem escravos, não em grande número, porém: 63,3 por cento possuem de um a cinco escravos, 12,3 por cento possuem de seis a dez escravos e apenas 2,7 por cento, mais de dez escravos (num total de 259 testamentos) (M. I. C. de Oliveira 1979: 90). Após 1850, o número de escravos e o número de libertos possuidores de escravos decrescem sensivelmente. Entre 1850 e 1890, 55,2 por cento dos libertos não possuem escravos e 33,6 por cento possuem apenas de um a cinco escravos (M. I. C. de Oliveira 1979: 90). Para uma situação análoga em Minas Gerais, um século mais cedo, vide V. Luna e I. Costa, 1980.

6. Lembremos que Machado de Assis se manteve à margem do processo abolicionista, que Nabuco se queixava da falta de apoio eleitoral da população livre de cor, e que Luís Gama protestava: "É que não tolero/ Falsários parentes/ Ferrarem-me os dentes/ Por brancos passando" (S. Menucci 1938: 78).

7. J. B. Moore, depoimento ao Select Committee on the Slave Trade pp. 47-8, XXII; esse senhor era um mercador inglês de Liverpool que residiu catorze anos no Rio até 1835; ver também depoimento de lorde Howden, Select Committee on the Slave Trade, PP (Lords), 1849 (32).

Os "cantos" de carregadores escravos na Bahia funcionavam como consórcios e adiantavam o dinheiro da alforria. [Schomburg Center for Research in Black Culture]

Mas as irmandades eram elas próprias muito compartimentadas: umas só admitiam pretos, outras só pardos, ou só geges, ou só angolas etc.[8]

Outra solidariedade que parecia unir os membros que eventualmente seriam de diferentes etnias era a que se formava nos navios negreiros: uma irmandade de sofrimento, mas que podia cessar com a dispersão dos escravos recém-chegados. Conta Koster (1816a: 443) que os companheiros de navio negreiro se chamavam entre si de *malungos* e conservavam grande afeição uns

8. A irmandade de Nossa Senhora do Rosário e do Resgate, mencionada, mas sem data, por Russell-Wood, parece constituir uma exceção, admitindo pretos e pardos, livres e escravos (1972: 91). Apesar de seu exclusivismo étnico, as irmandades souberam se reunir em iniciativas comuns antiescravistas. Deixo esse tema, que repousa em documentos inéditos, para um estudo à parte.

pelos outros. Significativamente, é por este termo que se chamavam entre si os quilombolas de Palmares (S. Schwartz, 1982).

Mas foi sem dúvida o islã o mais poderoso desses elos na população negra. Falarei em algum detalhe desse aspecto, pois tem sido muito comentado mas ainda é pouco conhecido no Brasil.

O islã foi um dos raros mecanismos que transcenderam o que aparecia como pulverização étnica e conseguiram mobilizar grupos significativos de nagôs provenientes de cidades inimigas entre si, de tapas (como eram chamados os nupes no Brasil), de hauçás e de bornus, além de grupos menos representados na população escrava.

É de se notar que essa religião tivera o mesmo efeito na África Ocidental: na guerra civil que cindiu o velho império iorubá de Oyó, no início do século XIX, e resultou na secessão da cidade de Ilorin, tornada a partir daí um bastião islâmico, os contingentes muçulmanos que acudiram a Ilorin eram formados não só por iorubás islamizados, mas também por escravos hauçás. Significativo é também que a liderança do movimento tivesse recaído sobre um letrado fulâni, Mallam Salimi (ver, por exemplo, sobre estes fatos T. G. O. Gbamadosi, 1978: 8ss; R. C. Law, 1977: 255-60). Fora da região iorubá, o mesmo processo transnacional é visível em todas as *jihads*, as chamadas "guerras santas", que caracterizam o século XIX na África Ocidental e que talvez tivessem conexão com as profecias de advento de um grande califa, anunciado para o século XIII da hégira, século que começava em 1784 (R. Smith, 1961: 174). Significativo é, por fim, que os insurretos tivessem recebido reforços da *jihad* de Sokoto, que já reunia fulânis, urbanos ou pastores, hauçás, tuaregues contra o *establishment* hauçá (M. Last, 1974: 4ss.).

Os motivos dessa união em torno do islã podiam ser variados: entre os que acudiram a Ilorin, havia os hauçás escravos dos iorubás em busca de liberdade; havia comunidades iorubás muçulmanas convertidas por intermédio dos mercadores de áreas já islamizadas, que se conscientizavam da obrigação canônica de lutar contra uma classe dominante pagã (S. Johnson, 1921: 198-200; R. Smith, 1961: 173; R. Law, 1977: 255-258). Solidariedades étnicas podiam intervir, como de fato intervieram quando fulânis pastores, geralmente considerados como tíbios muçulmanos e até como pagãos pelos fulânis agricultores (J. S. Trimingham, 1959: 11-2), se aliaram às forças insurgentes. A diversidade dos motivos imediatos não deve no entanto fazer perder de vista que, sem o islã por linguagem, não se teria assistido a um movimento social multiétnico.

Amuleto com oração islâmica apreendido pela polícia baiana durante a revolta dos malês, de 1835. [Arquivo Público do Estado da Bahia]

Não se pode esquecer também que, no islã, a função do Estado é servir de instrumento à lei divina, a Charia, baseada no Alcorão. Não existe, nessa perspectiva, separação possível entre Igreja e Estado, entre organizações destinadas respectivamente a promover fins sagrados e uma ordem profana (C. J. Wickham, 1982: 495). A conversão de novos adeptos implica pois, necessariamente, um projeto político.

R. Smith (1961: 171) traça uma distinção entre os dois tipos de islã encontrados na África Ocidental no século XIX, a saber:

1) um islã político-religioso de comunidades vivendo sob governos que sustentavam a lei divina, Charia ou algo próximo a isso;

2) um islã privado de comunidades muçulmanas vivendo em Estados pagãos ou sob o domínio de muçulmanos nominais, que não punham em vigor a Charia.

Essa distinção, no entanto, deve ser entendida como a diferença entre a teocracia instalada e a teocracia almejada, pois o segundo tipo é sempre instável e provisório. Bastava, como bem sublinha R. Smith (1961: 173), o surgimento de um líder letrado, versado nos textos islâmicos e especialmente na lei divina, para mostrar que a subordinação política e social dos muçulmanos em áreas pagãs ou apenas nominalmente islâmicas não podia ser tolerada, e para desencadear uma guerra santa. Isso esclarece, de passagem, a posição central e a incontestável liderança dos letrados muçulmanos como chefes das *jihads*.[9] Aliás, como escreve Murray Last (1974: 1), ecoando Clausewits, a guerra era uma extensão de intenso esforço de pregação e ensino, e ambas almejavam a implantação de uma nova ordem, religiosa, política e social a um só tempo.

São estas duas características — a imbricação de um projeto político no projeto religioso e a possibilidade de o islã reunir sob sua bandeira grupos étnicos diversos entre si — que estão na base das revoltas islâmicas da Bahia do início do século XIX.

O islamismo negro no Brasil foi pouco estudado pela historiografia mais recente,[10] apesar do interesse que despertou no começo do século XX, dando origem não só ao longo artigo de Nina Rodrigues, em 1900, no *Jornal do Commercio*, depois reproduzido em *Os africanos no Brasil*, mas a artigos em *Anthropos* (do padre Etienne Ignace Brasil) e em vários números da *Revista do Instituto Histórico e Geográfico Brasileiro*. A introdução do islã data provavelmente dos primeiros anos do século XIX. Escravos hauçás, tapas (isto é, nupes) e barbas (baribas), etnias já islamizadas de longa data, foram introduzidos na Bahia a partir dessa data, na mesma época em que começou a importação maciça de iorubás.[11] Os nagôs não eram necessariamente muçulmanos, embora devam ter vindo em grandes contingentes nessas primeiras décadas do século XIX. Essa foi a época em que o fortalecimento de Ilorin como bastião muçulmano encorajou revoltas dos nagôs muçulmanos em suas respectivas cidades. O resultado foi uma perseguição sangrenta movida pelos "tradicionalistas" contra todos os muçulmanos, nagôs ou estrangeiros, que perdurou até o fim da década de 1820.[12] Essas perseguições acarretaram a escravização de um número considerável de muçulmanos que seguiram os caminhos do tráfico iorubá, ou seja, a venda na costa atlântica — seja em Ajudá (Whydah), seja em Badagri ou Lagos — com

---

9. No Brasil, o padrão se repete: Licutan, o provável chefe da revolta dos malês em 1835, era um letrado corânico.

10. A situação mudou com os trabalhos de João José Reis. (Nota da segunda edição.)

11. Veja-se, por exemplo, o livro de *Tutelas e inventários da Vila de S. Francisco do Conde: Anais do Arquivo Público da Bahia*, vol. 37, *apud* P. Verger, 1968: 673-80; nessa lista, as etnias acima são mencionadas após 1800.

12. T. G. O. Gbamadosi, 1978: 11 e nº 90.

Partida para a colheita de café no Vale do Paraíba. [Marc Ferrez/ Coleção Gilberto Ferrez/ Acervo Instituto Moreira Salles]

Retorno da colheita. Fazenda Monte Café, Sapucaia, Rio de Janeiro, c. 1890. [Marc Ferrez/ Coleção Gilberto Ferrez/ Acervo Instituto Moreira Salles]

Escravos do eito tinham mais dificuldade para se alforriar que os escravos urbanos de ganho. Fotografia de Christiano Jr. c. 1865. [Cortesia da The New York Public Library].

Fazenda de café na região do Vale do Paraíba, Rio de Janeiro, *c.* 1882. [Marc Ferrez/ Coleção Gilberto Ferrez/ Acervo Instituto Moreira Salles]

destino ao Novo Mundo.[13] A partir do século XIX, a presença maciça na Bahia de muçulmanos — "sabendo 1er e escrever" — é sempre mencionada; mencionada também em Pernambuco e até no Rio de Janeiro.[14] A islamização, aliás, continuava no novo continente, conforme se vê no inquérito da revolta dos malês, e o prestígio de alguns mestres corânicos tapas (nupes) e hauçás fazia perdurar a diferença entre as nações mais islamizadas e aquelas, como os nagôs, mais recentemente convertidas.[15] O prestígio do islã não se restringia aos seus conversos. Os amuletos muçulmanos contendo versículos do Alcorão, que eram monopólio do clero, tinham amplo mercado entre os povos não islamizados da África Ocidental (J. S. Trimingham, 1959: 113; G. B. O. Gbamadosi, 1978: 6). Assim, o líder iorubá que iniciou a secessão de Ilorin, Afonja, não era muçulmano, mas, acreditando na eficácia da magia islâmica, requisitou os serviços do líder reformista muçulmano Salimi, que acabou por sobrepujá-lo (G. B. O. Gbamadosi, 1978: 9; R. Law, 1977). De modo análogo, Koster (1816a: 422) menciona em Pernambuco a crença generalizada não só entre os africanos mas também entre muitos crioulos nos poderes dos mandingueiros, fazedores de mandingas.

Não se sabe ao certo se mandingos[16] da língua mande vieram para o Brasil, mas sua presença maciça como mercadores e difusores do islã na África Ocidental deve estar na origem do nome mandinga como sinônimo de feitiço. O testemunho de Walsh (1831, vol. 2: 187) é ambíguo: se por um lado ele diz que o feitiçeiro é chamado de mandingueiro porque provém dos mandingos, perto

13. C. Newbury 1961: 20-32. Havia um tráfico muçulmano de escravos para a África do Norte que competia com o tráfico atlântico e que absorveu a maior parte dos escravos capturados pelos fulânis durante as *jihads* (Ph. Curtin e J. Vansina, 1964: 190-1). É portanto de se supor que, nesse começo de século XIX, a maior parte dos escravos nagôs que seguiam a religião tradicional tenha sido encaminhada para a África do Norte. A longa série de conflitos e guerras entre as cidades-Estado iorubás, que vão se avolumando a partir da terceira década do século, levaram certamente a uma mudança na origem dos escravos nagôs a partir dessa época, com um decréscimo relativo de escravos muçulmanos.

14. Por exemplo, depoimento J. B. Moore, 23 maio 1848, Select Committee, pp. 1847-8, XXII, p. 423, H. Koster 1816a: 422; os ingleses Chandler e Burgess relatam seu encontro com 63 libertos muçulmanos do Rio em 1851 (D. Kidder & Fletcher, 1857: 136 e 597).

15. A mesma sensação de inferioridade religiosa dos iorubás recentemente islamizados perdurou em Serra Leoa até meados do século XIX (J. Peterson, 1969).

16. Na forma inglesa; *malinke*, na forma francesa; autodenominação *maninka* ou *mardinka* (J. S. Trimingham, 1959: 14).

do Senegal, acrescenta logo a seguir, no entanto, que ele não é tão temido no Brasil porquanto o país de onde provém está "interditado" há algum tempo e a prática (da feitiçaria) não é mantida em outras tribos, dando a entender que não haveria (mais?) mandingos no Brasil. Embora Nina Rodrigues (1976: 69-70) mencione mandingos entre os escravos africanos, Braz do Amaral, que dá a lista mais detalhada de etnias, não os inclui (Braz do Amaral, 1915). É possível, portanto, que os "mandingueiros" não fossem mandingos, mas africanos ocidentais de outras etnias, desde que islamizados.

Seja como for, o islã é claramente um elo essencial nesse século XIX: na revolta de 1809, consegue pela primeira vez reunir hauçás e nagôs e em 1835 mobiliza pelo menos umas oito etnias diferentes.[17]

CAMINHOS DA ALFORRIA

A camada dos livres de cor, como continuaremos a chamá-los por conveniência, cresceu mais rapidamente do que a população branca ao longo do século XIX, enquanto a população escrava só se mantinha à custa de importações maciças de "africanos novos". Herbert Klein acredita que esse rápido crescimento só pode ser explicado por um constante processo de emancipação (H. Klein, 1978: 9-10). A simples melhora das condições de vida não seria suficiente para explicar um aumento maior que o da população branca. Creio que Klein desconsidera o fato demograficamente importante de que a pro-

---

17. Na realidade, o islã conseguiu reunir nessa revolta várias etnias, embora com preponderância claramente nagô. Na revolta de 1835, segundo o padre Etienne Ignace Brasil (1909: 414-5), haveria, entre os 235 indiciados, 165 nagôs, mas também três gurmas, quatro geges, 21 auçás, dois bornus, dezesseis tapas (nupes), doze calabares, um canaras, um barba (bariba?), um mondubi, que na realidade era uma escrava católica; havia também três minas, que é uma designação genérica para a África Ocidental, um jabu, ou seja, jebu, da cidade iorubá de Ijebu mas com denominação separada, e dois benins, de cidade ligada a cidades iorubás; havia em seguida três cabindas e quatro congos, sete portanto que não vinham da África Ocidental; e apenas um pardo e um cabra. Nina Rodrigues (1976: 105) dá números ligeiramente diferentes: 286 inculpados, entre os quais 194 (ou 196) nagôs, 25 auçás, seis tapas, sete minas, nove geges; sete eram do sul do Equador (mas um protestou que não era admitido às reuniões por ser de origem étnica diferente de seu senhor, um liberto nagô) (P. Verger, 1968: 343). Verger (1968: 347 e 352-3) dá números da mesma ordem, tirados do Arquivo Público da Bahia (160 escravos e 126 libertos).

porção mulheres/homens era certamente maior na população livre de cor do que em qualquer outra camada. Seria, portanto, normal que essa população crescesse mais rapidamente.[18] Seja como for, as alforrias vinham acrescentar a essa população um contingente adicional que em certos casos podia ser considerável: na província do Rio de Janeiro, em 1856, um em cada seis (16,4 por cento) negros e mulatos livres era liberto e não ingênuo, e na totalidade da população de cor, escrava e livre, um em cada quinze (6,8 por cento) era liberto (R. Slenes, 1976: 504, nº 26).

A manumissão de escravos podia ser feita na época do nascimento da criança, especificamente na pia batismal, por um pagamento nominal, e nesse caso estaria consignada nos registros paroquiais. A pessoa assim liberta era dita "forra à pia", termo que Aluísio de Azevedo ainda usa em O mulato para descrever o status de Raimundo, o herói do romance. Podia ser uma disposição testamentária do senhor, registrada nas provedorias, podia enfim ser conseguida a qualquer momento através de uma carta de alforria, registrada nas notas de um tabelião, carta de alforria esta que podia ser gratuita ou onerosa (P. Malheiro, 1976 [1867], vol. 1: 411-3).

Têm-se discutido muito, na literatura recente, os caminhos da alforria, e bastará recapitular aqui rapidamente o que se sabe, acrescentando talvez aspectos menos comentados. Como é que um escravo, sozinho ou com a ajuda de uma rede de apoio, conseguia na prática sua alforria? Havia dois caminhos. A alforria podia ser graciosamente concedida e podia ser comprada. As alforrias gratuitas parecem geralmente ter superado as pagas, fora em certos períodos de prosperidade econômica (K. Mattoso, 1972: 45). A distinção entre essas duas formas, no entanto, é, como bem mostrou Kátia Mattoso (1979b), extremamente falaciosa, pois grande parte das alforrias gratuitas era acoplada a condições suspensivas que estipulavam anos de serviços a serem cumpridos, ou que exigiam que o escravo servisse determinada pessoa, o senhor, sua viúva, algum seu herdeiro ou testamenteiro por vezes até a morte destes. É portanto possível considerarem-se boa parte das alforrias condicionais gratuitas como uma variante não monetária das alforrias pagas. É assim que em Paraty, no período

18. Agradeço a Michel Verdon por me ter assinalado os problemas de inferência de Klein. J. Kiernan (1976: 10-1) também põe em dúvida a afirmação de Klein e atribui o grande crescimento da população de cor ao seu aumento natural e à miscigenação de brancos com libertos.

1789-1822, apenas um máximo de 31 por cento das alforrias são pagas, contrastando com a cifra máxima de 48 por cento em Salvador no período 1684-1888. Em compensação, as alforrias com condições suspensivas são muito mais numerosas em Paraty (43 por cento do total) do que em Salvador (18 a 23 por cento) (K. Mattoso, 1979b: 211, baseando-se em dados de Kiernan, 1976, S. Schwartz e seus próprios estudos anteriores). De forma global, para o Brasil como um todo, 30,6 por cento das alforrias foram pagas entre 1873 e 1885, excluindo-se desse número as alforrias realizadas através do fundo de emancipação instaurado pela lei de 1871 (R. Slenes, 1976: 517-8). No entanto, ao analisar cinquenta cartas de alforria em Campinas, nesse período, Robert Slenes encontrou metade com condições suspensivas, com oito exigindo serviços até a morte do senhor (R. Slenes, 1976: 518).

A maneira mais cômoda de perceber a diversidade dos caminhos para a alforria talvez seja distinguir algumas grandes subdivisões na escravaria, com a consciência porém de que os mesmos escravos passavam facilmente de uma categoria para outra ou desempenhavam ao mesmo tempo papéis diferentes. Comecemos pelos escravos urbanos.

Havia os negros de ganho, escravos que trabalhavam fora de casa, como jornaleiros, vendendo alguma coisa nos mercados ou sobretudo pelas ruas da cidade: água, frangos, comidas e doces, louça, perfumes, tecidos e bagatelas, ou eventualmente, se mulheres, também se prostituindo. Esses escravos andavam pelas ruas sem controle de seus senhores, com algumas exceções: os proprietários acompanhavam os vendedores de prataria, de sedas e de pão, pois os negros não deviam tocar em pão (Th. Ewbank, 1856: 93-4). Outra profissão ambulante para um negro de ganho era a de barbeiro (J. B. Debret, 1972 [1834-9], prancha 11).[19] Uma das principais ocupações dos ganhadores homens era carregar; carregavam tudo nesse Brasil, onde um homem de qualidade se recusava a levar o mais ínfimo pacote. Mas em particular carregavam cadeirinhas, carregavam enormes barricas suspensas em varas, carregavam sacas de café. Todos os viajantes do século XIX os descrevem e todos gabam sua força e deploram a ausência de outros meios de transporte até o fim da década de 1850. Wetherell, por

19. Nem todos os barbeiros eram ambulantes, como veremos adiante: havia lojas de barbeiros, normalmente pertencentes a negros libertos (J. B. Debret, 1972 [1834-9], prancha 12) empregando também escravos e instruindo-os como aprendizes.

exemplo, que foi vice-cônsul inglês na Bahia — após ter residido vários anos como comerciante em Salvador —, descreve as enormes toras de madeira levadas por mais de trinta negros, cantando em coro, a partir de um mote, alguma canção trocista (1860: 53). E afirma que os negros levam pianos às costas até 100 léguas do litoral (J. Wetherell, 1860: 118; vide também D. P. Kidder e J. C. Fletcher, 1857: 135). Manoel Querino (1938) também relembra os ganhadores nos "cantos" organizados sob o comando de um capitão, que contratava e dirigia os serviços além de receber os salários. Vários testemunhos falam dos afazeres dos ganhadores enquanto esperavam quem lhes alugasse os serviços: trançavam chapéus e esteiras de ouricuri, vassouras de piaçaba, enfiavam rosários de coquinhos, faziam correntes de arame para prender papagaios, pulseiras de couro enfeitadas de búzios, batiam os panos da Costa que chegavam crespos, para abrandá-los e dar-lhes lustro, e conseguiriam assim um dinheiro a mais com que comprar sua alforria (J. Wetherell, 1860: 90; Goring a Aberdeen, Pernambuco, 16 de maio de 1845, nº 33, *Confidential prints*, nº 316; Manoel Querino, 1938: 96-8).

O escravo de ganho dava um jornal fixo, pago mais frequentemente uma vez por semana, ao seu senhor, e habitualmente tinha de se sustentar.[20] Burlamaqui calcula que o jornal médio de um escravo, em 1837, seria de 320 mil--réis diários, dos quais metade pelo menos seria necessária ao seu sustento (Burlamaqui, 1837: 84). Também era possível o arranjo mediante o qual o jornal era integralmente pago ao senhor, que então sustentava o escravo. Não se sabe se Burlamaqui pensa só nos alugados (vide abaixo) ou também nos negros de ganho, o que é provável. Os negros de ganho parecem ter tido as maiores oportunidades de comprar sua alforria, o que não constitui surpresa. Koster (1816a: 422) menciona que geralmente esses escravos conseguiam comprar sua alforria em dez anos. Os dados são por demais escassos para se poder generalizar essa estimativa, mas é certo que, em relação aos demais, os escravos de ganho tinham mais caminhos para a alforria. Além de terem pos-

---

20. Koster (1816a: 422) menciona que, nesse caso, além dos domingos e dias santos, os escravos de ganho teriam os sábados para si. É provável que ele esteja apenas derivando do costume relativo aos escravos do eito, que veremos mais adiante, pois não faz muito sentido que um dia seja assim especificado quando os jornais do senhor eram em geral pagos, como ele próprio afirma, uma vez por semana. O que provavelmente acontecia era uma redução dos jornais que o escravo que se autossustentava pagava a seu senhor.

Escravos de ganho compravam mais facilmente sua alforria. Fotografia de Christiano Jr. *c.* 1865. [Acervo Museu Histórico Nacional/ IBRAM/ MinC]

Escravos domésticos, sobretudo mucamas, pajens e babás eram ataviados, mas dificilmente tinham pecúlio próprio para comprar sua liberdade. À esq., fotografia de João Goston, Rio de Janeiro, *c.* 1870 [Instituto Moreira Salles]; à dir., fotografia de Rodolpho Lindemann [Coleção Apparecido Janniz Salatini].

sibilidade de fazer trabalhos extras, de esconder seus ganhos reais, podiam construir solidariedades eficazes com membros do seu "canto". Ora, o canto tinha funções de consórcio, de associação de auxílio mútuo para a alforria de seus membros. Os carregadores de café minas, no Rio de Janeiro, que tinham o monopólio desse ramo, por exemplo, adiantavam dinheiro para a alforria uns dos outros, sendo reembolsados por prestações semanais (depoimento J. B. Moore, Select Committee on the Slave Trade (Commons), PP 1847/48, XXII, 25.5.1848: 431). Os reverendos Kidder e Fletcher contam a história talvez fantasiosa de um hercúleo príncipe mina, carregador de café no Rio, que lhes havia carregado a bagagem: teria sido alforriado por seus súditos no Brasil, voltado para a África, novamente aprisionado e mais uma vez vendido como escravo para o Brasil (D. P. Kidder e J. C. Fletcher, 1879 [1857]: 29 e 135).

A segunda categoria era constituída pelos escravos domésticos, que trabalhavam para o próprio senhor, e que portanto não tinham acesso a dinheiro.

ENTERREMENT D'UN NÈGRE
à Bahia.

As irmandades religiosas, originalmente destinadas a providenciar enterros decentes a seus membros, tinham um sistema de consórcio que adiantava aos irmãos o dinheiro para se alforriarem. De Rugendas: uma irmandade acompanha o enterro de um escravo na Bahia (desenho original por volta de 1825; litografia publicada até 1835). [Arquivo G. Ermakoff]

Por outro lado, sua intimidade com seus senhores fazia sua alforria depender exclusivamente das boas relações que podiam estabelecer com eles. Seria de esperar que sua alforria fosse gratuita com ou sem condição suspensiva.[21]

Por último, os escravos podiam ser alugados, seja como empregados domésticos, seja como artesãos, amas de leite, cozinheiras, governantas, carpinteiros ou

21. A afeição, no entanto, podia ter efeitos contraditórios: gostar de um escravo não levava forçosamente a libertá-lo, pois afeto e posse são muitas vezes associados. Koster (1816a: 422) também comenta que os escravos domésticos, mais bem vestidos e cuidados do que os outros, teriam maior dificuldade em conseguir sozinhos sua alforria e dependiam da benevolência do senhor.

sapateiros. Esses alugados podiam estabelecer um contrato de serviços (através de uma dessas ficções jurídicas que eram a regra mais do que a exceção da escravidão) com seu alugador, mediante o qual este lhes emprestava o dinheiro da alforria em troca de certo número de anos de trabalho. Era, em suma, o alugador quem lhes adiantava a liberdade que eles pagariam em serviços (K. Mattoso, 1979b).

Arranjo semelhante, de alguém que adianta o dinheiro da alforria mediante pagamento subsequente em dinheiro, era várias vezes usado por todas as categorias de escravos. Uma das fontes importantes de tais arranjos foram, como já mencionamos, as irmandades religiosas, tais como a de Nossa Senhora do Rosário, na Igreja da Conceição, em Salvador, ou a de Santo Antônio de Catagerona, na mesma cidade, que se propunham desde seu Compromisso, datado de 1699, a resgatar, adiantando fundos da irmandade, os irmãos escravos que se quisessem libertar. Os irmãos teriam de reembolsar aos poucos o dinheiro adiantado. Outra fonte de empréstimos, como já vimos, provinha das associações étnicas, na Bahia chamadas de "cantos", dos negros de ganho (Manoel Querino, 1938: 94-6). Os membros da associação contribuíam regularmente com somas e adiantavam aos seus membros o capital para sua alforria; os círculos corânicos, na Bahia, também adiantavam dinheiro a seus membros (ver, por exemplo, Nina Rodrigues, 1976). O modelo desses consórcios parece ter sido essencialmente africano-ocidental. Os iorubás, por exemplo, tinham associações voluntárias extremamente eficientes, chamadas *esusu*, que funcionavam sob esse princípio (W. Bascom, 1952). As irmandades não parecem, no entanto, ter sempre conseguido completo controle sobre seus fundos e sobre a política de alforria, enquanto as associações étnicas eram, ao contrário, totalmente autônomas (depoimento de lorde Howden, 25 de abril de 1849, Select Committee on the Slave Trade [Lords], 1849). O exemplo do Compromisso da irmandade de Santo Antônio de Catagerona é especialmente elucidativo. Um de seus artigos (capítulo XIII — "Dos Irmãos que se quiserem forrar") rezava: "Todo o home ou mulher sogeito que se quizer livrar, e ser forro acudirá a isso a Irmandade tendo dinheyro para o dito effeito, e dando fiança se lhe dará pera se poder forar a que o Thezoureiro nam porá duvida algũa".

Mas, apresentado para aprovação ao bispo, este pede parecer ao padre provisor, que opina por um controle estrito desses empréstimos através de pedido de licença ao bispo ou ao seu provisor:

Por certo q, inda q o concorrer pª as Liberdades dos Cattivos seja obra de Misericordia, e Couza m.to pia e m.to Santa; toda via não convem q prefira esta obra a outras de q necessite esta Confraria, e Levados os Irmãos Cativos do dezº (desejo) de serem livres, facilitarão os imprestimos do preço com a esperança de q em outra occazião lhes fação a mesma graça com detrimento da Confraria, alem de se não poderem emprestar os bens da Irmand.e, sem Lª (licença) de S. ɪɪɪº (o bispo) ou de seo Provisor.

Esta exigência, assim como a de reservar o cargo de tesoureiro da irmandade (irmandade de angolas e crioulos escravos e livres) a um homem branco, é incorporada ao Compromisso que acaba aprovado em 1699 (M. Cardozo, 1973). Controle semelhante é mencionado por Russell-Wood (1979: 545) para a irmandade de Nossa Senhora do Rosário e do Resgate no Rio de Janeiro e para o Rosário dos Pretos na Bahia (Russell-Wood, 1972: 91): embora fundada com o propósito de ajudar a alforriar escravos, tinha de pedir autorização ao rei, que só a concedia apoiado em pareceres do governador e da Câmara Municipal.[22]

Tendo acesso a dinheiro, os escravos podiam também acertar com seus senhores serem coartados. A coartação era uma das formas da liberdade sob condição: era a liberdade a crédito. Não restou muito rastro jurídico dessa forma, senão a longa discussão do *statuliber* (libertos sob condição) em Perdigão Malheiro. Mas a expressão aparece em vários testamentos (M. Inês Côrtes de Oliveira, 1979: 70ss.) e cartas de alforria (S. Schwartz, 1974: 627). Além disso, cautelas paraenses do século ɪx publicadas por Luís Mott (L. Mott, 1973) atestam que o modo de funcionamento era semelhante ao bem documentado sistema da *coartación* da América espanhola.[23] Tratava-se de concordar com um preço que o escravo devia pagar a seu senhor, em várias prestações. A partir desse acordo, o escravo passava a uma condição intermediária, nem alforriado nem escravo, mas, se fosse seguida a argumentação de Perdigão Malheiro, já com vários privilégios de livre. Principal talvez desses privilégios: os filhos de uma mulher nessas condições já eram livres.

22. É interessante lembrar, em paralelo, o que aconteceu em Cuba: em meados do século ɪxvɪɪ as irmandades religiosas foram usadas conscientemente pela Igreja e pelo Estado para absorver os preexistentes *cabildos*, tipo de clubes étnicos muito semelhantes aos cantos baianos. O sucesso foi apenas parcial, pois os cabildos conseguiram alcançar, enquanto tais, representatividade política (H. Klein, 1971: 157).
23. Ver, por exemplo, H. Aimes, 1909, e F. Ortiz, *Los negros esclavos*.

* * *

Como algumas outras alforrias sob condição, a coartação parece ter sido um poderoso estímulo na luta pela liberdade.[24] No caso da escrava do Pará anteriormente mencionado (L. Mott, 1973), o mais interessante é que a avaliação feita em 1829 nunca é reajustada, embora o preço da escrava só seja saldado em 1846, quando os preços já haviam aumentado consideravelmente.[25]

A coartação, por parcelar as prestações em dinheiro, parece ter permitido uma alforria relativamente mais rápida. Num documento extremamente interessante que relata a história de vida de 23 libertos de Cuba a caminho de Lagos, entrevistados na Inglaterra em 1854 (publicado por Juan Pérez de la Riva, 1976), verifica-se que o tempo que os escravos coartados levavam para se alforriar era sensivelmente menor que o dos outros.

Passemos para os escravos do eito. Aqui também a diversidade é grande, conforme o tipo de agricultura e a organização do trabalho. De saída, podia haver dois sistemas: ou o senhor provia os escravos de suas rações de carne-seca, peixe seco e farinha de mandioca, ou o escravo provia o próprio sustento, trabalhando em agricultura de subsistência aos sábados em vez de trabalhar para o senhor.

> Os escravos das fasendas se sustentão e vestem, ou à custa do dono, o que se chama TAMINA, ou à sua própria custa dando lhe os proprietarios alguma porção de terra a cultivarem e os Sabbados para trabalharem por sua propria conta. Bem se vê que meios devem adquirir os pretos, para se sustentarem a si e suas famílias, trabalhando somente nos Sabados, Domingos e Dias Santos de Guarda... com tudo he tão mizeravel a tal TAMINA que consta de mesquinhos e insalubres alimentos, que os escravos preferem o primeiro partido... (F. Burlamaqui, 1837: 79).

Era claro para todos que o sábado só não bastava para o escravo se sustentar. Tinha-se de lhe acrescentar trabalho diário, o que só era possível se o traba-

---

24. J. P. Kiernan (1976: 296), a partir de dados de Paraty, acha no entanto que a coartação era sobretudo usada na liquidação das heranças dos senhores.
25. Na Bahia, segundo relatório do cônsul inglês, o preço médio de uma escrava teria passado de 300 a 350 mil-réis, em 1830, para 400 a 470 mil-réis em 1846 (Porter a Palmerston, Bahia, 31 de dezembro de 1850, PP 1851, vol. LVI, parte II).

lho na fazenda fosse feito por tarefa, ou então era preciso acrescentar-lhe o trabalho dos domingos e dias santos (H. Koster, 1816a: 426 e 428 nota).

Quando se pensa no que era a jornada de trabalho na lavoura de cana no começo do século XIX, percebe-se a dificuldade de um escravo do eito para reunir economias. Koster (1816b: 312ss.) dá a seguinte descrição do que no Brasil era considerado o regime de trabalho imposto por um *bom* senhor: o escravo trabalhava do nascer do sol (seis da manhã) até as oito. Seguia-se meia hora de desjejum. Das oito e meia até o meio-dia, trabalhava. Do meio-dia às duas da tarde, almoçava. Das duas às cinco e meia ou seis horas, trabalhava novamente. Nove horas e meia de trabalho no eito, portanto. Muitas vezes se acrescentava a isso uma ou duas horas de trabalho em casa, à boca da noite. Durante a época da safra, ou seja, de quatro a seis meses por ano, segundo Koster, o trabalho era contínuo, com turmas que se revezavam a cada seis horas. Usava-se o chicote de vez em quando, para castigar pequenas e grandes faltas, à discrição do senhor. "Em troca de seu trabalho e punições ocasionais", o escravo recebia duas camisas e dois pares de calções por ano, geralmente dois chapéus de palha, uma esteira para dormir, uma peça de baeta para se cobrir de noite. Tinha sua choça que devia mobiliar. Enfim, recebia comida: carne-seca ou peixe seco e farinha de mandioca. Domingos e feriados eram seus. Esse regime era considerado bom, insiste Koster. Crueldade era o que ia além disso.[26]

No entanto, os escravos não só muitas vezes optavam por um regime de autossubsistência acoplado à grande agricultura da propriedade como plantavam mandioca, feijão e milho para o mercado, criavam porcos e galinhas, alugavam para fora algum cavalo. No agreste, plantavam algodão, que tinha a vantagem de poder ser produzido em pequena quantidade e vendido diretamente, o que não ocorria com a cana-de-açúcar (Koster, 1816a; 432). Os documentos de um engenho de Ilhéus publicados por S. Schwartz mostram, no entanto, que até os escravos da zona açucareira produziam excedentes de alimentos que encaminhavam para Salvador (S. Schwartz, 1977: 73-4). O pecúlio dos escravos, ou seja, suas economias, não lhes pertencia de direito, já que eles não tinham capacidade civil e que o que era seu pertencia ao senhor. Tudo indica, no entanto, que essa propriedade era reconhecida de

---

26. Uma descrição mais tardia e um pouco mais generosa para a zona do café é dada por J. J. Tschudi, 1953 (1866-9): 54.

fato. Não só Koster e Perdigão Malheiro (1976 [1867], I, parágrafo 34: 63) o mencionam, mas havia até uma maneira costumeira de distinguir gado pertencente ao escravo do gado do senhor: os cavalos dos escravos eram marcados no quarto esquerdo em vez de no direito, e Koster (1816a: 432) nota com pertinência que é essa mais uma prova de que o costume suplanta a lei que veda aos escravos terem propriedades. Na realidade, sabe-se que certos escravos tinham até escravos, como aquele feitor do engenho dos beneditinos em Jaguaribe que oferecia em vão dois seus escravos em troca de sua própria liberdade (Koster, 1816a: 435; vide também exemplos urbanos de escravos de escravos em K. Mattoso, 1979, Inês Cortes de Oliveira, 1979: 59, e S. Schwartz, 1974: 626).

OS NÚMEROS DIFERENCIAIS

A política da alforria começa a ser perceptível através de estudos estatísticos feitos em alguns poucos lugares e para certas épocas dos séculos XVIII e XIX, a partir das cartas de alforria.

Tem-se uma ordem de grandeza da incidência da alforria. Em Salvador, por exemplo, esta já foi calculada em 1 por cento da população escrava, anualmente, e o número parece razoável.[27] Em Paraty, no estado do Rio de Janeiro, a taxa é sensivelmente menor: 0,55 por cento de alforriados anualmente (J. P. Kiernan, 1976). As taxas de alforria variam consideravelmente segundo o período e a região. Parecem aumentar em épocas de decadência econômica ou em regiões periféricas. Para o período imediatamente posterior à Lei do Ventre Livre (1871), mas com resultados que pensa poder estender às duas décadas anteriores, Robert Slenes (1976: 489) calculou as taxas brutas de manumissão em treze províncias: essas taxas variam de 3,4 por mil na província do Rio de Janeiro, então em plena prosperidade cafeeira, até 21,5 por mil na Corte, sendo a média de 6,3 por mil. A disparidade desses números se prende, provavelmente, à diversidade das zonas consideradas. Era opinião geral na época que havia mais alforrias nas zonas urbanas do que nas zonas rurais, o que explicaria as altas

27. Estudos de S. Schwartz, 1974: 606, nº 7, para o período 1728-45, e de B. Trosko, 1967: 2-8 (*apud* H. Klein, 1970), para o período 1819-51.

taxas de manumissão na Corte. Mas nas próprias zonas rurais, como vários historiadores apontaram (por exemplo H. Klein, 1970, e R. Slenes, 1976: 574), havia diferenças enormes entre as áreas de expansão de grande lavoura (café, cana-de-açúcar) e as outras regiões que, quer por decadência, quer por tradição, tinham agricultura mais diversificada. Assim, não é de admirar que as taxas de alforria fossem tanto menores quanto maior a escravaria. A província do Rio de Janeiro e a de São Paulo tinham em 1874 míseros coeficientes de 3,4 mil e 4,8 por mil de alforriados numa população escrava que era a maior da época: 307 444 escravos na província do Rio de Janeiro e 169 964 na de São Paulo (R. Slenes, 1976: 489).

A alforria, no entanto, não era indiscriminada: beneficiava claramente certas categorias de escravos. Beneficiava primeiro, e em extraordinárias proporções, as mulheres. Os estudos feitos até agora revelaram proporções da ordem de 66 por cento de libertas mulheres (para apenas 34 por cento de homens) em Paraty, entre 1789 e 1822; 58,6 por cento e 69,6 por cento para Salvador e zona rural da Bahia, respectivamente, no período 1684-1745; entre 53 por cento e 57,6 por cento em Salvador para o período 1799-1850; 59,9 por cento ainda em Salvador, se tomarmos o período 1817-1888; enfim, 64 por cento na cidade do Rio de Janeiro entre 1807 e 1831.[28] Essas disparidades são maiores do que parecem à primeira vista, já que a proporção dos sexos na população escrava pendia fortemente para os homens, que eram economicamente essenciais:[29] a importação de africanos, fonte principal de escravaria até 1850, privilegiava homens e rapazes (veja-se, a título de exemplo, a Tabela 2 dos escravos apreendidos pelos cruzadores britânicos).

As proporções de homens libertos e escravos eram assim inversas: em 1805-6, nos inventários de Salvador, a porcentagem de escravos homens é de 67,3 por cento, enquanto sua porcentagem nas cartas de alforria, no mesmo

---

28. Fontes: J. P. Kiernan, 1976: 87; S. Schwartz, 1974: 612; K. Mattoso, 1972: 40-1; K. Mattoso, 1979b: 213; M. Karasch, 1973: 13, *apud* H. Klein, 1970, n. 12.
29. Isso também é provado *a contrario*. Após 1850, o tráfico interprovincial para os cafezais do Sudeste deixa algumas províncias de economia decadente com uma população escrava de mulheres, velhos e crianças. Na Paraíba, por exemplo, em 1884 havia 53,5 por cento de escravas para 46,5 por cento de escravos. A preferência por alforria de mulheres, no entanto, ainda se manifesta: no período 1850-88, sobre 1052 cautelas de liberdade de nove municípios paraibanos, 56,5 por cento beneficiavam mulheres (D. S. de Galliza, 1979: 140-2).

Crioulas baianas libertas. Alforriavam-se proporcionalmente mais mulheres do que homens, mais crioulos do que africanos e mais pardos do que negros. Fotografia de Rodolpho Lindemann, cartão-postal. [Fundação Gregório de Mattos, Salvador]

biênio, é de apenas 35,3 por cento (dados tirados de K. Mattoso, 1972 e 1974). Outro exemplo, menos preciso, mas evocador: em 1821, haveria 104115 escravos negros homens, quase o dobro das mulheres, que seriam 55 890. Mas, em contrapartida, 25 393 homens negros eram livres (libertos e ingênuos), para 26 150 mulheres negras livres (M. Goulart, 1949: 144).

Outra categoria relativamente favorecida eram os pardos. Como a proporção das mulheres libertas, a proporção de pardos alforriados era francamente maior do que sua proporção (aliás, muito reduzida em termos relativos) na população escrava. Em Sergipe, um mapa da população de 1834 mostra que entre os pardos (escravos e libertos) os libertos representavam 77 por cento, enquanto, do total de libertos e escravos negros, os libertos não passavam de 32 por cento (L. Mott, 1976: 12-3)! Na Bahia, entre 1684 e 1745, 43 por cento dos alforriados são pardos, isso quando eles representavam no máximo 15 por cento da população escrava (S. Schwartz, 1974: 612). No período 1779-1850, em Salvador, os mulatos alforriados oscilam entre um mínimo de 14 e um máximo de 30,8 por cento (K. Mattoso, 1972: 42). Embora pareçam representar apenas 7,6 por cento dos escravos em 1805-6, os pardos constituem 25,5 por cento dos alforriados.[30]

Enfim, pareceria também que os crioulos fossem alforriados mais frequentemente do que os africanos (S. Schwartz, 1974: 612, e D. S. Galliza, 1979: 145). Os africanos, por outro lado, pareciam sair-se melhor do que os crioulos na compra de sua liberdade, pelo menos no Rio de Janeiro da primeira metade do século XIX (M. Karasch, 1973: 37).

Também os testamentos favoreciam certas categorias de escravos, sem que tenhamos dados numéricos para apoiar essa informação: seriam privilegiados os mais próximos, os mais velhos, os mais fiéis, as concubinas, os filhos bastardos. Quanto à libertação nas fontes batismais, mediante apresentação de uma soma nominal (20 mil-réis, 5 libras esterlinas na época) descrita por Koster, ela permitia aos pais ou padrinhos resgatar seus filhos. Era em geral o pai biológico quem oferecia a soma, que era pequena, ou o padrinho, escolhido pela mãe entre "pessoas de consideração, na esperança de que o brio destas fosse grande

---

30. Cálculo a partir de K. Mattoso, 1974, Tabela IV, p. 119, e K. Mattoso, 1972, Tabela V, p. 42. Não sigo portanto a autora quando expressa dúvidas (1974: 120) sobre a possibilidade de comprovar a alforria de pardos.

TABELA 2

PROPORÇÃO DE HOMENS/MULHERES/CRIANÇAS EM NAVIOS A CAMINHO DO BRASIL INTERCEPTADOS PELOS CRUZADORES BRITÂNICOS

Africanos					
Datas	Homens	Mulheres	Meninos	Meninas	Total
24.1.1832	4	1	—		5
31.7.1834	—	—	150	88	238
04.9.1834	14	6	37	34	91
06.2.1835	37		126	59	222
28.7.1835	8	12	22	—	42
18.1.1836	147	73	—	27	247
26.1.1838	53	16	80	41	190
25.6.1838	108	15	85	17	225
15.2.1839	111	27	48	16	202
15.2.1839	64	53	66	34	217
16.4.1839	80	36	76	25	211
04.5.1839	90	77	51	41	259
31.5.1839	144	12	200	23	379
17.6.1839	76	41	158	41	316
28.9.1840	homens + meninos	153	mulheres + meninas	117	270
08.3.1841	homens + meninos	245	mulheres + meninas	77	322
Total					3436
Total: Homens e meninos (1832-1841)		2433	70,80%		
Total: Mulheres e meninas (1832-1841)		1003	29,20%		
Total geral		3436	100,00%		

Fonte: Samo e Grigg a Aberdeen, Rio de Janeiro, 22 de dezembro de 1843, Encl. 1 e 2, *Parliamentary papers* 1845, XLIX.

demais para que deixassem seu afilhado continuar na escravidão" (H. Koster, 1816a: 408). Aqui novamente pareceria que os mulatos, filhos de brancos e escravas, estariam estatisticamente avantajados.[31]

Transparece nesses números um sistema de alforria assentado em relações pessoais, em proximidades, em favores. O favor não se limita, portanto, aos livres, nem é só a força que mantém a sujeição dos escravos.

A ALFORRIA É ESSENCIALMENTE UMA QUESTÃO PRIVADA

Com efeito, a manumissão de escravos era um assunto essencialmente privado, que fazia parte dos direitos de propriedade, guardados com zelo. O Estado interferia o menos possível, apenas em épocas de crise, e sua intervenção era sempre ressentida. Durante as lutas pela Independência na Bahia, um dos grandes motivos de atrito do governo provisório de Cachoeira com Labatut foi a tentativa deste de organizar batalhões de libertos com escravos do Recôncavo baiano. O governo central de d. Pedro acabou prometendo libertar escravos que combatessem pela Independência, ressarcindo os senhores (que, aliás, não perdiam muito nessa época de caos econômico). Mas a carta de alforria era passada pelo senhor (Braz do Amaral, 1957: 292, nº 3, 284-5). Na Guerra do Paraguai, a grita dos senhores de escravos pela mesma razão foi enorme: o governo havia prometido alforriar os escravos que fossem combater.

O Estado só se arrogava o direito de intervir nas alforrias em circunstâncias muito excepcionais. Prevenia os chamados "crimes contra o Estado": durante o período da mineração, legislava no sentido de evitar o contrabando. Os escravos delatores de um contrabando de diamantes ou, mais tarde, de madeiras eram alforriados mesmo testemunhando contra seu senhor, o que era uma irregularidade de que muito se queixavam os senhores. Eram também alforriados os escravos que encontrassem eles próprios grandes diamantes, acima de 20 quilates (Perdigão Malheiro, 1976 [1867]: 98 parágrafos 6 e 7). O

---

31. Estatisticamente apenas, porque se contam, porém com escândalo, casos de pais conservando seus filhos em escravidão, e até os vendendo (R. Walsh, 1833, vol. 2: 194). Há a história de Luiz Gama, filho de um branco e de uma liberta — Luiza Mahin, implicada na revolta dos malês —, que, embora legalmente livre, teria sido vendido pelo próprio pai.

A alforria era assunto privado, no qual nem o Estado nem a Igreja intervinham. Quando o governo prometeu alforria aos escravos que fossem combater na Guerra do Paraguai, os proprietários protestaram com veemência. [À esq., fotografia de Justiniano José de Barros, Coleção Emanoel Araújo; à dir. Arquivo G. Ermakoff]

único outro motivo de intervenção do Estado era em questões de segurança pública, mas só em épocas e circunstâncias francamente explosivas. Assim, o governo da província da Bahia promete alforria aos escravos que denunciarem algum projeto de insurreição, na lei que seguiu a malfadada revolta dos malês em 1835 (Lei de 13 de maio de 1835, nº 9, art. 90).

Quanto à Igreja, ela não tinha o direito de intervir. A única exceção citada por Perdigão Malheiro é um engano. O privilégio que ele cita (A. Perdigão Malheiro, 1976 [1867], vol. 1: 38 e 99), da Irmandade de São Benedito, que poderia resgatar seus irmãos em caso de sevícias ou de venda vingativa do senhor (Provisão de 29 de novembro de 1779), dizia unicamente respeito à Irmandade desse nome do Convento de São Francisco de Lisboa (Ordenações Filipinas, *in* Cândido Mendes de Almeida, 1870, vol. 2: 1022). Ora, as irmandades eram associações locais de ajuda mútua sem nenhuma centralização

(J. Scarano, 1976), e o privilégio de uma não se estendia a outra, nem sequer de mesma denominação. As irmandades, além disso, embora sob o amplo manto da Igreja Católica, dificilmente poderiam representar, por sua laicidade, atomização e seu aspecto corporativo, a política da Igreja. Não se entenderia, se assim fosse, como outra irmandade, a do Santíssimo Sacramento da Igreja de Nossa Senhora dos Remédios, na cidade de Assumpção, no reino de Angola, havia obtido o privilégio em 1685, para custear as despesas de sua igreja, de mandar quinhentos escravos para o Brasil durante quatro anos (J. J. Andrade e Silva, 1850: 48, alvará de 31 de outubro de 1685).

Quanto às ordens religiosas, que talvez tivessem mais títulos para representar a política da Igreja Católica, não só mantiveram seus escravos até perto da Abolição, como tinham a particularidade — pelo menos os beneditinos e os carmelitas do Rio de Janeiro — de ter os únicos criatórios de escravos de que se tem notícia no Brasil do século XIX (Th. Ewbank, 1856: 276). Enfim, nem sequer na doutrina, embora a alforria fosse confessadamente uma obra pia, a Igreja condenou a escravidão negra no Brasil.

Assim, diga-se de passagem, a mediação da Igreja e do Estado nas relações entre senhor e escravo no Brasil — argumento que teve grande peso nas teses de Tannenbaum e de Elkins, que será discutido no capítulo 2 — não me parece, portanto, sustentável.

O direito exclusivamente incumbente ao senhor de alforriar ou não seu escravo era visto como parte essencial do direito de propriedade, e as discussões de toda a legislação posterior a 1870 mostram como essa noção se mantém até praticamente o fim do escravismo. O Estado era circunspecto nas suas intervenções em tudo o que dizia respeito a esse tipo peculiar de propriedade. Mesmo em casos de segurança pública, evitava-se condenar à morte ou degradar insurretos se fossem escravos, e somente em casos graves se exigia do senhor que vendesse o escravo para fora da província. Com os libertos, não se tinha tais embaraços. Atente-se, por exemplo, para o tratamento diferencial dado aos conjurados da Revolta dos alfaiates, em 1798, na Bahia. Essa revolta parece ter sido uma conjunção curiosa e única, na história colonial, de um círculo de literatos e eruditos da classe alta com outro grupo de origem popular, reunidos em torno de ideais revolucionários franceses. Dois pardos livres e dois pardos libertos foram enforcados, sendo três deles esquartejados e expostos em praça pública. Os outros libertos foram abandonados na Costa d'África. Os senhores dos escravos mais implicados foram obrigados a vendê-los. Os outros escravos foram açoitados. Nenhum dos conjurados de classe alta — intelectuais brancos jacobinos — foi condenado. O chefe civil fugiu com a conivência do governo, enquanto um senhor de engenho fortemente comprometido na conjura se livrou casando com a filha do secretário do governo (A. Ruy, 1942: 61-65, e K. Maxwell, 1973: 218ss.).

O mesmo respeito pela propriedade privada que é o escravo se manifesta nos julgamentos dos insurretos de 1835. Um escravo condenado à morte, aparentemente um líder da revolta, o "marabu Sanim", teve sua pena comutada para seiscentos açoites por apelação de seu senhor ao Supremo Tribunal de Justiça. "Banimentos para os libertos, açoites para os escravos, tal a fórmula repressiva cômoda e econômica que permitia sufocar os germes de futuros levantes sem prejuízo na propriedade humana", comentava sagazmente Nina Rodrigues (1976 [1932]: 57).

Afora, portanto, certas razões de Estado bem delimitadas, era ponto pacífico que a manumissão dizia unicamente respeito ao senhor. De modo muito significativo, o famoso direito de o escravo se alforriar mediante apresentação de seu valor *era puramente costumeiro*. Tannenbaum (1947: 54, 56, 65ss.) está portanto enganado quando afirma que o escravo podia por lei compelir seu senhor a alforriá-lo mediante apresentação do seu valor. Tannenbaum afirma estar se baseando em Kidder e Fletcher (1879 [1857]: 133), que, no entanto, apenas dizem que em certos casos em que um senhor morre sem testamento o escravo teria o direito de ter seu preço avaliado por um juiz e alforriar-se mediante apresentação de seu valor. É Sir Harry Johnston (1969 [1910]: 89), a quem Tannenbaum também cita, que dá essa informação junto com outras igualmente fantasiosas, sem nenhuma referência que o apoie.

Koster está na origem do erro que consiste em tomar o direito de se alforriar mediante apresentação de seu valor, como desde cedo inscrito na lei. Ora, Koster, numa nota (1816a: 405), diz que nunca viu essa lei escrita, mas que todos pareciam admitir sua existência. Discuto a questão em detalhe em outro artigo (M. C. da Cunha, 1985 [1983a]).[32]

32. Em artigo de 1991, republicado em 2009, exponho as razões de Koster para afirmar a existência no Brasil do direito à alforria mediante pagamento. Koster fazia parte de um grupo de proto-abolicionistas ingleses que defendiam o direito dos escravos a comprarem sua alforria nas plantations inglesas das Índias Ocidentais.

Apesar de José Bonifácio propor que o direito de o escravo comprar sua alforria entrasse na letra da lei desde 1823, isso não se deu até a Lei do Ventre Livre, isto é, até 1871, e novamente sob os protestos dos senhores. O que me parece significativo, aliás, são os protestos, mais do que a incorporação à lei. Entre um direito costumeiro e uma letra da lei que sabidamente era letra morta, já que não existiam muitos canais para o escravo recorrer à justiça,[33] era provavelmente o primeiro o mais efetivo. Por que então a grita no Parlamento em 1871 senão que, mais uma vez, se entendia que o Estado queria tirar do âmbito estritamente privado a decisão sobre a manumissão do escravo?

Quanto à alforria na pia batismal mediante a soma nominal de 20 mil-réis, esta nunca passou para a lei escrita.[34] Mas o direito ao pecúlio seguiu a questão da alforria. Até 1871 também o pecúlio do escravo que, *de jure*, não podia ter propriedade, estava garantido pela lei costumeira e pela opinião pública que a sancionava, condenando o senhor que se apropriasse indevidamente — ou seja, para além do jornal pago pelo escravo — dos bens ganhos ou recebidos pelo escravo.

Embora Koster dê muita ênfase ao poder da pressão pública, especialmente da dos padres e dos homens da mesma classe, mas também da gentinha, vê-se, pelos exemplos que dá, que o direito de alforria resgatando-se mediante pagamento não era tão pacífico. Muitas vezes, apenas a ameaça plausível de suicídio ou de fuga do escravo logravam fazer o senhor aceitar o resgate do escravo (Koster, 1816a: 413, nota). O caso do feitor abastado do engenho dos beneditinos em Jaguaribe que não consegue se alforriar, por ser insubstituível, mesmo em troca de dois escravos que oferece, é elucidativo (H. Koster, 1816a: 426).[35] O que fica especialmente claro em Koster é que a *esperança* da manumissão é central ao sistema, e complementar aos castigos e à violência física usados. Mas essa esperança era de tal modo construída que *passava pela dependência pessoal do senhor*, ou eventualmente de *outro* senhor.[36]

33. O escravo era civilmente incapaz, sendo seu curador nato o próprio senhor; se este se recusasse, devia o juiz designar outro curador (P. Malheiro, 1976 [1866-7], vol. 1: 22-24-62).
34. Por uma razão óbvia: teria entrado no texto da lei em 1871 não fora que nessa mesma lei se tornava supérfluo, já que todos os filhos de escravas passavam a nascer ingênuos. Para referências à alforria no batismo, ver R. Southey, parte III: 784, e Koster, 1816a: 407).
35. Para outros casos ver, por exemplo, S. Schwartz, 1970: 318, nº 25.
36. Pois Koster menciona a permissão frequente dada ao escravo de procurar senhor mais a seu gosto (1816a: 406 e 413, nota). Menciona também o apadrinhamento e a intercessão de outros brancos, e especialmente de padres (1816b: 329).

Vimos que a alforria vinha imbricada em grande diversidade de situações concretas. Em muitos sentidos práticos, por exemplo, ela podia ser semelhante a uma venda, e frequentemente era o produto das mesmas circunstâncias infelizes. Já foi assinalada a maior incidência de alforrias em épocas de recessão econômica, quando o mercado não absorvia escravos ou estes se tornavam um peso. Alforriá-los mediante pecúnia era uma maneira de reaver um capital. Mas especialmente eloquente nesse sentido é o exemplo dado por Kátia Mattoso (1979: 216), de uma pobre viúva baiana que em 1836 lamenta ter de se separar do escravo querido dada sua premente necessidade de dinheiro. Esses termos fariam prenunciar uma venda: ao contrário, trata-se de uma alforria paga. Em suma, sua penúria a leva a vender o escravo... a si próprio. A alforria paga é, portanto, praticamente assimilável a uma forma particular de venda, e os preços pedidos parecem regular-se pelos preços do mercado. D. S. Galliza (1979: 145), no seu estudo para a Paraíba após 1850, achou, no entanto, vários casos de preços claramente inferiores aos do mercado, consentidos por afeição. Mas, como os escravos tinham um interesse particular na sua própria compra, não é impossível que tenham até ocasionalmente superado os preços do mercado: por volta de 1810, na Bahia, o liberto Joaquim Felis de Sant'Ana, capitão de milícias, barbeiro e músico, alforriou uma escrava que só lhe trazia dissabores mediante a soma de 160 mil-réis, dois anos depois de ela lhe ter sido vendida por 125 mil-réis, ou seja, com 45 mil-réis de lucro.[37]

Apesar de todas essas semelhanças práticas da alforria com a venda, nada é mais enfatizado do que a distância que separa as duas. Tradicionalmente, a lei tratava as alforrias no mesmo título das doações (A. Perdigão Malheiro, 1876 [1867], I, parágrafo 125, nº 673, p. 117). Perdigão Malheiro, que acentua a contradição jurídica de uma pessoa sem personalidade civil como era o escravo ser o sujeito de uma doação, sustenta que a alforria é um ato puramente reflexivo, em que o senhor se despoja a si mesmo do domínio e poder sobre o escravo.

Nas cartas de alforria, esta é sempre apresentada como uma dádiva: nunca

---

37. Estes dados são deduzidos do testamento publicado por Maria Inês Côrtes de Oliveira, 1979: 207.

Escravos africanos no engenho do conde do Barral, *c.* 1850-1860. Trata-se do engenho São João, no Recôncavo baiano, que havia pertencido ao pai da célebre condessa do Barral, o visconde de Pedra Branca. Consta que era sua prática, seguida depois pela sua filha, alforriar escravas que tivessem tido seis filhos. [Instituto Histórico e Geográfico Brasileiro]

se deixa de insistir preliminarmente na generosidade ou na afeição pelo escravo demonstrada pelo senhor, assim como se faz referência aos bons serviços do escravo, à sua fidelidade, que o tornam elegível para a alforria. São fórmulas, talvez, mas reveladoras das expectativas ideológicas.

O que isso supunha em particular é que laços morais entre senhores e escravos existiam e não deveriam terminar com a manumissão. Uma ideologia, aliás, só o é se compartilhada por seus atores: se se exigiam gratidão e lealdade dos libertos, também havia injunções morais sobre os patronos, ou seja, os que concederam a alforria. Um caso interessante de laços entre patrono e liberto, caso certamente não isolado, é o de um nagô vendedor de cal em 1835 que, liberto, continua morando na casa do ex-senhor, de quem era herdeiro testamentário (P. Verger, 1968: 343). Há exemplos semelhantes nos testamentos de libertos a favor de seus próprios libertos (M. Inês Cortes de Oliveira, 1979: 116).

A esse propósito, Perdigão Malheiro discute longamente, no capítulo sobre os patronos, a inaplicabilidade no Brasil do direito romano de certo período que estabelecia um parentesco fictício entre o patrono e seu liberto. Esse parentesco originava extensos direitos e deveres recíprocos, entre outros o de o patrono ser o herdeiro de seu liberto se este morresse sem testamento. Perdigão Malheiro se insurge contra a aplicação desses preceitos no Brasil, e poder-se-ia pensar que se trata de pura discussão teórica. A publicação de testamentos de libertos e sua análise por Maria Inês Côrtes de Oliveira (1979) deixa claro que, ao contrário, a ligação do patrono e do liberto estava assente no direito costumeiro. Missas pelas almas dos escravos defuntos e pelas dos senhores eram encomendadas nos testamentos (M. Inês C. de Oliveira, 1979: 195, 199, 219, 210, 179) durante toda a primeira metade do século XIX. A obrigação de mandar rezar tais missas pelos seus senhores era às vezes condição de alforria de escravos por testamento (*ibidem*: 210). Legados aos ex-senhores, quando estes ainda estavam vivos, e que iremos reencontrar no testamento do liberto Joaquim Devodê Branco, em Lagos (Marianno Carneiro da Cunha, 1985: Apêndice), eram frequentes e se apoiavam nesse direito costumeiro (M. Inês Cortes de Oliveira, 1979: 178). Irônico caso de inversão de papéis é o de Joaquim Lourenço de Barros, africano mina, que declara: "e se existe o chamado direito do Patrono, deixo ao Patrono que mostrar ter sido o que me conferiu a liberdade dez tustões" (p. 118). Era aos africanos que sempre se pedia a prova de sua liberdade. Dessa feita, que provasse o patrono sua condição.

Havia até uma transitividade dos direitos e deveres dos patronos. Kiernan (1976: 148) conta o caso da preta forra Vicência Maria, que ao libertar uma menina africana, Rosa, em 1814, declara que esta deve obediência e serviços a Felizarda Maria Espírito Santo, que a havia libertado a ela, Vicência Maria. Esse mesmo caso ilustra ainda particularmente bem os deveres morais que a alforria impunha ao patrono nessa ideologia compartilhada: pois Vicência Maria declara que, se viesse a morrer antes de sua patrona, competia a esta cuidar da jovem Rosa e educá-la.

Na primeira metade do século, portanto, o direito do patrono, ou seja, a ligação que permanece além da alforria, estava em vigor. Aliás, a crítica de Perdigão Malheiro, atente-se, é de 1866. A "paternidade" do patrono está também inscrita nas próprias fórmulas das alforrias. Ao emancipar um escravo, a fórmula costumeira afirma que ele é libertado "como se de ventre livre houvera nascido", ou como "se fora ingênuo". A liberdade, em suma, supõe o nascimento livre: o liberto é uma categoria, nesse sentido, anômala. O escravo, enquanto "homem reduzido à condição de *cousa... é havido por morto*", escrevia cruamente Perdigão Malheiro (1867, vol. 1, cap. I, parágrafo 1º, grifos originais). A vida lhe era conferida juntamente com a liberdade. E o nascimento na liberdade é o patrono quem o confere. A ficção do parentesco tinha onde se apoiar. Era também ao ascender à liberdade que o escravo, que até então só tinha nome de batismo, eventualmente acompanhado de um indicador de origem (mina, cabinda), adquiria sobrenome, em geral o de seu senhor.

O que esse tratamento da alforria revela é uma expectativa de transformar o escravo em cliente, em agregado. Outro indício nesse sentido são as causas, que Perdigão Malheiro reputa inadmissíveis, de rescisão da alforria por ingratidão, esta sendo descrita de forma extremamente lata, incluindo, por exemplo, a ingratidão verbal mesmo na ausência do patrono (P. Malheiro, 1, parágrafo 149). É certo que havia casos concretos de revogação por uma ingratidão que ficava ao apreço do patrono,[38] e a revogação por esse motivo só desaparece do texto da lei em 1871.

38. Durante muito tempo houve dúvidas sobre se tais revogações teriam sido implementadas, mas creio que há provas nesse sentido. Perdigão Malheiro (1976 [1867] i, parágrafo 149: 135) alude às decisões dos Tribunais do Império que aplicaram essa lei. Russell-Wood (1972: 91-2) por sua vez cita o caso de escravo alforriado do Carmo de Salvador que, em 1795, é condenado a ser reescravizado por desobediência e calúnia contra seus pregressos senhores, "incurso na pena da lei, como ingrato ao benefício da liberdade". Um documento de Apiaí (São Paulo) do começo do

J.-B. Debret comenta: "velha viúva infortunada, deixada só, com uma filha e uma velha negra... que passa o dia todo no ofício de carregadora de água nas ruas da cidade para trazer às suas senhoras, a cada noite... a pequena renda destinada a sustentar a existência dessas três pessoas".

O interessante aqui, novamente, é que a questão da ingratidão revela o que se esperava do liberto, a saber, que se tornasse um agregado, um cliente. Uma espécie de agregação temporária, com serviços a serem prestados durante certo número de anos, era, aliás, uma cláusula comuníssima nas cartas de alforria.[39]

---

século XIX publicado por V. W. F. Daglione (1968-9: 133) revoga uma escritura de liberdade já outorgada por "ingratidões do beneficiário que servia a seu senhor com constrangimento e já causando-lhe dissabores [...] pello que se tem feito de indigno de receber a liberdade". Verdade é que, nesse caso, tratava-se de um *statuliber*, que não gozava ainda da liberdade outorgada que lhe seria conferida após a morte do senhor.

39. Em 1848, um senhor de escravos contava como coisa natural que conhecido seu havia libertado vinte escravos dizendo-lhes: "vocês terão apenas de me dar o suficiente para comer a partir de vosso trabalho" (I. Cliffe, Select Committee on the Slave Trade, 11 maio 1848, pp. 184-8, vol. XXII). Ver, sobre a frequência das cláusulas suspensivas nas cartas de alforria, K. Mattoso, 1979b.

José Bonifácio, no seu projeto antiescravista, propõe reter o forro gratuitamente por cinco anos a serviço do senhor sem pagamento de jornal ("Representação sobre a escravatura", art. VII). Veremos variantes dessa expectativa mais adiante, quando tratarmos do projeto dominante para o liberto, mas um texto de José Bonifácio é eloquente demais para que não o citemos. Na exposição de motivos de sua "Representação... sobre a escravatura", comentando a futura libertação de escravos que deve ser preparada, ele escreve:

> de inimigos se tornarão nossos amigos e clientes. Sejamos pois justos e benéficos, Senhores, e sentiremos dentro d'alma, que não há situação mais deliciosa, que a de hum senhor carinhoso e humano, que vive sem medo no meio de seos escravos, como no meio de sua propria família, que admira e goza do fervor com que esses desgraçados advinhão seos desejos, e obedecem a seos mandos, observa com jubilo celestial o como maridos e mulheres, filhos e netos, sãos e robustos, satisfeitos e risonhos, não só cultivão suas terras para enriquecê-lo, mas vêm voluntariamente offerecer-lhe até as premissas dos fructos de suas terrinhas, de sua caça e pesca como a hum Deos tutelar. (J. B. A. Silva, 1910 [1823])

É todo um programa.

OS LIBERTOS NO SISTEMA ESCRAVISTA

A existência de uma população de libertos tem de ser apreciada dentro do sistema da escravidão. E esta, por sua vez, à luz de uma apropriação específica da terra. Específica porque reservada a uma oligarquia, com medidas para a manutenção dessa situação.[40] Em termos bem chãos, num país extenso em que

40. A essa altura, esse modo de perceber a escravidão já está, creio, consagrado. Baseia-se em Marx, comentando Wakefield, passa no Brasil por Octávio Ianni (1968) e outros. Finley (1980) também analisa nesses termos a emergência do sistema escravista na República Romana. Mas há um precursor surpreendente: o bispo escravista Azeredo Coutinho, que enuncia essa teoria com sua firmeza costumeira: "O trabalho, exposto às inclemências do tempo, é sempre obrigado pela força, ou seja de um estranho, ou seja da fome; daqui vem que entre as nações em que há muitas terras devolutas e poucos habitantes relativamente, onde cada um pode ser proprietário de terras, se acha estabelecida, como justa, a escravidão" (J. J. Azeredo Coutinho, 1966 [1808] parágrafo XXXIII, p. 255).

cada um poderia teoricamente obter terra e trabalhar numa cultura de subsistência, como conseguir mão de obra para cultivar para o mercado exterior e para manter e ampliar sua propriedade? Além da dificuldade em conseguir, a não ser pela coerção, quem trabalhasse em terra alheia, o escravo era a solução ideal na medida em que não podia ser proprietário,[41] apenas propriedade. A exclusão dos homens livres do acesso à terra era importante, por sua vez, para garantir uma reserva de mão de obra, particularmente em culturas que exigiam curtos períodos de trabalho intensivo, como a safra e a moagem da cana-de--açúcar, por exemplo. Os homens livres tinham lugar, portanto, no projeto dos dominantes, mas um lugar dependente.

Coexistindo com a escravidão, havia tradicionalmente[42] na zona canavieira três outras formas de trabalho dependente: os agregados ou moradores, que recebiam um lote de terra[43] e proteção em troca de pequena parcela da colheita, geralmente de sua cultura de subsistência, e de prover serviços pessoais que incluíam a defesa do senhor. No início do século XIX, segundo o francês Tollenare (1956 [1818]: 97), 95 por cento da população livre do sul da Zona da Mata estaria nessas condições. Uma variante desse tipo era o chamado morador de condição, que trabalhava alguns dias por semana para o senhor. Segundo Koster, esse sistema prevalecia na Zona da Mata seca, que dispunha de menores plantéis de escravos.

O segundo tipo era constituído pelos assalariados e diaristas, sendo os mais numerosos os não qualificados e sazonais, com paga diária. O terceiro tipo, enfim, era constituído pelos parceiros ou arrendatários, lavradores de cana, que recebiam um lote de terra e às vezes as mudas de cana para a primeira safra em troca de plantar, cultivar, cortar e transportar a cana para o engenho, e pagar metade da própria safra ao proprietário das terras, além de metade do melaço, aguardente e produtos residuais. Essa era evidentemente uma camada

---

41. O escravo era totalmente destituído do direito de propriedade, na lei. De fato, conforme vimos, era-o apenas parcialmente. Mas não consta que pudesse ter propriedade de terra.

42. O trabalho de livres de cor é atestado na Bahia desde o século XVII (S. Schwartz, 1973: 180).

43. Esse lote podia também ser-lhes alugado a baixo preço (H. Koster, 1816b: 336, e Tollenare, 1956 [1818]: 95). Os moradores podiam pagar foro ou pagar em serviços. Mas de qualquer maneira sua dívida era sempre acentuada, e a ideia era de que eles provessem mão de obra de reserva e defendessem o senhor como um exército particular.

muito mais próspera, empregando certo número de escravos.[44] Koster, como se sabe, era um lavrador de cana nessas condições.

É justamente Koster quem nos dá as melhores descrições do sistema: "As plantações de açúcar não contam grandes contingentes de escravos, e nenhuma fazenda deixa de ter uma parte de suas terras ocupada por famílias em estado de liberdade. Os povoados também têm quase exclusivamente pessoas livres, e até nas cidades grandes a maior parte dos [oficiais] mecânicos livres".[45] Estes últimos ofereciam, segundo Tollenare (1956 (1818): 53), seus serviços de carpinteiros e pedreiros aos engenhos.

Em meados do século XIX, nas plantações de cana de Pernambuco, a proporção de livres era considerável: três escravos para cada livre em média. Mas a proporção entre lavradores, criados e jornaleiros era de cinco livres para um escravo (P. Eisenberg, 1977: 201). Na Bahia, na mesma época, das pessoas efetivamente empregadas nos engenhos, havia quatro escravos para cada livre (João Maurício Wanderley, 1855, Falla...). A cultura do algodão era praticada por livres e escravos, mas, como o algodão era comerciável mesmo em pequenas quantidades, não parece que o mesmo padrão de dependência tenha sido aplicado nessas áreas. O algodão exigia pouco capital (Tollenare o recomendava em 1818 [1956: 248 e 83], por essa razão, aos pequenos proprietários) e poderia ter permitido até um trabalho não dependente dos libertos. Em 1812, Koster encontrou um número, que o surpreendeu, de livres de cor nas zonas algodoeiras (1816a: 208). Segundo as estimativas talvez exageradas do cônsul inglês na Paraíba, em 1845 quatro quintos do trabalho nas zonas algodoeiras seriam livres, contra apenas um quinto de mão de obra escrava (Newcomen a Aberdeen, Paraíba, 3 de fevereiro de 1845, no 32, *Confidential prints* no 316).[46] Quanto à cultura do fumo, era talvez a que maior concentração de trabalho livre implicava. Não há como, nas estatísticas, distinguir esse trabalho livre do trabalho

44. A descrição é baseada em Peter Eisenberg (1977: 203-9). Ver também Stuart Schwartz (1975).
45. A descrição (p. 240) que Koster dá das danças de seus empregados não escravos, índios e homens livres de cor, supõe a existência de pelo menos umas vinte pessoas de cada uma dessas categorias, e isso para um lavrador de cana, que, como vimos, não era comparável quanto à quantidade de mão de obra ao senhor do engenho. Tollenare menciona a existência de um engenho decadente com quase seiscentos lavradores e moradores (L. Tollenare, 1956 [1818]: 94).
46. Essa proporção não deve enganar: trata-se, creio, de uma mistura de produção doméstica de algodão somada ao trabalho livre assalariado nas grandes propriedades.

dependente não escravo, mas fortes concentrações de trabalho livre nessa época, aliadas aos padrões ainda hoje vigentes, sugerem uma menor importância absoluta nessas áreas de padrões de dominação e clientela, e provavelmente uma maior população vivendo num sistema de autossubsistência.

Nas regiões de café, os libertos parecem ter se estabelecido nas vilas ou em terras de cultivo mais difícil — por exemplo, nas encostas da serra do Mar, em Vassouras (S. Stein, 1957: 117) —, periféricas às grandes fazendas. O padrão é que desenvolvessem uma agricultura de subsistência ou de mantimentos para o abastecimento das cidades. As fazendas e os engenhos, com efeito, estavam voltados para a produção de bens de exportação. Nelas, as culturas de mantimentos eram geralmente restritas ao necessário para o consumo interno dos escravos. No Brasil, todo o abastecimento das cidades acabou, portanto, dependendo desses pequenos agricultores, na maioria libertos:

> Quanto à agricultura, só tenho a dizer em termos diretos que os estoques principais de farinha, de feijão e de milho com que se aprovisionam as cidades são cultivados por pessoas livres de cor, estabelecidas por todo o país, onde o acaso ou a inclinação as fixou. Moram em cabanas construídas de barro, que são de melhor ou pior aparência, segundo a diligência ou a capacidade de seus donos, e a cada um desses lugares é ligado um pedaço de terra para o trabalho de um ou dois homens. As terras pertencem sobretudo aos grandes agricultores e são alugadas às classes inferiores de pessoas a baixo preço. As grandes lavouras se dedicam ao açúcar e ao algodão e raramente cultivam mais mandioca (o pão desta terra) ou feijão do que é necessário para o consumo dos escravos (H. Koster, 1816b: 336).

Alguns libertos enriqueciam no campo, vários negros e sobretudo mulatos se tornaram senhores de engenho (ver exemplos em H. Koster, 1816a: 121, 183, 242). Mas o programa até a época do Abolicionismo não era esse: quando Koster, em seu panfleto de 1816, advoga pelo pecúlio do escravo, ele frisa bem, como um argumento a favor da medida que propõe, que isso não permitirá grande acumulação, já que a maior parte dessas economias servirá ao resgate do escravo (H. Koster, 1816b: 324ss.). Esperava-se, em suma, que o egresso da escravidão fosse um homem pobre, *ergo* um dependente. Koster, aliás, chega a propor que se passassem os escravos à condição de servos da gleba como etapa intermediária (H. Koster, 1816b: 318) e, em outra passagem, que a relação entre "dono" e "escravo" fosse transformada na de "senhor" e "servo" (*ibidem*: 326).

Assim, era importante, por um lado, a fixação dos libertos no campo, mesmo durante o auge da escravidão, e, por outro lado, a manutenção de sua dependência. Ao defender em 1871 o projeto de lei chamada "do Ventre Livre", que estipulava que os ingênuos que nascessem poderiam ficar até 21 anos trabalhando nas fazendas sem remuneração, o ministro da Justiça argumentou que a criança criada na fazenda pelo senhor de sua mãe adquiriria uma atitude respeitosa e habituar-se-ia desde o nascimento a uma "sujeição máxima" (R. Conrad. 1975: 125).

ANUÊNCIA E CONFLITO

Até que ponto teve sucesso o projeto dos dominantes, de fixar os libertos no campo e numa situação de dependência, é algo difícil de medir. Vimos que essa dependência não se apoiava só na pobreza de uns e na riqueza dos outros: para funcionar, punha em movimento mecanismos ideológicos de que já falamos ao tratar da alforria.

Que existiu uma certa anuência parece estar fora de dúvida, embora os indícios sejam esparsos. Um deles é a redistribuição demográfica que Peter Eisenberg assinala entre 1872 e 1890 e que certamente incluía ex-escravos, saindo da zona do açúcar e dirigindo-se para as regiões ocidentais do agreste e do sertão. Essa redistribuição envolveu menos pessoas de cor do que brancos. Aparentemente os ex-escravos não se dirigiam em massa para o Oeste ou para a capital (P. Eisenberg, 1977: 201). Na zona do café temos exemplos semelhantes de libertos fixados nas fazendas de seus antigos senhores (M. S. Carvalho Franco, 1974 [1968]: 95; ver também C. Siedler, 1941 [1835]: 263-4).

Isso parece significar que os libertos se acomodavam mais do que os outros (o que não quer dizer de forma absoluta) à condição dependente que lhes era proposta. Falou-se da segurança que lhes era oferecida como explicação para esse fenômeno. Koster também explica que o africano liberto, de sotaque perfeitamente reconhecível, tenderia a ficar nas proximidades do lugar da escravidão, pela razão bem simples de que era sempre difícil provar sua liberdade em lugar em que não fosse conhecido; ao contrário, o liberto crioulo normalmente se mudava, na esperança, diz Koster (1816a: 440), de se fazer passar em outras plagas por ingênuo, isto é, por um homem já nascido livre.

Quanto à anuência ao projeto de transformar libertos em agregados, dessa vez nas cidades, um dos poucos indícios estatísticos de que dispomos, que discrimine claramente entre libertos e livres de cor e os arrole por grupo doméstico, é o "Mapa" organizado pelo conde de Rezende para a cidade do Rio de Janeiro, em 1799. Segundo esse arrolamento, dos 4227 pardos libertos, 1007 eram adultos agregados a casas alheias e 1861 eram adultos chefes de família; entre os 4585 pretos libertos, setecentos eram adultos agregados a casas alheias e 2340 eram adultos chefes de família (M. Y. Linhares e M. B. Levy, 1971). Isso parece confirmar o que Koster dizia sobre a maior autonomia e solidariedade interna dos negros em relação aos pardos. Embora ser agregado fosse uma inserção possível na sociedade, uma vez livres, os negros não adotavam (ou talvez não fossem adotados) tão facilmente a solução de se tornar agregados de seus ex-senhores.

Se, portanto, houve certa adesão ao programa de agregação, essa adesão não foi certamente nem total nem sem conflitos, longe disso. Tollenare, já no começo do século XIX, menciona um senhor de engenho de Pernambuco que, vivendo no terror dos seus moradores, não se afastava a mais de um quarto de légua da casa-grande, e generaliza a animosidade a toda a região (L. F. Tollenare, 1956 [1818]: 96). Em 1858, no Vale do Paraíba, registram-se conflitos entre o barão de Piabanha e seus agregados (E. Viotti, 1966: 29-30). A situação de conflito parece endêmica (ver, por exemplo, M. S. Carvalho Franco, 1974 [1968]: 99, 101), e na década de 1870, ainda, um parecer das Commissões de Fazenda e especial da Câmara dos Deputados sobre a criação do crédito territorial (1875: 21) enfatiza o antagonismo latente ou explícito do senhor de engenho pelo morador ou agregado a quem deu ou vendeu um pedaço de terra. Ele o vê como a um inimigo, que lhe quer usurpar a propriedade, que o processa, que incita seus escravos a fugir ou a roubá-lo e que lhes compra o produto dos furtos. E o parecer conclui que o morador, sem esperança de conseguir ser proprietário, não está interessado em trabalhar no campo (apud J. Nabuco, 1883: 111).

Por sua vez, o morador não tinha nenhuma garantia de ficar na terra. Koster despede seus moradores sem maiores cerimônias (H. Koster, 1816a: 248), aparentemente por perceber — coisa paradoxal — que não tinha certeza nenhuma de que eles fossem ficar na plantação. Um senhor de engenho pernambucano despeja de uma vez seiscentos moradores e lavradores (L. F. Tolle-nare, 1956 [1818]: 94 e 99-100). Assim, nem os senhores nem seus subalternos livres aderiam estritamente à ideologia da agregação.

Contudo, mais eloquente ainda do que o antagonismo velado ou aberto entre possuidores e despossuídos, para indicar até que ponto o sistema falhava, foi a tão comentada "vadiação" dos libertos. É provável que tenha havido exagero nas avaliações da época sobre a relutância dos livres ao trabalho (ver, por exemplo, L. Couty, 1883: 118), e que isso fosse parte da ideologia escravista: na cidade, os livres competiam por trabalho com os escravos, conforme veremos no capítulo 2; no campo, o trabalho livre coexistia com o escravo. Se não há dúvida de que o ideal da sociedade era o homem desocupado, não há provas de que tantos tivessem a possibilidade de realizá-lo. Por outro lado, a vadiação pode refletir coisas diversas entre si. Pode ser, como sugere Peter Eisenberg (1977b: 366, nº 57), o aspecto que assume o trabalho sazonal no período da entressafra. Mas pode significar também a recusa do sistema, ou seja, uma solução *zen*, nos termos de Sahlins, em que se minimizam as necessidades (numa cultura de subsistência) e se valoriza e maximiza o lazer. É possível, aliás, que esses dois aspectos fossem complementares e eles próprios sazonais, e é bastante provável que o livre passasse regularmente da cultura de subsistência ao trabalho assalariado na época da safra.

Apesar dessas ressalvas, a relutância dos livres ao trabalho assalariado não deve ser apenas um mito. O que mais aparece nas descrições e reclamações dos fazendeiros ao longo do século XIX é a teimosia do livre pobre em se ater ao nível de subsistência. A ausência de uma ética de trabalho, de uma motivação para a acumulação, é constantemente deplorada e muitas vezes ridicularizada: "Ignorância, teimosia e autoimportância permanecem os traços mais fortes do caráter do trabalhador livre" (Goring a Aberdeen, Pernambuco, 16 de maio de 1845, PP, *Confidential prints* nº 316).

Seja como for, as reclamações dos proprietários agrícolas são uma constante do século XIX. José Bonifácio, cujas propostas sobre índios e sobre escravos vão todas na direção de incorporá-los à economia como mão de obra, recomenda que "não se consinta a vadiação dos Brancos, e outros cidadãos mesclados e forros" (J. Bonifácio, 1910 [1823]), o que faz supor que essa vadiação fosse tida por suficientemente importante para preocupar o estadista. A solução para esse problema vai no fundo se encaminhar para a legalização do monopólio dos proprietários sobre as terras disponíveis, na Lei de Terras de 1850, quando se restringirá formalmente o acesso à propriedade e se reforçará a dependência de um trabalho assalariado.[47] Apesar dessa tendência, como vimos, certas culturas de exportação eram praticáveis em pequena escala, sobretudo, no Nordeste, o fumo e o algodão, que podiam ser rentáveis para uma unidade de produção puramente doméstica.

Sobravam, enfim, os mecanismos de coerção extraeconômicos para compelir os livres pobres a se assalariar. Aparentemente o Conselho Provincial do Maranhão teria feito, por volta de 1840, exigências quanto à apresentação pessoal e moradia dos livres, no intuito de compeli-los ao trabalho, sob pena de serem recrutados para o serviço militar e mandados para o Rio Grande do Sul, o que passou, aliás, da simples ameaça. Mas logo a lei foi esquecida (Newcomen a Aberdeen, Paraíba, 3 de fevereiro de 1845, PP, *Confidential prints* nº 316). De modo geral, esse tipo de coerção não tinha sequência, apesar dos ocasionais pedidos dos proprietários nesse sentido. Ainda uns quarenta anos mais tarde, nas províncias do café, os senhores pediam que se forçassem os libertos ("que só bebiam e as libertas que caíam no vício nas favelas") ao trabalho (Joaquim Leite Brandão, 1878, Congresso Agrícola: 182, *apud* S. Stein, 1957: 263, nº 40).

Por todas essas razões, parece-me, o trabalho escravo continuava sendo o mais seguro. Vários depoimentos de senhores de escravos estabelecem isso com a maior clareza: o trabalho escravo é um "trabalho mais regular". É extremamente interessante, aliás, perceber que, pelo menos segundo um dos depoentes ligado à mineração diante do Select Committee on the Slave Trade a que já nos referimos, era possível até o pagamento de horas extras e eventual trabalho aos domingos aos escravos (José Cliffe, Select Committee, 11 de maio de 1848,

---

47. Um antecedente interessante a essa lei se deu em 1847: consta que nesse ano novas áreas de colonização para a expansão do açúcar vinham sendo doadas a quem tivesse mais de cinquenta escravos, o que aliás teria levado a maior enriquecimento dos negreiros portugueses da Costa, que forneciam a crédito escravos suficientes para que aventureiros em busca de fortuna se habilitassem a pedir essas terras (depoimento de José Cliffe, *Select Committee*, 11 de maio de 1848, pp. 1847-8).

Escravos de ganho no Rio: barbeiros, carregadores, aplicadores de ventosas. Emil Bauch, *c.*1859. [Acervo Instituto Cultural Sergio Fadel. Reprodução de Vicente de Mello]

Escravismo e modernidade: rua Direita, no Rio, *c.* 1860. O transporte coletivo já existe, mas os escravos de ganho continuam por toda parte. [Acervo Instituto Cultural Sergio Fadel. Reprodução de Vicente de Mello]

PP 1847-8, vol. 22). Creio que a questão de fato não era evitar salário, mas sim garantir mão de obra. Daí por que de nada adiantavam os cálculos elaborados com que alguns antiescravistas da primeira metade do século tentavam convencer os proprietários das vantagens pecuniárias do trabalho livre, afirmando que teriam menos despesas com assalariados do que com escravos.[48] A questão não era essa, e sim garantir, mediante uma mão de obra segura, a reprodução do padrão de poder e de apropriação diferencial.[49]

48. A moderna cliometria tem raízes liberais. A questão da rentabilidade menor dos escravos em relação aos assalariados livres é tema recorrente desde a Independência. Aparece por exemplo em José Bonifácio, que deplora os "immensos cabedaes" imobilizados na compra dos escravos ("Representação sobre a escravatura" [1823]: 53). A questão era ligada a outra, nacionalista, pois o comércio negreiro parecia ser um monopólio de negociantes portugueses. Mas é Burlamaqui o autor da primeira cliometria, fazendo na ponta do lápis a prova da antieconomicidade do sistema escravista, que, por exagerado que possa ser, tinha a obrigação de pelo menos ser plausível:

> Um escravo robusto custa Rs. 400.000 o juro d'esta quantia, posta a 6 por cento (o menor juro possível entre nós), será de Rs. 24.000. O jornal médio (diário) de um escravo ordinário he de Rs. 320. Tirando-se de 365 dias de que se compõe o anno civil, 81 dias que são os Domingos e Festas de Guarda, teremos 284 dias a 320 Rs... 89.880. Mas um escravo não se sustenta com menos de 160 Rs. diários (metade do seu jornal) que multiplicados por 365 dias dará 58.400 Rs (Burlamaqui, 1837: 84).

Em suma, sobrariam, segundo esses cálculos, 7480 réis de receita anual para o proprietário, isto é, o lucro menos os juros que poderia obter com seu capital. É claro que há vários furos nesse cálculo, que supõe, por exemplo, que seria o senhor quem proveria o sustento do escravo de ganho, o que geralmente não acontecia.

49. Assim, creio que Gorender (1978) tem razão quando descarta a questão da rentabilidade da mão de obra escrava como explicação da passagem para o trabalho livre. Não se pode esquecer, aliás, que a abolição da escravidão foi induzida de fora para dentro (R. Graham, 1970) e, portanto, comandada pela economia capitalista mundial (I. Wallerstein, 1979).

2. Libertos: sujeição política

O estudo comparado das escravidões nas Américas é um tópico particularmente volumoso e entediante. Farei uma recapitulação rápida dos autores e posições envolvidas, acentuando as questões iluminadas pelo material que discuti. Deixarei portanto de lado um dos subtópicos amplamente debatido nesse tipo de literatura, o de saber se o racismo precedeu a escravidão ou se foi sua consequência. Também pouco me ocuparei da questão, que evoquei no capítulo 1, do tratamento dos escravos enquanto medida da leniência do sistema. Não só esse tratamento é difícil de ser avaliado e tem de ser considerado sob vários itens e qualificado, como acentuou Genovese (1969), mas sobretudo desemboca diretamente na avaliação moralista da escravidão que é nossa herança do século XIX e da poderosa corrente de ideias abolicionistas. Finley, em seu admirável livro *Ancient slavery and modern ideology* (1980), descreve como essa perspectiva anacrônica impregnou até os estudos da escravidão na Grécia e em Roma, e persegue esse moralismo em seus mais remotos representantes. A questão não é, evidentemente, se declarar isento de juízos morais, mas discutir os termos em que a questão é posta. A avaliação da escravidão costuma seguir fielmente a pregação dos abolicionistas do século XIX, supondo um corte total e maniqueísta que enfatiza o contraste entre o trabalho escravo e o trabalho livre, dois polos entre os quais se tem o dever de optar. Não é de estranhar que os

Quando o jovem William James, destinado à fama como filósofo e psicólogo, desembarca no Rio, em 1865, os escravos africanos ainda estão por toda parte. [Desenho de William James, Rio de Janeiro, 1865. Houghton Library/ Harvard University]

antiabolicionistas, ao contrário, tenham enfatizado a continuidade e a semelhança dos dois tipos de trabalho.

O contraste entre trabalho livre e trabalho escravo se justificava polemicamente, na luta pelo fim da escravidão. Mas apresentar hoje a questão nesses termos polares, o que muitos fazem sob a pressão de um sentimento de culpa pelo racismo de seus países, é condenar-se a um beco sem saída. Pois é muito mais esclarecedor entender a escravidão como uma das formas — extrema, sem dúvida — do trabalho dependente do que como uma forma aberrante que, uma vez abolida, deixa a todos com boa consciência. É para isso que Finley chama a atenção, embora não pareça ser seguido pelos historiadores das escravidões americanas.

A alternativa para a perspectiva moralista é pensar a sociedade escravista como um sistema, e essa é a que adotam Gorender (1978) e Finley (1980); sociedade escravista, como enfatizou Finley, não é simplesmente uma sociedade com escravos, mesmo muitos escravos, mas aquela em que os escravos desempenham os trabalhos essenciais, centrais ao sistema econômico. Sociedades em que, por exemplo, só há escravos domésticos dificilmente podem ser consideradas escravistas. As sociedades escravistas, por sua vez, podem abranger também trabalho livre, mas este será de certa maneira complementar ao trabalho escravo. Dizer que a sociedade escravista deve ser pensada como sistema é dizer que *tanto* o trabalho escravo *como o trabalho livre* devem ser entendidos à luz do todo. Os pesquisadores que estudaram o trabalho livre no Brasil escravista — penso sobretudo em Maria Sylvia de Carvalho Franco e em Peter Eisenberg — se inseriram nessa perspectiva. Os que estudaram a escravidão, no entanto, caíram no mais das vezes na falácia de fazer da liberdade um divisor de águas além do qual as categorias do escravismo não se aplicavam mais. O escravismo informou, ao contrário, enquanto durou — e poder-se-ia discutir se não terminou no sentido estrito bem antes da Abolição — tanto o trabalho livre quanto o escravo.

A alforria deve portanto, creio, ser ela também vista à luz do sistema e ser desligada da questão da leniência ou dureza do regime escravista. Até agora não o foi, não obstante os protestos puramente teóricos de alguns autores.

A alta incidência de alforrias em relação aos Estados Unidos e o destino legal e social dos forros que supostamente eram igualados aos outros cidadãos foram índices centrais na famosa atribuição de brandura do escravismo brasileiro. Tannenbaum foi quem consagrou internacionalmente nos anos 40 o que Gilberto Freyre enunciara com grande convicção e métodos considerados algo ecléticos. Tannenbaum, no seu livrinho *Slave and citizen: The Negro in the Americas* (1947), concedia um grande peso à tradição cultural dos países ibéricos não tanto como Gilberto Freyre a via, enquanto inscrita no "caráter" do português, mas sobretudo expressa na lei e em duas instituições, Estado e Igreja, que mediariam entre o senhor e o escravo e abrandariam a escravidão nos países latino-americanos.

Desde a década de 1950, na chamada escola de São Paulo, com os estudos de Bastide e Florestan Fernandes (1955), seguidos dos de Fernando Henrique Cardoso (1962), Octávio Ianni (1962) e de certa forma do de Emilia Viotti (1966), para citar os mais significativos, essa visão edênica do Brasil escravista começou a ser contestada, apoiando-se em estudos do século XIX nas províncias do sul (São Paulo, Paraná, Rio Grande do Sul) e no Vale do Paraíba. Significativamente, a meu ver, quase nada escreveram esses autores sobre o capítulo das alforrias (como já observou R. Graham 1970: 449), persistindo sem dúvida no pressuposto errôneo de que a taxa de manumissões mediria a leniência do sistema: querendo contestar essa virtude, silenciavam sobre a alforria.

Entretanto, nos Estados Unidos a tese de Tannenbaum, soterrada durante

Esperavam-se dos libertos gratidão e dependência. Fotografia de Bernardo Lopes Guimarães, *c.* 1870.
[Arquivo G. Ermakoff]

mais de uma década, foi ressuscitada por Elkins (1959) e acabou levantando durante os anos 60 e início dos anos 70, provavelmente porque os tempos eram outros, uma furiosa e bem alimentada polêmica naquele país.

Um dos principais oponentes de Elkins foi o antropólogo Marvin Harris, que, com um livrinho tão sucinto quanto o de Tannenbaum — *Patterns of race in the Americas* (1964) —, com a mesma inabalável convicção e análoga pobreza documental, afirmava que a tradição e a ideologia não resistiam à sede do ganho inscrita na sociedade como em cada um dos homens.

A racionalidade econômica de cada senhor o faria alforriar escravos velhos e imprestáveis, e eventualmente concubinas e filhos bastardos.[1] Mas, além dessa racionalidade individual que, desmascarada, poria por terra o mito do

---

1. É curioso, diga-se de passagem, que, ao lado dessa acusação frequente de abandono de escravos velhos, também se tenha acusado os senhores (por volta de 1860) de comprar escravos velhos que eram postos a mendigar em proveito dos senhores...

senhor benevolente, haveria uma racionalidade global do sistema como um todo que daria conta da relativa alta incidência global das alforrias no Brasil. Com um padrão de povoamento escasso e a ausência de uma camada significativa de brancos pobres, no que contrastaria fortemente com o Sul dos Estados Unidos, o Brasil necessitava criar uma camada intermediária que desempenhasse os trabalhos que os brancos desdenhavam e que os escravos não podiam ser autorizados a desempenhar: atividades de tipo "intersticial", militares e econômicas, que só poderiam ser preenchidas no Brasil pelos mestiços livres e libertos (M. Harris, 1964: 89ss.).

Em 1971, Carl Degler, em um livro considerado o manual sobre o debate, retoma e desenvolve a mesma tese de Marvin Harris, com alguns acréscimos às vezes ecléticos, que incluíam na explicação das diferenças entre a escravidão brasileira e norte-americana, além da geografia, da demografia e da economia, as "diferenças subjacentes nas atitudes em relação aos negros" (C. Degler, 1971: 92). Ou seja, argumenta Degler, contrariamente ao que se dava nos Estados Unidos, apenas o escravo era temido no Brasil, o homem negro não o era. Se os brasileiros alforriavam escravos muito mais facilmente do que os norte-americanos, era porque não temiam os negros livres mesmo em grande número, embora temessem as insurreições de escravos. Nada os compelia, portanto, a restringir as alforrias, como o faziam os norte-americanos. E, à guisa de prova, contrasta os projetos de deportação dos negros livres, conhecidos na história dos Estados Unidos, com sua (suposta) ausência no Brasil (C. Degler, 1971: 88 ss.). Por que então essa diferença de atitude? É irônico perceber que Degler, a essa altura, retoma a versão de Gilberto Freyre no peso que atribui à "miscigenação racial". Reduzido a seus traços essenciais, o argumento é que não havia medo dos negros porque existia a categoria intermediária de mulatos que "dilui e portanto abranda a linha divisória entre brancos e pretos". A existência desse lugar separado para o mulato, o que Degler chama de *mulatto escape hatch*, impediria a emergência de certos mecanismos racistas presentes em outras sociedades com dominância branca (p. 225). A razão, por sua vez, dessa camada intermediária seria o padrão democrático da colonização com pequena proporção de mulheres brancas em relação aos homens: estes seriam levados a procurar escravas a que tinham acesso. Esse processo, uma vez começado, afirma Degler, se autoalimenta e a miscigenação se torna uma causa em si mesma da atenuação do sentido de diferença entre as raças (p. 245). E, reunindo as duas vertentes de seu argumento no que diz respeito à manumissão, atribui a tendência a se alforriar negros no Brasil "ao reconhecimento de um lugar especial para os mestiços" e "à simples necessidade de qualquer tipo de trabalho, escravo ou livre" (p. 245).

Entre as duas correntes, a de Tannenbaum-Elkins e a de Marvin Harris-Degler, geralmente tachadas de idealista e de materialista, situa-se Eugene Genovese. Enquanto marxista, censura, por um lado, a Tannenbaum o fato de ter esquecido o fundamento material de cada sociedade; a Marvin Harris, por outro lado, além de repreendê-lo pelos seus maus modos, tacha com acerto de materialista mecânico, censurando-o por esquecer a dialética e apresentar uma versão a-histórica de determinismo econômico (E. Genovese, 1968: 375).

Genovese traça um quadro novo do Sul escravista dos Estados Unidos, mostrando um paternalismo nas relações senhor-escravo que teria chegado até a sobrepujar, na Virgínia, na Carolina do Sul e no Mississippi, por exemplo, o propalado paternalismo brasileiro! O fundamento desse "*ethos* patriarcal e paternalista" seria não tanto a herança institucional europeia, a que Genovese concede, no entanto, um papel indubitável, mas o próprio regime da *plantation* (E. Genovese, 1970: 96). Duas condições havia para isso: a existência de uma classe de latifundiários residentes na *plantation* do velho Sul, ao contrário do absenteísmo que prevalecia na Jamaica (onde três quartos da terra e dos escravos pertenciam a donos ausentes), e em geral em todo o Caribe inglês, holandês, dinamarquês e francês (pp. 28, 29, 43). As instituições e tradições da metrópole, para serem efetivas, teriam de ser filtradas por uma classe dominante local com interesses não coincidentes com os da metrópole. O caso da ex-colônia francesa do Haiti e da sua grande insurreição viria demonstrar quão pouco o catolicismo pesava sem a mediação dessa classe dominante de tipo apropriado (p. 44).

A segunda condição, segundo Genovese, seria a supressão precoce nos Estados Unidos, em termos relativos, do tráfico africano. O tráfico cessou em 1807 nos Estados Unidos, em 1850 no Brasil e só em 1860 em Cuba. O efeito dessa segunda condição não está claramente enunciado, mas Genovese parece supor que deva haver proximidade cultural para haver paternalismo: "o crescimento de uma população escrava crioula (no velho Sul) diminuiu o fosso cultural entre as classes e raças e preparou o caminho para os sentimentos de afeto e de intimidade que deviam existir para que o paternalismo tivesse alguma substância" (p. 99).

Assim, ter-se-ia originado uma sociedade paternalista historicamente única no velho Sul. Gerada por negros e brancos, ela teria sido usada e explorada de forma radicalmente diferente por esses dois grupos (E. Genovese, 1974: 3-5). É o uso dessa ideologia pelos escravos que Genovese explora no seu livro *Roll, Jordan, roll*.

Discutirei a seguir de forma específica certas afirmações que sustentam os argumentos que acabo de evocar. Algumas já foram contestadas mais ou menos explicitamente no primeiro capítulo. A mediação da Igreja e do Estado, central no argumento de Tannenbaum e Elkins, é uma delas. Veremos neste capítulo que não houve a propalada equiparação legal de libertos e livres (tida como certa, aliás, por todas as correntes citadas), não houve ausência de competição pelos pequenos trabalhos que os brancos "desdenhavam exercer e os escravos não podiam ser autorizados a desempenhar", argumento central na tese de Harris e Degler, e que um medo muito palpável do negro liberto — e não apenas do escravo, como afirma Degler — percorreu o Brasil, resultando em projetos de deportação análogos aos dos Estados Unidos; tudo isso põe em dúvida o edifício que se construiu em cima dessas bases.

RESTRIÇÕES LEGAIS AOS LIBERTOS: SEGURANÇA E MÃO DE OBRA

É irônico que Marvin Harris, no seu livro *Patterns of race in the Americas*, conceda um único ponto a Tannenbaum que ele tão ferozmente ataca ao longo dos capítulos, e que justamente esse único ponto seja um equívoco. Trata-se da famosa asserção de que os códigos ibéricos não distinguiram entre o ex-escravo e o cidadão e que o comportamento real seguia tais instruções legais (M. Harris 1964: 79).[2]

A base de tal afirmação, suponho, é, para o Brasil, a Constituição de 1824 e o Alvará de 16 de janeiro de 1773, que estipulavam que não se devia distinguir entre o liberto e o ingênuo (isto é, aquele nascido livre). No entanto, contraditoriamente, em diversas leis do Império, os libertos sofriam uma série de restri-

2. Tannenbaum afirma essa indistinção entre o liberto e o livre em várias obras, por exemplo, em *Slave and citizen* (1947: 105) e em *Ten keys to Latin America*, republicado em L. Foner e E. Genovese (1969: 4).

ções aos seus direitos de cidadania. E, quanto ao comportamento real, veremos que distinguia fortemente entre o ex-escravo e o cidadão.

Assim, em um sistema eleitoral em que o acesso ao voto e aos cargos era proporcional aos rendimentos, o liberto crioulo, ou seja brasileiro, *qualquer que fosse sua fortuna*, apenas podia votar nas eleições primárias. Não podia, em consequência, ser subdelegado ou delegado de polícia, escolhido para jurado, para juiz de paz, nem eleito deputado ou senador. Parece ter sido impedido também, como o era o escravo, de ingressar nas ordens religiosas,[3] muito menos podia ser alto funcionário do Estado ou prelado da Igreja. Não lhe cabia, enfim, sequer eleger deputados, e muito menos senadores e regentes (Perdigão Malheiro 1976 [1866], I, parágrafo 153: 142 e parágrafo 1: 36, nº 7). Podia ser vereador porém, ingressar no Exército ou na Marinha, possivelmente na Guarda Nacional,[4] mas sem acesso ao oficialato (parágrafo 154). Isso, é claro, se fosse nascido no Brasil e não africano. Por outro lado, ao contrário do escravo, que só tinha tais faculdades *de facto*, o liberto podia legalmente ter propriedade, dispor dela, herdar, contratar, em suma, ter plena capacidade civil. Podia ser até tutor ou curador (Perdigão Malheiro, 1976 [1866], I, 1ª parte, cap. III, seção 5ª, parágrafo 135, e cap. IV, parágrafo 152: 135 e 141).

Os libertos sofriam uma série de restrições legais à sua plena liberdade, a maioria de âmbito provincial. Na Bahia, por exemplo, a Lei nº 179, de 20 de junho de 1842, os obrigava a pagar uma taxa especial. Em contradição flagrante com a distinção legal entre escravos e libertos, vários provimentos e leis municipais os assimilavam. Um provimento de 1774, da Câmara de Curitiba, manda prender por trinta dias e açoitar com duzentos açoites no pelourinho, durante nove dias, os pretos *forros ou cativos* ladrões de cavalos. Lembremos que os açoites eram castigos específicos do escravo, que respondia com seu corpo pelos delitos (P. Malheiro, parágrafo 6, nº 48 a 73, pp. 41-3). Ao contrário, se os ladrões de cavalos fossem brancos ou caboclos ou "outro qualquer desta qualidade", seriam passíveis dos trinta dias de cadeia (*apud* O. Ianni, 1962: 145). Na Paraíba, em 1845, um mesmo regulamento policial se aplicava indistintamente aos

---

3. O liberto, em regra, não podia receber as Ordens (Can 20, dist: 54, *apud* A. Perdigão Malheiro, 1867, vol. 1, cap. I, parágrafo 1º, nota 7: 36).

4. Apesar dessa afirmação de Perdigão Malheiro, existem referências à exclusão dos libertos da Guarda Nacional (*Colleção das leis do Império do Brasil*, Justiça, 8 de agosto de 1835, nº 211, p. 169).

escravos e aos libertos (Newcomen a Aberdeen, Paraíba, 3 de fevereiro de 1845, *Confidential prints* 316). Isso provavelmente resolvia para a polícia o embaraço de ter de averiguar a condição de livre ou escravo, e certamente reforçava no liberto a consciência da precariedade de sua condição. Consciência que ele claramente tinha: um preto, até prova em contrário, era um escravo. Talvez por isso muitos forros tivessem ido se estabelecer em quilombos.

Duas eram as considerações que presidiam à legislação sobre os libertos: a segurança e o abastecimento de mão de obra.

A preocupação com a mão de obra se expressava na tentativa de fixar os libertos nas zonas agrícolas e obrigá-los ao trabalho. Uma grande porcentagem de alforrias era, já de partida, condicional,[5] prevendo vários anos de serviço antes do gozo da liberdade. De certa maneira, o mesmo princípio é incorporado às leis que precederam, na segunda metade do século, a abolição total, em especial na Lei do Ventre Livre e na dos Sexagenários. Em 1871, a Lei nº 2040, de 28.9.1871, artigo 6º, parágrafo 5º, permitia que se compelisse ao trabalho, em estabelecimento do governo, os escravos libertos que andassem vadios. Catorze anos mais tarde, o liberto da zona rural (significativamente não nas capitais) que fosse alforriado pelo fundo de emancipação era obrigado a um domicílio de cinco anos no município onde houvesse sido alforriado: caso se ausentasse, seria considerado vagabundo e passível de prisão, empregado em trabalhos públicos ou em colônias agrícolas regidas com disciplina militar. Da mesma maneira, os proprietários que se propusessem implantar trabalho livre em seus estabelecimentos teriam incentivos do Estado e direito ao trabalho de seus libertos por cinco anos (Lei nº 3270, de 28.9.1885, artigo 3º, parágrafos 14, 15, e artigo 4º, parágrafo 5º).

Desde 1837, pelo menos, os forros ficavam sob a autoridade do juiz de órfãos (Lei de 11.10.1837) nas comarcas gerais; ficavam sujeitos ao juiz de direito nas comarcas especiais. Era uma espécie de tutela, em que o juiz de órfãos devia zelar pelo "tratamento, vida, saúde e moralidade" dos libertos (Lei nº 5135, de 13.11.1872) e nesse sentido a tutela era concebida, senão exercida, como uma proteção. Mas o tutor devia também obrigar o liberto "vadio" a "celebrar contrato de locação de serviços sob pena de quinze dias de prisão com trabalho e de ser enviado para alguma colônia agrícola no caso de reincidência" (Lei nº 3270, de 28.9.1885, artigo 3º, parágrafo 17).

5. Ver *supra*, capítulo 1.

Essa atribuição de celebrar contratos de trabalho, o juiz de órfãos já a tinha em relação aos "africanos livres". Estes, lembremos, eram os africanos apreendidos em navios negreiros após a proibição do tráfico em 1831, e declarados livres pela Comissão Mista Anglo-Brasileira. Até 1850, o juiz de órfãos distribuía "para aprendizado" os negros livres, celebrando contratos com seus empregadores.[6] Esses contratos estipulavam salários irrisórios, dois mil-réis mensais por adulto, em 1843, numa época em que se alugava um negro por 10 a 12 mil-réis ao mês na praça do Rio de Janeiro. As vantagens do cargo de juiz de órfãos, que podia favorecer particulares com tais contratos, eram tão notórias que, segundo o juiz britânico no Tribunal Misto, não se permitia ao mesmo indivíduo ficar nessa função por mais de quatro anos (Samo e Grigg a Aberdeen, Rio de Janeiro, 22 dezembro 1843, nº 131, PP 1845, XLIX).[7] Só após a Lei Eusébio de Queirós (nº 581, 4 de setembro de 1850, artigo 6º) deixam os africanos livres de poder ser alugados a particulares, ficando a tutela de seu trabalho restrita ao governo que os emprega em obras públicas.

Mas os libertos não eram só tratados na lei sob a ótica do recrutamento de mão de obra: a outra consideração importante era a segurança.

O perigo negro era uma preocupação real dos estadistas até a supressão do tráfico. As "hordas crescentes de inimigos que de ano em ano causam maior perplexidade e medo nos territórios do Brasil" era como as descrevia um viajante inglês em 1832.[8] Desde a revolução do Haiti, a ideia de que o Brasil podia ser tomado pela população negra estava presente nos pesadelos de muitos, e Eusébio de Queirós, que fez passar a lei que definitivamente abolia o tráfico, acenava com esse mesmo espantalho:

> Senhor Presidente, eu ia dizendo que nos annos de 1846, 1847 e 1848, o tráfico havia crescido, triplicando; mas o excesso do mal traz muitas vezes a cura, faz sentir pelo menos a necessidade do remédio, e foi isto que nos aconteceu. Quando o Brazil importava anualmente 50 a 60000 escravos, sendo a importação de escra-

---

6. Contratos semelhantes, desfavoráveis aos trabalhadores, eram celebrados, segundo relata Koster (1816a: capítulo VIII), pelos diretores das aldeias de índios no início do século XIX, diretamente com os proprietários de terras.

7. As falcatruas e o tráfico de influência em torno do aluguel de africanos livres são espirituosamente encenados por Martins Pena.

8. O capitão Fitzroy, que trouxe Darwin ao Brasil (Capt. R. Fitzroy & Ch. Darwin, 1839, vol. 2, p. 61).

vos, como é sabido, exclusiva da importação de brancos livres, devia necessariamente acontecer que, ainda mesmo não conhecendo os quadros estatísticos dessa
importação, os nossos fazendeiros, os nossos homens políticos, os habitantes do
Brazil, enfim, a quem não podia escapar esta progressão ascendente do tráfico,
fossem feridos pela consideração dos desequilíbrios que ella ia produzindo entre
as duas classes de livres e escravos, e pelo receio dos perigos gravíssimos a que esse
desequilíbrio nos expunha (Eusébio de Queirós, Annaes do Parlamento... Camara
dos Senhores Deputados, Sessão de 16.7.1852).

Havia, desde antes da Independência, uma tradição de antiescravismo
ancorado no medo do aumento incontrolado da população negra. José da Silva
Lisboa, professor de filosofia em Salvador, e Vilhena, professor de grego na
mesma cidade, ambos do fim do século XVIII e começo do XIX, são ilustrativos
dessa tendência[9] que se exacerbou após a revolução negra do Haiti, em 1792.

Mas essa tradição que considera o tráfico uma fonte de perigo só começa a
tomar corpo após as insurreições baianas, e particularmente após as revoltas de
nagôs em 1826, 1828 e 1830 e a dos malês em 1835, que provocam a adoção de
medidas draconianas na legislação provincial e, após 1835, na legislação do
Império. Pensamos aqui no decreto de 14 de dezembro de 1830 — que estabelece as medidas policiais a serem tomadas na Bahia em relação aos escravos e
aos forros africanos — e que antecedeu a famosa Lei nº 4, de 10 de junho de
1835, lei de total exceção, que não admitia recurso de pena, acrescentada ao
Código Criminal de 1830, de que falaremos mais adiante.

Em nível nacional e em resposta à tentativa de insurreição, foi promulgada
a Lei nº 4 de 10.6.1835 (*Colleção das leis do Império...*, pp. 5-6) que punia com
pena de morte os escravos que matassem ou ferissem gravemente seus senhores
ou alguém de sua família, assim como feitores e administradores.

O espantalho da revolta dos malês é realmente de âmbito nacional. É mencionado em outras províncias até a década de 1850, por exemplo em Vassouras,
no Vale do Paraíba (S. Stein, 1957), e o secretário do Foreign Office Bandinel
afirma diante do Select Committee on the Slave Trade que "uma insurreição
muito séria de escravos havia acontecido na Bahia que assustou muito o gover-

9. José da Silva Lisboa, 1818, Memória dos Benefícios Políticos do Governo de El-Rei Nosso Senhor D. João VI, *apud* K. Maxwell, 1973: 228, n. 1; L. Vilhena, 1909 (1802: 136, 139-40).

no, a todo o governo do Brasil" (Select Committee on the Slave Trade [Commons] PP 1847-1848, vol. XXII); a Assembleia Provincial do Rio de Janeiro pede em 1835 que se impeça o desembarque de escravos da Bahia e de libertos de qualquer lugar (PRO, FO 84/174, *apud* P. Verger, 1968: 370), e o enviado do Foreign Office menciona que o terror de um levante de escravos se propagou por todo o Brasil após a revolta dos malês, fazendo prenunciar um acordo com a Inglaterra sobre a supressão definitiva do tráfico (Fox a Palmerston, Rio de Janeiro, 25 de março de 1835. PRO, FO 84/174. *apud* P. Verger, 1968: 370).

A 18 de março de 1835, uma decisão da Justiça exige folha corrida dos escravos ladinos[10] vindos da Bahia que desembarquem no Rio de Janeiro — sobre os quais recaía a "suspeita de serem envolvidos na última insurreição daquela cidade" —, mesmo acompanhados de seus senhores, e proíbe o desembarque dos africanos libertos. Um mês mais tarde, a medida é abrandada, limitando a exigência de folha corrida "aos africanos maiores principalmente Minas" que se vêm vender na Corte, "e jamais extensiva a crianças, mulheres, crioulos e pardos que não constam tenham tido parte naquela insurreição" (de 24 e 25 de janeiro), "nem aos que acompanham famílias e pessoas sem suspeita" (Justiça, 18 de março de 1835 e 13 de abril de 1835 — *Colleção das leis do Império do Brasil*, 1835, parte II, nº 78 e nº 103, pp. 57 e 75).

Em que medida esses temores diziam respeito mais especificamente aos libertos? Considerava-se que os libertos eram os fomentadores e os organizadores das insurreições. Fomentadores porque se supunha, sem muita razão aparente, que eles fariam aliança com os escravos. "Não haverá grandes perigos a temer para o futuro, se as antigas tyranias forem recordadas, se os libertos preferirem a gente de sua raça a qualquer outra, cono hé natural?", escreve Burlamaqui (1837: 94), um dos antiescravistas mais notórios da primeira metade do século. Já em outras passagens ele traçava o paralelo com os libertos romanos, os proletários, afirmando que eles eram os aliados de qualquer tirano contra a classe dominante, e que contavam com o apoio dos escravos (pp. 49 ss.). Quanto aos libertos como organizadores, considerava-se que tinham a possibilidade de circular livremente e que podiam com mais facilidade servir de agentes de ligação entre os engenhos: "Os insurgidos", escrevia o presidente da província

---

10. O adjetivo "ladino" se aplicava ao africano que já falava português e era afeito aos costumes do Brasil, por oposição ao africano recém-chegado, dito "boçal".

da Bahia após a revolta dos malês, "entretinham comunicações e inteligências [com o Recôncavo], as quais não podiam ser convenientemente entretidas senão pelos libertos, que podiam livremente dispor de seu tempo, e de suas ações para formar prosélitos e partidários dos seus desígnios" (*Anais do Arquivo Estadual da Bahia*, vol. 38, Salvador, 1968, *apud* J. J. Reis 1976: 378). Todos pareciam acreditar que a massa dos escravos não se sublevaria sem uma agitação eficiente que só os livres de cor poderiam fomentar. Em 1835, a Assembleia Provincial do Rio de Janeiro afirmava em moção enviada ao governo central a existência na Corte de sociedades secretas, com contribuições de escravos e livres de cor, que financiariam agitadores encarregados de propagar doutrinas subversivas aos escravos das grandes propriedades, entre os quais penetrariam disfarçados de vendedores ambulantes (PRO, FO 84/174, *apud* P. Verger, 1968: 369). Treze anos mais tarde, em 1848, encontrar-se-iam acusações análogas no Rio de Janeiro.

NEM CIDADÃOS NEM ESTRANGEIROS: OS AFRICANOS LIBERTOS

Dentre os libertos, os africanos eram alvo da maior suspeição, e sofriam restrições legais muito mais estritas, facilitadas pelo seu estatuto legal de estrangeiros, ou mais apropriadamente apátridas, na medida em que, conforme veremos, não eram considerados sob proteção legal de seu país de origem.

Assim, os libertos africanos não eram evidentemente nem eleitores nem elegíveis, nem podiam fazer parte do Exército, Marinha ou Guarda Nacional, nem ingressar nas ordens religiosas. Em 1830, um decreto proibia aos forros e forras africanos, sob pena de prisão, a livre circulação fora de seu domicílio a não ser com passaporte de limitada vigência e que só deveria ser concedido mediante "exame da regularidade de sua conduta". Por justificativa figurava a "presumpção e suspeita de que taes pretos são os incitadores, e provocadores dos tumultos, e commoções, a que se tem abalançado os que existem na escravidão" (decreto de 14.12.1830 arts. 3º e 4º — *Colleção das leis do Império*, p. 96).

Em 1831, proibia-se o desembarque de libertos africanos em qualquer porto do país.[11] O que isso significava é difícil de avaliar: podia implicar que um

---

11. Lei de 7 de novembro de 1831, artigo 7º. Essa lei vigora pelo menos até 1868 (relatório do presidente da província da Bahia, Azambuja, documentos anexos, p. 10).

liberto africano não deveria sair de sua província (pelo menos por via marítima); podia também querer excluir a importação de agitações sociais de escravos de outros países, e em particular do Caribe. Em todos os casos, fica claro que libertos africanos eram indesejáveis, e basicamente por motivos de segurança.

Em 1835, após a malograda revolta dos malês, na Bahia, a insegurança decuplica e não só ficam os libertos africanos proibidos de desembarcar como até então, mas qualquer liberto africano que chegasse à província ficaria incurso no crime de insurreição (Lei nº 9, 13.5.1835, artigo 7º)!

Criam-se assim, em 1835, disposições legais draconianas, na maioria mas não apenas provinciais — pois a notícia da abortada revolta dos malês tinha ecoado ampliadamente nas províncias do sul —, autorizando, por exemplo, a expulsar da província "africanos forros de qualquer sexo" sob simples *suspeita* de promoverem a insurreição de escravos. Na realidade, trata-se de tentar expulsá-los do país, pois o artigo 5º manda que toda embarcação que for para a África leve a bordo suspeitos (*sic*) e os desembarque na costa africana. Um pesado imposto de 10 mil-réis anuais passa a ser aplicado aos africanos forros da província (artigo 8º). Significativamente, ficavam dispensados desse imposto os delatores, os inválidos e os libertos africanos que trabalhassem em "fábricas grandes da província (açúcar, algodão)", desde que residissem na propriedade e o dono se responsabilizasse por sua conduta (Lei nº 9 de 13.5.1835, *Leis e resoluções...*). Ficam patentes novamente as duas articulações da legislação: resguardavam-se os libertos nas grandes propriedades rurais, mas não tinham proteção os que se estivessem estabelecidos de forma independente; estimulavam-se, por outro lado, as delações em nome da segurança provincial.

A justificativa da expulsão sumária sob simples suspeita é também elucidativa. Comenta o chefe da polícia e futuro presidente da província da Bahia:

> não sendo os Africanos libertos nascidos no Brasil e possuindo hua lingoagem, costumes e até religião differente dos Brasileiros, e pelo último acontecimento declarando-se tão inimigos da nossa existência política; elles não podem jamais ser considerados cidadãos brasileiros para gozar das garantias afiançadas pela Constituição, antes devendo-se reputar estrangeiros de Nações com que o Brasil se não acha ligado, por algum tratado, podem sem injustiça serem expulsos quando suspeitos ou perigosos" (Souza Martins para Ministério da Justiça, em 14.2.1835, AEBa, PP, CGI, vol. 682, fl. 10-10v, *apud* J. J. Reis, 1976: 382).

A mesma noção de que os africanos libertos não gozavam nem do status de brasileiro nem das garantias de estrangeiros protegidos por seu país de origem era explicitamente enunciada durante o combate aos sediciosos. O chefe da polícia, ao instruir os delegados para que fizessem buscas nas casas de africanos, lembrava-lhes que não se embaraçassem de cuidados supérfluos, já que nenhum africano gozava nem de direitos de cidadão nem de privilégios de estrangeiro (Arquivo Público da Bahia, 1. de E. f. 6v., *apud* Pierre Verger 1968: 338).

Uma série de medidas discriminatórias drásticas contra os africanos foi tomada na cauda da insurreição de 1835. Perduraram cerca de quarenta anos, pois só foram revogadas na resolução 1250, de 28.6.1872 (Luiz Vidal, 1886).

A maioria das medidas era um convite nem sempre velado à emigração voluntária,[12] dirigido a todos os libertos africanos que não estivessem sujeitos à estrita dependência dos grandes proprietários rurais. Considerava-se claramente que estes eram os únicos capazes de manter a disciplina entre os africanos. Os escravos urbanos, deixados a maior parte do tempo a si mesmos, vendendo livremente nas ruas ou alugando seus serviços em troca de um jornal pago a seus senhores, muitas vezes alugando ou subalugando quartos independentes, eram já considerados um perigo que a imprevidência de toda uma população urbana que vivia às suas custas estava fomentando. Para que acrescentar a essa população inquieta e inquietante os libertos africanos, sobre os quais não se tinham os mesmos meios de coerção, e justamente quando a lavoura sempre estava necessitada de braços? Conseguir a transferência dos libertos para o campo unia a segurança às necessidades de mão de obra. Se não fosse possível, a medida alternativa era expulsá-los do Império. A Assembleia Legislativa da província da Bahia, em maio de 1835, pede à Assembleia Geral que considere a urgente necessidade do estabelecimento de uma colônia em qualquer ponto da costa da África para repatriar todo africano que se alforriasse, dado o espírito de rebeldia e de desrespeito demonstrado pelos libertos (PRO,

---

12. Um correspondente inglês do Foreign Office comenta a propósito dessas medidas: "após a última rebelião dos negros na Bahia, uma espécie de *lei dos estrangeiros* foi decretada pelos poderes legislativos dessa província, dando ao governo provincial o poder de mandar embora do país os africanos libertos, a qualquer momento e em qualquer quantidade, se isso for julgado necessário à segurança pública" (Fox a Palmerston, Rio de Janeiro, 5 de janeiro de 1836, FO 84/204, *apud* P. Verger, 1968: 357).

FO 84/175, *apud* P. Verger, 1968: 356). O sentido de pátria era aqui o mais amplo possível: toda a África era considerada a pátria de um africano, qualquer que fosse sua origem étnica. Pensa-se aparentemente em Angola (P. Verger, 1968: 357). Veremos que há vários testemunhos de propostas nesse sentido.

Mas voltemos ao detalhe das medidas legais tomadas nesta perspectiva: em 1835, proibia-se aos africanos libertos adquirir bens de raiz e anulavam-se os contratos já celebrados (Lei nº 9, de 13.5.1835, artigo 176). A partir daí, muitos africanos começam a pôr seus bens fundiários em nomes de terceiros, o que transparece, por exemplo, em vários testamentos de libertos africanos publicados por M. I. Cortes de Oliveira, 1979: 88ss. Isso, aliás, se torna rapidamente sabido, e anos mais tarde o presidente da província queixa-se de que os africanos sonegam impostos e que por "terem seus bens de algum valor em nome alheio, não é fácil sequestrar-lhes coisa alguma", de tal maneira que recomenda que fiquem sujeitos a prisão administrativa. E conclui com a ladainha corrente: A Lei nº 9, de 13 de maio de 1835, já tinha reconhecido "não haver outra medida eficaz contra as astúcias d'esses contribuintes, que mesmo por algumas considerações políticas, não estão no caso de merecer uma legislação indulgente" (Francisco Gonçalves Martins, Falla, 1849: 49).

A lei de 1835, acima referida, também proibia alugar ou arrendar casas a escravos ou a africanos libertos, a não ser com autorização especial do juiz (artigo 18). Os africanos tinham ainda de se fazer arrolar anualmente e pagar a taxa de 10 mil-réis (artigo 8º), sob pena de serem presos por até dois meses (artigo 15). Em 1842, os africanos ficavam obrigados a tirar anualmente seu título de residência, que só era emitido se houvessem pagado o imposto (Lei nº 179, de 10.6.1842).

Esse imposto, extremamente pesado, de 10 mil-réis anuais, é abrandado para certas categorias em 1848 e restrito aos "africanos livres de ambos os sexos para poderem mercadejar", isentando porém "aquelles que tiverem tão diminuto negócio e não possão supportar", entendendo-se por diminuto o negócio que não chegasse ao lucro de 100 mil-réis ao ano. Os africanos livres ou libertos carregadores de cadeirinha passavam por essa lei a pagar 6 mil-réis, sendo porém mantida a forte soma de 10 mil-réis de imposto anual aos africanos livres, libertos ou escravos que remassem saveiros e alvarengas (Lei nº 344, de 5.8.1848; capítulo 11, artigo 2º, parágrafos 32 e 35; Regulamento de 21.2.1849, *in Leis e resoluções...*).

Mas em 1849 e por quatro anos consecutivos se torna presidente da província da Bahia Francisco Gonçalves Martins, nada menos que o antigo chefe da

Polícia da Bahia na época da revolta dos malês e organizador da repressão à Sabinada, em 1837 (P. Verger, 1968: 373). Além da obsessiva preocupação com o perigo africano e um aparente rancor, características possivelmente idiossincráticas, Francisco Gonçalves Martins chega ao governo numa época crucial, a do término efetivo do tráfico africano. Com a cessação de um abastecimento de mão de obra que havia durado três séculos, impõe-se de forma mais imediata a redefinição dos papéis: afinal, para que eram os escravos e para que os libertos? A resposta era tida por óbvia: para a grande agricultura. Os escravos urbanos eram seja um luxo desnecessário das famílias abastadas — quando fossem escravos domésticos —, seja o ganha-pão de toda uma população que incluía libertos, pequenos artesãos, viúvas, pessoas que pesavam pouco na balança política. Os escravos que fossem, pois, revertidos para a lavoura, e se possível os libertos também.

No Rio de Janeiro, segundo Mary Karasch (1972), encerra-se nessa época um período particularmente favorável à ascensão econômica da população negra urbana, escrava ou liberta, e inicia-se o êxodo para o campo. O movimento é sem dúvida generalizado.[13] Na Bahia, acrescia-se a isso o espantalho ainda presente das insurreições de escravos. Entendia-se que os escravos de ganho, praticamente independentes de seus senhores, eram um perigo potencial não desprezível. Quanto aos libertos, sabe-se que sobre eles pesavam todas as suspeições policiais. É, portanto, dentro dessa política geral de transferência de escravos urbanos para o campo e de uma política mais específica, guiada por questões de segurança em Salvador, que devemos entender a gestão do novo presidente da província. No entanto, o zelo com que se empenha nessa política — e que se abranda com seu sucessor — tem suas razões no chefe de polícia que foi.

13. O projeto dos presidentes de província era evidentemente transferir os escravos urbanos para a agricultura da província. Como é sabido, o que aconteceu de fato foi a transferência para as zonas cafeeiras, e não para o interior das províncias economicamente decadentes do açúcar. É essencialmente o Vale do Paraíba que absorve nessa época a mão de obra escrava das outras províncias. A partir de 1855, começam os presidentes das províncias do Nordeste a lamentar a saída maciça dos escravos válidos, lamento que se torna uma ladainha com o correr dos anos. No entanto, parece que de fato escravos urbanos foram proporcionalmente mais afetados por esse êxodo. Em 1855, por exemplo, saíram da Bahia 1835 escravos (dos quais 1692 foram para o Rio), sendo 583 tirados da lavoura e 836 da cidade e seu termo, vilas e povoações, além de 416 sem declaração de procedência (J. Maurício Wanderley, 1855, Falla...).

As negras minas, tanto escravas como libertas, detinham o monopólio do mercado. Mas, a partir de 1849, um pesado imposto recaía na Bahia sobre os africanos libertos que mercadejavam. Isso era parte de uma perseguição sistemática aos libertos africanos, que são pesadamente taxados e encorajados a deixar o Brasil. Fotografia de Christiano Jr., *c.* 1865. [Museu Imperial/ IBRAM/ MinC]

É, portanto, na gestão de Francisco Gonçalves Martins, ironicamente tão apreciado pelos diplomatas ingleses por seu entusiasmo pelo trabalho livre e por sua aversão à escravidão (na verdade, uma aversão aos escravos), que será reativada a perseguição aos africanos libertos em nome da segurança pública e que se dará um dos episódios mais significativos no capítulo da sua exclusão legal. Trata-se da questão dos saveiristas de Salvador, que deixou sem emprego 750 africanos.

As ideias mestras do novo presidente da província, que já vimos quais eram, são apregoadas na sua Falla de 1851: limitar o negro à esfera da agricultura, "último trabalho que será partilhado pelos homens livres do País" (p. 34), compensar o término do tráfico africano promovendo a saída da cidade para o interior de "grande número dispensável de escravos" e favorecer o trabalho livre nas cidades, excluindo porém os africanos libertos. Estes, em nome da segurança pública, são encorajados a voltar para a África (Falla, 1851: 34-5).

A primeira parte desse programa, a de transferência dos escravos para a grande agricultura, é perseguida ampliando as exclusões dos escravos de certas ocupações. Proíbe-se assim aos escravos aprender ofícios, fiscalizando-se estritamente as oficinas particulares; excluem-se artífices escravos nas repartições públicas e obras do governo provincial (já o eram do governo imperial); por fim, estende-se aos artífices africanos, escravos ou libertos, a exorbitante taxa de 10 mil-réis (Lei nº 420, de 7.6.1851, capítulo II, artigo 2º, parágrafo 26). Tão exorbitante que, em 1854, o novo presidente da província declarava: "o imposto sobre os africanos livres que mercadejarem ou exercerem qualquer ofício mecânico me parece destituído de razão e até mesmo inhumano" (João M. Wanderley, 1854, Falla p. 20).

Quanto à segunda parte do programa, este, como já vimos, mais específico à província, foi implementado não só pela exclusão acima referida dos africanos de várias ocupações, sobretudo marítimas e ofícios mecânicos, não só pela existência de uma taxa discriminatória sobre eles, mas explicitamente lhes oferecendo quitação dessa taxa ou de outros impostos desde que "se propozerem a retirar, e effectivamente retiraram para fora do imperio, dentro do prazo de tres meses, com condição de não poderem mais voltar" (Lei nº 420, de 7.6.1851). Isso supunha que voltassem evidentemente às próprias custas.

Para encorajar mais ainda o retorno à África, e reavivar o sentimento de insegurança na população, a polícia, em 1853, fazia buscas contínuas, sob a alegação de conspirações, nas casas de libertos nagôs e minas, e enchia as prisões de libertos africanos. O cônsul inglês que relata esses fatos acha que os temores expressos pelo governo provincial eram francamente desmedidos quando comparados aos fatos concretos, ou melhor, à sua ausência, e afirma que todas essas medidas não eram senão formas de reativar o sentimento de insegurança pública e de forçar os libertos africanos a voltar para a África (PRO, FO 84/912, Morgan, Bahia, 13 de maio de 1853 e 6 de junho de 1853, *apud* Pierre Verger, 1968: 537-8). Escrevendo sobre 1856, o vice-cônsul inglês da Bahia, Wetherell, menciona que a posse dos "elegantes escritos árabes" era o suficiente para a polícia "clamar por conspirações e assassinatos, insurreições de escravos e matanças. E os pobres negros são encarcerados e talvez banidos, sendo esses caracteres *místicos* seu maior crime atestado (J. Wetherell, 1860: 138). Aparentemente, o chefe da polícia da Bahia chegou a tentar impor a um navio holandês que levasse para El Mina (na costa da atual Gana) africanos libertos que se achavam presos. Isso sem sequer o governo pagar a passagem, e separando esses africanos de suas famílias (*ibidem, apud* P. Verger. 1968: 538). Que essa saída era destinada a ser sem retorno fica claro pelas disposições que perduram no sentido de impedir o desembarque de liberto africano. Ainda em 1868, a polícia do porto verifica todos os passaportes de passageiros em todos os navios nacionais e estrangeiros, para fazer cumprir a velha lei de 1831 (7.11.1831) "prohibitiva do desembarque de qualquer liberto que não for brazileiro nos nossos portos" (José Bonifácio Nascentes de Azambuja, 1868. *Relatório...*, documentos anexos, p. 10).

A HOMOGENEIDADE DA NAÇÃO E A EXCLUSÃO DOS AFRICANOS

Posso ter dado a impressão, nas páginas anteriores, de que a exclusão dos africanos do país era uma política restrita à Bahia em certos momentos de paroxismo de seus temores e fobias. Não me parece, no entanto, que fosse um fenômeno tão isolado. Embora seja esse um capítulo que até agora curiosamente nunca foi comentado, há indícios conclusivos de que uma corrente de opinião nas camadas dominantes durante essa primeira metade do século XIX pensava seriamente na deportação maciça da população negra.

Lembremos de partida que os autores brasileiros, mesmo os menos conhecidos, ou eram parte da classe política ou escreviam diretamente à sua intenção. As suas especulações ideológicas estavam próximas das decisões, mesmo que representassem uma corrente minoritária. É dentro dessa estreita conexão com o poder que temos de avaliar o que segue.

Com a Independência, havia começado a ser levantada com insistência a questão da legitimidade e da viabilidade da nova nação. Essa legitimidade passava na época por pelo menos duas dimensões. Havia uma legitimidade que poderíamos chamar territorial, que dizia respeito aos títulos que fundamentavam a ocupação do espaço brasileiro, e títulos que tinham de ser necessariamente contrastantes com os que a Coroa portuguesa podia reivindicar. É de amplo conhecimento que a pretensão a uma continuidade genealógica com os indígenas foi o mecanismo simbólico de maior força nos anos que se seguiram à Independência. O índio passou a representar o Brasil como um todo e a população brasileira passou a enfatizar raízes — sobretudo imaginárias — indígenas. Nas caricaturas da primeira metade do século XIX, nos monumentos públicos celebrando a Independência, era o índio que simbolizava a nova nação. Na Bahia, conta Manoel Querino que, por ocasião da Independência, um "caboclo", um velho índio de carne e osso — parece, aliás, que se tratava de um mestiço —, foi triunfalmente entronizado nas ruas de Salvador. Depois disso, a cada ano, pelo 2 de julho, data da Independência na Bahia, passeava-se uma charola enfeitada com a figura, agora esculpida, de um caboclo, e alguns anos depois uma segunda charola com uma cabocla era acrescentada ao desfile. Nessa mesma Bahia indianista, chegou a haver um motim quando da inauguração do pano de boca do Teatro São Pedro, por acharem os brasileiros que os índios estavam pintados em atitudes subservientes, depondo as armas diante de Tomé de Sousa. Tudo isso é amplamente conhecido, e basta lembrar que é a época do indianismo em literatura, da proposta do tupi como língua oficial, das mudanças de nomes e das genealogias em busca de ancestralidades indígenas.[14]

No plano ideológico, a nova nação tinha, pois, de se enraizar no território que reivindicava. O recurso genealógico posto em funcionamento, o de resgatar hipotéticas avós indígenas, apesar de sua força, ainda era insatisfatório. Perce-

---

14. Antonio Candido (1964), *Formação da literatura brasileira*, ou de Afrânio Coutinho (1955-8), *A literatura no Brasil*, 4 vols., David Miller (1942), *The Indian in Brazilian literature*.

be-se que, ao mesmo tempo que se funda um novo Estado, era preciso fundar uma nação que lhe servisse de substrato.

A maneira de definir a nação, por sua vez, era essencial num Estado que tentava conciliar as ideias liberais de que se achava contaminado com a estratificação de poder que queria preservar. O que quero dizer é que um modo tácito de manter as relações de poder sem ter de enunciá-las explicitamente — o que contrariaria flagrantemente o postulado básico da "igualdade" liberal — é definir de forma restritiva a nação e a cidadania. "Não sabem como estabelecer uma representação nacional; os homens de cor os embaraçam", escrevia já Tollenare (1956 [1818]: 194) sobre os revolucionários pernambucanos de 1817 às voltas com o mesmo problema de conciliar sua admiração pela Constituição francesa de 1795 com a ineludível realidade. A nação, para ter existência legítima — e esta é a segunda dimensão da questão da legitimidade —, tem de supor, nesse começo do século XIX, a homogeneidade: possivelmente para se aproximar da noção de Estado-nação europeia. A ideia mestra, por exemplo, em José Bonifácio é de que uma nação tem de ser homogênea para ser legítima: tem de ser homogênea para ser estável também, e até plausível. "Cuidemos desde já em combinar sabiamente tantos elementos discordes e contrários, e em *amalgamar* tantos metaes diversos, para que saia um *Todo* homogêneo e compacto, que se não esfarelle ao pequeno toque de qualquer nova convulsão política" (J. Bonifácio, 1910 [1823], p. 50, grifos originais).

Mas que homogeneidade era essa? José Bonifácio a pensa sob duas espécies concomitantes: uma homogeneidade "*physica e civil*". O que entendia por homogeneidade civil é explícito: um país dividido em senhores e escravos era um país instável, desprovido de pacto social. Somente um país de livres poderia de fato constituir uma nação homogênea, "fundada na Moral e na Razão". Essa homogeneidade de condição era a garantia da viabilidade do Estado: "como poderá haver uma Constituição liberal e duradoura em hum paiz continuamente habitado por uma multidão immensa de escravos brutaes e inimigos?" (J. Bonifácio, *ibidem*, p. 49).

Mas o acesso à igualdade civil seria suficiente? Onde José Bonifácio cala, outro antiescravista, aliás diretor do Museu Nacional, Burlamaqui, é explícito: "Nada está mais claramente escripto no livro dos destinos como a libertação desta classe de homens, e he também certo que as duas raças igualmente livres não podem viver debaixo do mesmo governo: a natureza, o habito e a opinião tem estabellecido entre ellas barreiras indestructíveis" (Burlamaqui, 1837: 91).

Em suma, restava a questão da "homogeneidade *physica*". José Bonifácio não fala e é difícil afirmar que pensa na exclusão do negro. No entanto, a pequena frase acima, em que se refere aos escravos brutais e inimigos, deixa entrever que o resvalar frequente entre os antiescravistas da primeira metade do século XIX dos atributos da escravidão para atributos do escravo está presente: brutais e inimigos aqui associados são adjetivos de espécies diferentes. É-se inimigo de uma ordem social opressiva, mas é-se brutal no absoluto.

A homogeneidade *physica*, além disso, não foi pensada no século XIX nos mesmos termos em que viria a ser no século XX: a raça mestiça não era certamente um valor defendido no Império, e seria anacrônico pensar que José Bonifácio estivesse advogando uma homogeneidade *physica* baseada numa miscigenação generalizada. Mesmo Sílvio Romero, que já no fim do século vai atenuar as previsões funestas que acompanhavam a miscigenação real do Brasil, o fará com a esperança de um branqueamento possível.

Seja como for, o que José Bonifácio silencia será no entanto dito em alto e bom som pelos antiescravistas das décadas de 1830 e 1840: a homogeneidade necessária à existência da nação passava pela exclusão dos negros. Uma nação de livres, sim, mas de livres brancos.

De modo significativo, a questão continua a ser tratada em duas linguagens que se querem paralelas mas que costumam se fundir, uma "política", a outra "natural", em parte talvez porque o político se pensava fundado na natureza. A nação fisicamente homogênea era o sustentáculo e a precondição da nação civilmente homogênea. Ora, essa nação almejada, necessariamente homogênea, poderia ser formada a partir de grupos sociais historicamente antagônicos e naturalmente heterogêneos? "Convirá", escreve Burlamaqui, "que fique no paiz huma tão grande população de libertos, de *raça absolutamente diversa* da que a dominou? Poderá prosperar *e mesmo existir huma Nação*, composta de raças estranhas e que de nenhuma sorte podem ter ligação?" (Burlamaqui, 1837: 94, grifos meus).

Uns anos mais tarde, Nicolau Rodrigues França Leite, presidente da efêmera "Sociedade pela Supressão do Tráfico de Escravos e pela Promoção da Colonização e da Civilização dos Aborígines", fundada em 1850, chegava a acusar o tráfico, em seu discurso inaugural, de calamitosas consequências por ter introduzido a população negra e multiplicado as raças, "impedindo as duas

raças [os brancos e os índios] de se unirem, os conquistadores e os conquistados" (Hudson a Palmerston, Rio, 10 de outubro de 1850, Encl. *2 in* nº 119, PP
1851, LVI, parte II, p. 293). Os índios, graças a seu status simbólico privilegiado
(que era o reverso de seu status concreto), entravam como conquistados no
projeto de uma nação homogênea, evidentemente no plano ideológico. Mas,
nesse mesmo plano, os negros eram excluídos e até obstavam, estorvavam a
constituição de uma nação que se supunha mameluca.

O resultado lógico dessa exclusão da nacionalidade era esperadamente a
exclusão do Império. Burlamaqui é nesse ponto muito explícito: "Não se pense",
escreve ele, "que propondo a abolição da escravidão, o meu voto seja de conser-
var no paiz a raça libertada: nem isto conviria de sorte alguma à raça dominante, nem tão pouco à raça dominada" (p. 94), tendo em vista, explica, os precon-
ceitos dos senhores e os ressentimentos dos escravos. "Ainda de nós depende o
estatuir hum modo de emancipação e deportação progressiva, de maneira que
o mal diminua pacificamente por uma gradação lenta e insensível, e que os
escravos sejam substituídos *pari passu* por trabalhadores livres e de raça branca" (p. 91). Continua propondo que o governo estabeleça uma colônia em
qualquer lugar da África, "à imitação das que possuem os americanos do Norte,
decretando fundos sufficientes para a compra do local, transporte dos escravos
libertados, compra dos instrumentos e utensílios necessários à sua subsistência
no primeiro ano". E conclui num arroubo:

> Além dos benefícios que devem resultar de nos livrar-mos de huma tal praga;
> quem não vê n'estes estabelecimentos hum acto de grandeza e gloria para o nosso
> paiz, e huma origem de commercio vantajoso! Grandeza e gloria, porque assim
> poremos de par com a Gram-Bretanha e a America do Norte, na grande obra da
> civilisação da África; de commercio vantajoso, porque os generos produzidos
> n'estas Colonias servirão de objeto de troca para os que produz o nosso paiz, e
> portanto de hum commercio que deve tomar huma grande latitude com a África
> inteira, a quem estas Colonias servirão de entreposto (Burlamaqui, 1837: 95-6).

Pode parecer, pelo extenso uso que fiz de Burlamaqui, que as ideias de
deportação se restringiam a uns fanáticos ideólogos, sem consequências práticas. Há indícios de que assim não foi, e que foram sobretudo as precárias finanças do Império que impediram a consecução de tão grandiosos projetos.

O Brasil não parecia ter meios de fazer uma colônia africana, embora tivesse a vontade. Angola, sondada, havia recusado (P. Verger, 1966: 357). Tinha no fundo que contar apenas com suas leis repressivas e com a iniciativa privada dos africanos que tentava afugentar. Após a lei de 13 de maio de 1835, consecutiva à revolta dos malês, que permitia "reexportar africanos forros de qualquer sexo, suspeitos de promover de algum modo a insurreição de escravos", além dos 150 africanos libertos deportados, setecentos pedem passaportes para fora do Império. Calmon du Pin e Almeida, deputado pela Bahia, ex-ministro das Relações Exteriores, felicita-se nesse mesmo ano de que a Divina Providência permitisse que, ao mesmo tempo que se extirpava do Brasil a ameaça de insurreições e se cedia o lugar a uma "mão de obra mais útil", se formasse assim na África "um núcleo de população, ou talvez um novo Estado que, participando de nossa civilização e de nossa lingoa, contribuirá um dia para a extensão de nosso commercio e nossa indústria nascente" (*apud* Pierre Verger, 1966: 359, 363-4).

NEGRO É ESCRAVO

Uma das dimensões dessa dificuldade de abrir espaço para o liberto negro é que seu estatuto era problemático por definição. Resumindo em duas palavras o que tentarei comprovar, negro e escravo eram pensados como categorias coextensivas. Conceitualmente, ser negro era ser escravo e ser escravo era ser negro.

Há uma infinidade de indícios nesse sentido, a partir, aliás, da própria nomenclatura. "Negro" tinha no uso diário o significado de escravo (fosse ele cabra, mulato, pardo) e se aplicava até aos índios escravizados, "negros da terra". Um alvará do tempo do marquês do Pombal o revela, quando proíbe expressamente se chamar de negros aos índios (ao mesmo tempo que os liberta).

Escravo era negro, e preferivelmente africano, e é significativo analisar como eram tratados os flagrantes desvios desse padrão conceitual. A existência de escravos claros, quase brancos, era um escândalo. Havia que pensar nos escravos como uma espécie diferente. "O primeiro objecto que fere os olhos de um viajante Europeu he a multidão de escravos de cor, alguns tão brancos como seus mesmos senhores... Em muitas combinações de sangues diversos, a origem africana tem desaparecido, e os escravos vieram a ser da *mesma espécie* que seus senhores" (Burlamaqui, 1837: 30). A atitude se reencontra ao longo do século xix: drama da escrava Isaura (branca) de Bernardo de Guimarães, apelos à opinião pública para libertar escravos claros. Pierre Verger cita vários extratos eloquentes do *Jornal da Bahia* da década de 1850:

> Uma mulher de 18 anos, quase branca, foi ontem trazida à delegacia de polícia para ser enviada ao Rio de Janeiro. Despertou entre os empregados tais sentimentos de comiseração que, com o consentimento do digno chefe dessa repartição, abriram uma subscrição em favor do resgate da infeliz escrava. Sua Excelência o Presidente [da província] contribuiu" (*Jornal da Bahia*, 15.3.1855).

> Ação digna de louvor. Há alguns dias fazia-se na Bahia um leilão [...] no qual havia uma criança de 17 meses mais clara do que muitas pessoas brancas. Um dos assistentes, o senhor Matheus dos Santos, condoído, ofereceu imediatamente a quantia necessária para conceder-lhe a liberdade e a carta de alforria foi imediatamente lavrada. Ações como esta não devem ficar ocultas (*Jornal da Bahia*, 7.2.1859).

A ordem em que o famoso projeto de José Bonifácio recomendava que se alforriassem os escravos é também elucidativa do mesmo pressuposto: primeiro os mulatos, depois os crioulos, enfim os africanos (José Bonifácio, 1823, *Representação*, artigo xxv: "nas manumissões que se fizerem pela Caixa de Piedade, serão preferidos os mulatos aos outros escravos, e os crioulos aos da Costa"). É significativo, me parece, da grande mudança pós-abolição do tráfico, que a ordem de preferência para a alforria pelo fundo de emancipação após a Lei do Ventre Livre se apoie em critérios totalmente diferentes, que não mencionam a cor da pele (Decreto nº 5135, de 13.11.1872, artigo 27).

O indício mais elucidativo talvez seja dado pelo reverendo Walsh: conta que as ordens religiosas engajadas em criação de escravos tinham especial cuidado em criar escravos escuros, obrigando os mulatos claros a casar com mais escuros do que eles, "ficando os bons padres alarmados com a perspectiva de manter em escravidão caras humanas tão claras quanto as deles" (R. Walsh, 1833, vol. 2: 194; ver também H. Koster, 1816a: 426, e Th. Ewbank, 1856: 370). Donde a alforria que o abade beneditino do Mosteiro de São Paulo teria pedido em 1865 (ao geral da Ordem de São Bento) em favor de mil escravos pardos "quase brancos" para servir na guerra do Paraguai. É Perdigão Malheiro que cita esse caso em apoio da "repugnância notória à escravidão de gente de cor clara" (Perdigão Malheiro, 1976 [1867], tomo 2: 97, nº 368) e conclui com evidente satisfação que, "se não fora a cor escura, os nossos costumes não tolerariam mais a escravidão".

Inversamente, ser negro era suficiente para ser presumido escravo. Quando três súditos britânicos de Serra Leoa, embarcados à traição, marcados a ferro no braço e vendidos na Bahia e no Rio, se queixam ao cônsul inglês, as autoridades brasileiras decidem que o ônus da prova de que não são escravos pertence aos queixosos africanos. Até prova em contrário, são escravos (Hudson a Palmerston, Rio de Janeiro, 17 de dezembro de 1850, nº 164, Encl. 2). Exemplos desse tipo são legião, assim como de libertos ou ingênuos ilegalmente escravizados. O negro era, de saída, até prova em contrário, um escravo. Daí ser tão importante para o liberto ter a prova de sua liberdade consignada em cartório e um atestado sempre à mão.[15]

Era comum a assimilação abusiva de escravos e libertos negros. A polícia, em todo caso, não parecia fazer distinção. Na Paraíba, em 1844, escravos ou negros livres achados nas ruas depois do entardecer "sem ordem de seus senhores" (mas que senhores, nesse último caso?) eram levados à delegacia de polícia e açoitados (Newcomen a Aberdeen, Paraíba, 3 de fevereiro de 1845, PP *Confidential prints* 316).

O africano, esse então era escravo por definição. Os famosos africanos livres, escravos apresados em navios negreiros ao chegar à costa brasileira, após a lei de 1831, e portanto livres *de jure* mas de fato escravizados, eram uma contradição em termos. Nas disposições que a Comissão Mista brasileira e britânica tomou a favor deles estava a exigência (nunca cumprida) de que levassem pendurado ao pescoço um atestado oficial de sua liberdade.[16]

---

15. Como diria mais tarde José do Patrocínio: "O homem de cor precisa de provar que é livre" (*apud* F. Fernandes e Bastide, 1955: 82). "Pretos fugidos, que se presumão ser escravos" (*sic*) eram, pelo menos até 1835, conservados de seis a sete meses no Calabouço enquanto se conferiam suas alegações de que eram libertos ou livres (*Colleção das leis do Império do Brasil*, Justiça, 28 de novembro de 1835, nº 333, p. 301, e Justiça, 12 de dezembro de 1835, nº 344, p. 310). Em 1837, o ministro fazia saber aos presidentes das províncias que, para "evitar que os libertos sejam presos como escravos", se devia mandar que "os libertos que sahirem para fóra da Província onde residirem, ou nella viajarem, tragão consigo suas cartas de alforria, fazendo della menção nos passaportes" (*Colleção das leis*, 10 de junho de 1837, nº 285, p. 285).

16. Por instrução do ministro das Relações Exteriores ao juiz de órfãos (encarregado dos africanos livres) datada de 29 de outubro de 1834, além do certificado de emancipação, dever-se-ia dar

Uma das consequências significativas dessa automática inclusão dos africanos entre os escravos era que os libertos africanos, pelo menos segundo Koster, preferiam ficar nas proximidades da propriedade rural onde haviam sido escravos a se estabelecer alhures e incorrer na suspeita de serem escravos fujões (Koster, 1816a: 440).

Tentava-se assim fazer coincidir status e cor da pele. O "enegrecimento" dos escravos que os criatórios das ordens religiosas estimulavam era análogo em intenção ao "embranquecimento" dos bem-sucedidos.

A miscigenação tão apregoada só tornava o exercício eventualmente mais difícil, mas não o anulava. Degler parece acreditar, como vimos, que "a existência de mulatos dilui e portanto abranda a linha divisória entre brancos e pretos" (1971: 225). Essa é mais uma dessas reificações que pontilham o estudo da escravidão como pontilham seu exercício até a Abolição. Porém, mais decisivas do que a natureza são as qualificações sociais, as classificações políticas que se lhe impõem: a miscigenação apenas exigia um esforço adicional para fazer a condição legal e a cor da pele coincidir.

A COMPETIÇÃO PELO MERCADO DE TRABALHO

Contrariamente ao que supõem Marvin Harris e Degler, nem nas cidades nem no campo havia uma compartimentalização das tarefas ou funções para escravos e libertos ou livres pobres, talvez com a única exceção dos empregados domésticos, até meados do século XIX. Até então, os criados eram sempre escravos, escravos próprios ou alugados. É só por volta de 1870, e na Corte, que o Rubião de *Quincas Borba* se acha na obrigação, bem a contragosto, de contratar um criado espanhol. Na cidade do Rio de Janeiro, escravos eram "carpinteiros, pedreiros, calçadores de rua, tipógrafos, pintores de tabuletas e ornamentais, marceneiros de carruagens e de cômodas, fabricantes de ornatos militares, de lâmpadas, prateiros, ourives e litógrafos", escultores e ferreiros (Th. Ewbank,

---

ao africano livre, para que a carregasse pendurada ao pescoço, uma caixinha de latão com uma carta que o declarasse livre e seus serviços sujeitos a contrato. O mesmo documento deveria conter os sinais, nome, sexo, idade provável do africano (Samo a Aberdeen, Rio, 22 de novembro de 1843, encl. 4, p. 1845, vol. XLIX).

1856: 195). Mas feitores também, tanto na cidade (Th. Ewbank, 1856: 193) quanto no campo (H. Koster, 1816a).[17]

Todas essas profissões eram desempenhadas tanto por libertos como por livres, e a concorrência em muitas ocasiões foi acirrada. Um decreto de 25 de junho de 1831, por exemplo, proibia "a admissão de escravos como trabalhadores ou como oficiais das artes necessários nas estações públicas da província da Bahia, enquanto houverem ingênuos ou libertos que nellas queirão empregar-se" (Nabuco de Araújo, vol. 7: 328-9, e *Colleção das Leis do Império*, 1830: 24). Deve-se ter em conta que os escravos representavam não os próprios interesses, mas os de seus senhores, que procuravam ocupar totalmente o mercado de trabalho. Assim, por exemplo, lei de 1830 mandava "despedir os escravos do serviço das repartições [da Marinha] em que seus senhores são empregados" (Marinha, 17.8.1830, *Colleção das leis do Império*: 118). A concorrência desigual que os senhores de escravos faziam aos livres pobres foi ressaltada tanto por Vilhena (vide adiante) como por Burlamaqui (1837: 61): "Os escravos dos senhores que são seus concorrentes [dos livres] serão protegidos em atenção aos senhores". E depois: "A agricultura, as artes grosseiras, o serviço doméstico e outros he monopólio dos senhores de escravos" (p. 132). Em 1813 e 1821, os sapateiros do Rio protestaram através de sua irmandade contra o uso de trabalho escravo na manufatura e venda de sapatos (M. Karasch, 1975: 388). Brancos brasileiros, crioulos e africanos libertos, além de escravos de ganho, competiram no mercado de trabalho entre si e com os estrangeiros, europeus que vinham para a Corte; na sua comédia ambientada no Rio de Janeiro de 1845, *O caixeiro da taverna*, Martins Pena põe em cena essas queixas:

> Francisco: Ora, dize-me o que pode fazer um pobre latoeiro do país, quando a rua do Ouvidor está cheia de latoeiros e lampistas franceses? Meu caro, se não fossem as seringas que fazemos para os moleques brincarem o entrudo, não sei o que seria de nós.
>
> Manuel: Se vocês trabalhassem tão bem como eles...
>
> Francisco: É um engano, é uma mania e todos vão com ela; é obra estrangeira e basta! Não se vê por esta cidade senão alfaiates franceses, dentistas americanos,

---

17. É, portanto, sem fundamento a inferência de que, por empregar negros libertos como feitores, os brasileiros mostravam não temer os negros como tais, apenas os escravos, como afirma Degler. Escravos e livres eram empregados como feitores, e o que isso prova é a efetividade do sistema de cooptação, inclusive dos escravos.

maquinistas ingleses, médicos alemães, relojoeiros suíços, cabeleireiros franceses, estrangeiros de todas as seis partes do mundo. E resistam os artistas do país, se são capazes, a essa torrente.

Houve também algumas tentativas mais ou menos bem-sucedidas de monopolizar certos setores, por parte dos escravos ou libertos urbanos. Sabemos de alguns exemplos. Um desses monopólios era o dos carregadores de café no Rio de Janeiro do século XIX: os negros minas, escravos de ganho ou libertos, tinham aparentemente se apropriado do ramo. Era um serviço pesadíssimo, que implicava deformidades e uma esperança de vida reduzida, que um cirurgião da Marinha inglesa diz ser de apenas oito anos[18] e que Ewbank avalia em dez anos, mas que permitia ganhos razoáveis.[19]

Há várias descrições dessas turmas de estivadores, que andavam em passo rápido, quase correndo (*"a sort of jog-trot almost"*, dirá um mercador inglês de Liverpool, J. B. Moore, que morou catorze anos no Rio, Select Committee on the Slave Trade, PP 1847-1848, XXII, p. 431), carregando sacas de 160 libras de café por mais de meia milha, atrás de um chefe de turma, cantando ao ritmo do chocalho que ele agita (Th. Ewbank, 1856: 118).

Outro ramo que parecia monopolizado, dessa vez por mulheres africanas, era o mercado. Provavelmente se tratava de mulheres da África Ocidental, onde o monopólio dos mercados de víveres pelas mulheres é tradicional. Há poucas informações sobre o assunto, mas Mary Karasch (1975: 382) escreve que libertas africanas parecem possuir na primeira metade do século XIX muitas das bancas do mercado do Rio. O senador Hollanda Cavalcanti, em 1850, afirma que basta ir ao mercado de peixe, de criação, de fruta ou de verduras para se ver que a maior parte dos vendedores são libertos ostentando ainda as marcas tribais (Hudson a Palmerston, Rio de Janeiro, 27 de julho de 1850, Encl. 2 *in* nº 85), e o americano Herbert Smith (1879: 485-7) deixa entrever o predomínio de africanas no mercado do Rio. Mas é sobretudo em Wetherell, vice-cônsul inglês na Bahia, que encontramos a confirmação de que as africanas se tinham apropriado do mercado:

18. Contra dezesseis anos de vida para os outros escravos, segundo o mesmo cirurgião T. R. H. Thompson. Ver também D. P. Kidder e J. C. Fletcher, 1879 (1857): 29 e 135.

19. T. R. H. Thompson, depoimento de 23 de maio de 1848, Select Committee and the Slave Trade, PP 1847-1848, vol. XXII, p. 405, Th. Ewbank, 1856: 118-9.

Carregadores de café. Edward Hildebrandt, 1846-49.

O mercado é um lugar muito curioso, e pessoas que viajaram pela costa de África me afirmaram que tem uma aparência totalmente africana [...] entre montanhas de frutas, verduras etc., à sombra de esteiras [...] estão sentadas as mulheres negras do mercado. Vestem roupas coloridas muito características mas pitorescas, todas do mesmo tipo (com panos da Costa etc.) [...] ganhadores seminus estão atarefados carregando e descarregando as frutas (J. Wetherell, 1860: 29-30).

Descrição semelhante à dos mercados da África Ocidental. A semelhança se torna ainda mais patente quando Wetherell menciona que essas mulheres do mercado tinham o monopólio da venda no mercado de Salvador de artigos como galinhas, frutas (abacaxis, laranjas, melancias, melões), couves, cana-de--açúcar, inhames. Eram aprovisionadas, diretamente pelas lanchas e barcas do interior, de todos esses produtos, e para os peixes e frutas mais delicadas, que exigiam um transporte mais ágil, pelas canoas. O monopólio era tal que nin-

Barbeiros-cirurgiões no Rio de janeiro dos anos 1820. Gravuras de Jean-Baptiste Debret. [Museus Castro Maya – IPHAN/ MinC]

guém conseguia comprar diretamente dessas canoas e lanchas, nem mesmo no atracadouro (J. Wetherell, 1860: 26-7). Meio século antes Vilhena se queixava do monopólio que as "negras regateiras", escravas e forras, detinham sobre o comércio de peixe fresco em Salvador:

> todos sabem esta desordem, mas ninguém a emenda por ser aquele negócio como privativo de *ganhadeiras*, que de ordinário são ou foram cativas de casas ricas, e chamadas nobres, com as quais ninguém quer se intrometer, pela certeza que tem de ficar mal, pelo interesse que de comum têm as senhoras naquela negociação.
>
> Vendem as *ganhadeiras* o peixe a outras negras, para tornarem a vender, e a esta passagem chamam *carambola*. É igualmente caro o peixe, porque mesmo ao largo, sem chegar ao porto, é arrebatado aos pescadores com violência por muitos oficiais inferiores, que a título de ser para os seus superiores o levam pelo que querem, e o entregam àquelas, ou outras semelhantes negras, com que têm seus tratos, e comércios (Luís dos Santos Vilhena, 1909 [1802]: 127).

Vilhena descreve situação análoga em relação ao comércio varejista de carne na Bahia (*ibidem*, p. 129).

Outro ofício em que os escravos e libertos constituíam a grande maioria era o de barbeiro-sangrador-cirurgião-aplicador de sanguessugas-arrancador de dentes-remendador de meias de seda-músico, habilidades pensadas como um único complexo. A profissão de barbeiro, como vimos acima, podia ser ambulante ou sedentária, em lojas. Aparentemente, os libertos se estabeleciam em lojas onde empregavam escravos como oficiais e aprendizes, vestindo-os, alojando-os, instruindo-os nas diversas artes de seu polivalente ofício, e cobrando uma quantia de seus senhores por esse aprendizado, se os aprendizes não fossem seus próprios escravos.[20] A qualificação dos barbeiros como músicos é

20. Veja-se o interessante testamento do barbeiro e capitão de milícias, o liberto africano Joaquim Felis de Sant'Anna, *in* M. Inês Côrtes, 1979, em que aparecem em detalhe as condições de aprendizagem de escravos alheios. Nesse mesmo testamento, o barbeiro lega seus instrumentos aos escravos que liberta.

atestada em todo o Brasil do século XIX, e com mais detalhes por J. B. Debret. 1834, II: pr. 11 e 12; J. Wetherell, 1860: 33. Manoel Antônio de Almeida, em suas *Memórias de um sargento de milícias*, escreve em 1852 e 1853, da música de barbeiros do reinado de d. João VI:

> Não havia festa que passasse sem isto; era cousa reputada quase tão essencial como o sermão; o que valia porém é que nada havia mais fácil de arranjar-se; meia dúzia de aprendizes ou oficiais de barbeiro, ordinariamente negros, armados, este com um pistom desafinado, aquele com uma trompa diabolicamente rouca, formavam uma orquestra desconcertada, porém estrondosa, que fazia as delícias dos que não cabiam *ou* não queriam estar dentro da igreja (M. A. de Almeida, s.d.: 93-94).

Debret escreve numa linha análoga:

> o oficial de barbeiro no Brasil é quase sempre um negro ou pelo menos mulato. Esse contraste chocante para o europeu não impede ao habitante do Rio de entrar com confiança numa dessas lojas, certo de aí encontrar numa mesma pessoa um barbeiro hábil, um cabeleireiro exímio, um cirurgião familiarizado com o bisturi e um destro aplicador de sanguessugas. Dono de mil talentos, ele tanto é capaz de consertar a malha escapada de uma meia de seda, como de executar, no violão ou na clarineta, valsas e contradanças francesas, em verdade arranjadas a seu jeito.

A condescendência com os músicos negros e mulatos que Debret expressa nessa passagem não é generalizável: Spix e Martius (1824, I: 156) mencionam que d. Pedro I, que parecia haver herdado o talento musical de seu antepassado d. João IV, havia organizado, para seu deleite particular, um conjunto de música vocal e instrumental composto de mulatos e negros que "testemunham muito a favor dos dotes musicais dos brasileiros". D. Pedro gostava, relatam os viajantes, de reger ele próprio esse conjunto musical. E Balbi, por seu lado, registra que o inventor do cavaquinho foi um afamado mulato do Rio de Janeiro, autor de modinhas, chamado Joaquim Manoel (A. Balbi, 1822, II: ccxiij).

Mas o exemplo mais detalhado e mais significativo de que dispomos sobre a competição no mercado de trabalho das várias categorias da população é o que se refere à disputa pela lide do mar e a navegação fluvial na Bahia. Brancos, pardos e negros, livres e escravos, desempenhavam funções na pesca, na estiva, como remadores, na cabotagem e navegação fluvial e marítima. A partir de 1850 vem à tona uma tentativa, certamente anterior, de eliminar de pelo menos alguns setores desse ramo, por um lado, os escravos e, por outro lado, os africanos libertos. Vimos que, desde 1848, uma lei lançava um pesado imposto de 10$000 sobre "quaesquer africanos, livres, libertos ou escravos que se ocuparem em remar saveiros e alvarengas" (Lei nº 344, de 5.8.1848, capítulo II, artigo 2º, parágrafo 35). Em novembro de 1850, o presidente da província da Bahia, após ter dobrado o imposto sobre os africanos navegando em saveiros e alvarengas, resolve pôr em vigor uma lei que excluía do serviço de saveiros de Salvador os africanos e os escravos.[21] A medida parece ter atingido 750 africanos que, segundo o cônsul inglês na Bahia, se encontravam de repente desempregados (*apud* P. Verger, 1968: 537). Aparentemente, esses excluídos representavam metade dos efetivos dos saveiristas. Outros 230 africanos remavam nas alvarengas.[22] Estes também estavam na mira do rancoroso presidente da província, que declara:

> Depois que este ramo do serviço público marchar com a indispensável perfeição, será conveniente talvez com a experiência adquirida, estender uma semelhante providência aos remadores de alvarengas, e de quaisquer embarcações ao serviço de carga e descarga dos grandes barcos, formando-se Companhias diferentes para as diversas espécies do serviço marítimo do Porto, com que não só se dará ocupação vantajosa a um grande número de nossos concidadãos, que vivem nesta cidade sem algum emprego, como também se promoverá a conveniente saída dos escravos, que devem ser aplicados a grande cultura, último trabalho que será partilhado pelos homens livres do País (Francisco Gonçalves Martins, 1851: 34).

Poder-se-ia crer que se tratasse apenas de uma iniciativa oficial sem que se tivesse de supor uma competição pelo mercado de trabalho. No entanto, um interessantíssimo documento de protesto por parte dos estivadores,

---

21. Francisco Gonçalves Martins, *Falla...*, 1851.
22. Estes dados são inferidos de elementos da Falla de 1851, pois o presidente da província menciona que com a medida o número de saveiros foi reduzido à metade; em outro lugar ele afirma que, com a exclusão dos africanos do serviço de saveiros, a arrecadação do imposto sobre africanos deveria reduzir-se a menos de um terço. Também da Falla de 1851, p. 30, se deduz que havia 230 remadores africanos em 1850 contribuindo pesadamente para o erário.

Tentou-se expulsar os africanos das atividades de estivadores, saveiristas e remadores de alvarengas no comércio fluvial e marítimo da Bahia, *c.* 1873. [© The Natural History Museum, Londres]

datado de 1861 e rememorando fases dessa disputa, documento publicado por Kátia Mattoso (1978: 278, nº 577), deixa patente que a medida do presidente da província intervinha numa longa e acirrada luta. Os estivadores protestam contra a reintrodução de escravos, em desrespeito à preferência dada pela Lei nº 344, de 1850, aos livres (brasileiros) em relação aos escravos. Insinuam que a desorganização devida à epidemia de cólera foi o pretexto para tal reintrodução. Realmente, os números de que se pode dispor lhes dão razão. Em 1854, no porto de Salvador, dos 1461 homens registrados, apenas 21,7 por cento eram escravos e 78,3 por cento, livres. Destes livres, num total de 1144, 21,8 por cento eram brancos, 31,1 por cento, pardos e 39,1 por cento, pretos. Já no ano seguinte, em plena epidemia de cólera, os escravos haviam passado de 21,7 por cento para 43,3 por cento. (Para dados de Salvador e da Bahia observar a Tabela 3.)

O que ressalta desse quadro é que parece ter havido, ao longo do tempo, uma perda de terreno dos pardos e pretos livres em relação aos brancos. A proporção de escravos parece ter se mantido após a retomada de 1855, e só declina quando a escravidão do Leste e do Nordeste declina definitivamente. Os escravos,

Como parte da perseguição, coloca-se um imposto sobre carregadores de cadeirinha africanos na Bahia. Fotografia de Alberto Henschel, *c.* 1870. [Convênio Instituto Moreira Salles/ Leibniz-Institut für Länderkunde]

como vimos e como salienta Kátia Mattoso (1978), não representam tanto seus próprios interesses quanto o de uma grande parte da população que vivia dos proventos de seus cativos. Mas o que esse quadro deixa patente é que a população livre de cor disputou seriamente com a população branca setores importantes do mercado de trabalho.

Encontraremos situações análogas nos chamados ofícios mecânicos, que corresponderiam aos artesãos e ao pequeno comércio, sobretudo ambulante. Legislou-se na Bahia no sentido de evitar concorrência nesses ofícios, proibindo-se que escravos fossem aceitos como aprendizes, e impondo pesadas taxas

TABELA 3

INDIVÍDUOS EMPREGADOS NA LIDE DO MAR

Salvador										
	Livres				Escravos					
Ano	Brancos	Pardos	Pretos	Total livres	Pardos	Pretos	Total escravos	% Livres	% Escravos	Total
1854	21,8%	39,1%	39,1%	1144	—	100%	317	78,3%	21,7%	11461
1855	34,1%	32,3%	33,6%	1798	2%	98%	1372	56,7%	43,3%	3170
1856	35,2%	32,4%	32,2%	1986	1,9%	98,1%	1517	56,7%	43,3%	3503

Província da Bahia									
	Livres				Escravos				
Ano	Brancos	Índios	Pardos	Pretos	Total livres	Total escravos	% Livres	% Escravos	Total
1854	18,9%	—	45,4%	35,7%	3061	984	75,7%	24,3%	4045
1855	25,6%	—	41,0%	33,4%	3969	1744	69,5%	30,5%	5713(1)
1862	29,8%	1,9%	32,3%	35,7%	7872	3483	69,3%	30,7%	11355
1874	32,8%	0,5%	66,7%		12683	1384	90,2%	9,8%	14067

Fontes: *Fallas dos Presidentes da Província da Bahia*, 1854, 1855, 1856, 1863, 1874.

(1) Até 1855, inclusive, não se dão os efetivos senão para cinco estações, Santo Amaro, Cachoeira, Nazaré e Itaparica, além de Salvador. O presidente da província avalia em 12 000, para o ano de 1855, o número real de homens empregados na lide do mar, incluindo nessa avaliação cerca de mil homens que ele pensa tenham deixado de se inscrever (João Maurício Wanderley, *Falla...*, 1855). O salto numérico entre 1855 e 1862 deve, pois, ser matizado.

aos africanos e escravos que exercessem ofícios mecânicos (Lei nº 420, artigo 2, parágrafo 26, Francisco Gonçalves Martins, Falia, 1852). O mesmo imposto recaía, desde a Lei nº 344, de 5 de agosto de 1848, sobre os africanos e africanas que *mercadejavam*. Um imposto um pouco menor, de 6$000 em vez de 10$000, atingia os carregadores de cadeirinha, de acordo com a mesma lei (capítulo II, artigo 2º, 432 e 435).

O exemplo da exclusão dos africanos do serviço dos saveiros ficou lembrado até vinte anos depois e servia de modelo para outras iniciativas do mesmo teor. A 2 de dezembro de 1870, inaugurava-se a Companhia União e Indústria,

cujo fim é reunir homens livres do paiz, para em comum e mediante uma tabella de preços approvada pelo Governo, se incumbirem o transporte de mercadorias, bagagens e outros objectos de uns para outros pontos da cidade e seus suburbios, dando-lhes uma ocupação honesta e lucrativa, substituindo com o correr do tempo o trabalho até então feito exclusivamente por escravos, e quebrando, sem prejuízo do commercio, o monopólio dos africanos [...] desde 2 de Dezembro de 1870, em que appareceu a idéa de sua organização, o serviço de conducção tem sido feito por homens livres, acontecendo como em 1850 com os saveiristas que, conhecendo os lucros que pode dar esse ramo de trabalho, vão applicando-se com ambição e ardor" (João Antonio de Araujo Freitas Henriques, Falla, 1872: 129-30; note-se uma vez mais a confusão entre africano e escravo na passagem acima transcrita).

Não havia portanto, contrariamente ao que afirmavam tanto Harris quanto Degler, funções diferentes para libertos e escravos, e senhores de escravos competiam no mercado de trabalho com os libertos. Na realidade, o que distinguia os escravos dos libertos era ser ou não ser um capital investido. Essa sim era uma distinção atuante e nem sempre favorável à mão de obra livre. Um episódio contado por Koster (1816a) é muito significativo. Ao se enfrentar com um vizinho, Koster leva cientemente trabalhadores livres de sua lavoura em vez de escravos seus. O feitor do vizinho, que havia levado uma tropa de escravos, recua e não trava a escaramuça, avaliando que se arriscava a perder escravos, enquanto Koster não sofreria prejuízo se um de seus capangas fosse ferido ou morresse. O mesmo cálculo prevalece, ao que tudo indica, em outras regiões: Emilia Viotti observa que "era principalmente nos serviços mais perigosos, em que os fazendeiros temiam arriscar seus escravos, que o trabalhador livre era empregado. Empreitava-se a derrubada e a roçada" (E. Viotti, 1966: 29).[23] Note-se que Marvin Harris poderia pensar em usar essa situação para apoiar sua tese: realmente, os libertos ocupavam nichos que os escravos não podiam ocupar, não por serem considerados indignos disso, mas por causa de seu valor como propriedade.

O quadro que descrevemos, além de infirmar a tese de Degler e Harris, mostra que, dentro de certos limites, havia trabalho livre desde o início do século XIX. Resta saber se esse trabalho estava no mercado, se era disponível. Os dados que arrolamos no primeiro capítulo indicam que não, e que a escravidão permanecia como a única forma segura de abastecimento de mão de obra.

Recapitulando em duas palavras: tentou-se controlar, no Brasil, a passagem da escravidão à liberdade, com o projeto de ver formada uma classe de libertos dependentes. Formas de sujeição ideológica, em que o paternalismo desempenhou papel essencial e formas de coerção política foram postas em uso.

Os libertos, a partir de 1830, foram sendo colocados diante da opção entre a exclusão do país e o trabalho agrícola, de preferência nas grandes propriedades. Se muitos cederam e aceitaram uma situação de dependência, outros resistiram e se mantiveram nas cidades, apesar das perseguições políticas. Outros, enfim com suficiente capital, preferiram voltar para a África: retorno estimulado fortemente pelas autoridades brasileiras e não apenas espontâneo.

23. O barão de Sergimirim, presidente do Imperial Instituto Baiano da Agricultura, corrobora essas informações: "De ordinário a gente livre ocupa-se nas grandes fazendas onde é utilizada no serviço interno das fábricas, no corte e carreagem dos produtos da colheita, e na roçagem das capoeiras" (barão de São Lourenço, Relatório, documentos anexos, 1871).

BRASILEIROS NA ÁFRICA

Restos de uma casa brasileira em Lagos. Fotografia de Pierre Verger.

3. Brasileiros em Lagos

A partir da década de 1830, libertos africanos e crioulos, vindos do Brasil, começam a se instalar na costa ocidental da África, e em particular na chamada "costa dos escravos", seguidos pelos libertos cubanos. Pouco depois, na década de 1840 (o primeiro contingente chegou em 1839), tem início o movimento de retorno dos saros. Os saros eram iorubás escravizados que haviam sido resgatados pelo esquadrão britânico já a caminho do Novo Mundo. Eram levados para Serra Leoa, estabelecimento fundado por abolicionistas ingleses em fins do século XVIII e convertido em colônia britânica a partir de 1808. Serra Leoa foi um centro missionário anglicano e metodista importante, e os saros, submetidos à influência missionária, voltam para a costa iorubana fortemente anglicizados (J. Peterson, 1969; J. H. Kopytoff, 1965).

ORIGEM ÉTNICA DOS BRASILEIROS DE LAGOS

Qual a origem última dos retornados? A maioria era da região que hoje se chama iorubá, denominação que por anacronismo às vezes se usa para o século XIX.

As fontes brasileiras até agora conhecidas dão poucas informações sobre a origem precisa dos escravos. As estatísticas e censos não discriminavam os que compunham a categoria "africano", usada por oposição a "crioulo", que se referia aos nascidos no Brasil. Os inventários, os contratos de compra e venda que por vezes indicam a origem dos escravos, se restringem em geral à indicação do porto-mercado na África. Para o golfo de Benim, que nos interessa, a denominação genérica dos escravos era a categoria "mina". "Nagô", por sua vez, cobria na Bahia quase todos os que hoje seriam chamados iorubás (ver, por exemplo, a lista estabelecida por Pierre Verger, 1968: 673ss., a partir do Livro de Tutelas e Inventários da Vila de São Francisco do Conde, 1737-1841).

As listas de "africanos livres" do Rio de Janeiro, dos navios negreiros apreendidos já na costa brasileira, embora procurassem discriminar a origem étnica, também se restringem, para a África Ocidental, às três categorias, Cabo Verde, Calabar e Mina (vide M. Karasch, 1972: 72). Restam, portanto, os testemunhos dos viajantes, alguns muito detalhados, e sobretudo os estudos com base na história oral, feitos na virada deste século: penso especialmente em Nina Rodrigues e Braz do Amaral, que pesquisaram na Bahia.

Sem dúvida, a fonte mais precisa sobre a origem dos escravos que vieram da África Ocidental para o Brasil é o estudo que se propunha ser sobretudo linguístico, feito pelo reverendo Koelle, um missionário anglicano da Church Missionary Society, e publicado em 1854. Em 1848, Koelle entrevistou 179 libertos na capital de Serra Leoa, Freetown. Era aí que o esquadrão britânico que patrulhava a costa para controlar o tráfico trazia para julgamento os navios negreiros apresados e estabelecia, como vimos acima, os escravos que libertavam. A população de libertos estabelecidos em Freetown, os chamados *recaptives*, seria, portanto, uma amostragem representativa da totalidade dos escravos levados nessa época da África Ocidental para o Brasil; supondo-se, o que é razoável, que o apresamento de navios negreiros fosse aleatório. Os informantes de Koelle estavam todos estabelecidos em Serra Leoa havia pelo menos dez anos, ou seja, sua libertação dataria de antes de 1840. De modo geral, haviam chegado a Freetown após 1820.

Em 1848, um censo em Serra Leoa acusava 45 mil habitantes, dos quais 18 190 moravam na capital. Da população total de 45 mil, 20 619 eram escravos libertos pelo esquadrão britânico e 19 624 eram descendentes seus. Os libertos e seus descendentes formavam, portanto, a grande maioria da população da colônia. Destes libertos, por sua vez, a grande maioria era de *akus*, isto é, o que hoje chamamos de iorubá:[1] eram 7114 *akus* contra 1231 ibos, 1075 fons (ou jeje), 657 hauçás...[2]

Koelle, ao interrogar seus informantes, escolhidos para exemplificar os vários grupos linguísticos, pedia que lhe dessem uma avaliação do número de membros do mesmo grupo em Serra Leoa. Os mais numerosos parecem ser os vários milhares de iorubás (entenda-se o termo no seu sentido oitocentista, como habitantes ou originários de Oyo); seguiam-se os egbás, os ijexás, yagbás, bornus e ekitis. Havia uns poucos ottas (vinte), ondos (trinta), ifes (seis), igalas (dezoito), um número desconhecido de ijebus e uns parcos itsekiris e aworos (Koelle, 1854). A presença destas mesmas subdivisões étnicas dos nagôs, iorubás, ijexás, egbás, ijebus é mencionada por Nina Rodrigues no fim do século na Bahia. Quanto a Braz do Amaral, cita os "yorubás, egbás, gêgis ou eguns, dahomeyanos, tapas [nupes], yebús [ijebu], yeasasou, yjesas [ijexás], minas ou agouins [aguês], haussás, fanti, krumanos, filanis e timinis, benins, sjós [ijós?], hekiri [ekiti?], gallinhas, aschantis", além de etnias de procedência diversa da África Ocidental. Porém os mais numerosos na Bahia seriam os iorubás e os egbás (Braz do Amaral, 1915: 667ss.).

A maioria, como era de esperar, provinha das cidades-Estado mais afetadas pelas guerras que assolaram as cidades do interior.

Vale a pena citar aqui um pequeno excurso sobre as circunstâncias da escravização e a revisão de um artigo sobre o assunto, que me parece particularmente tendencioso. Trata-se de um artigo já antigo, de P. E. H. Hair, publicado em 1965, e que tenta fazer estatísticas a partir dos 179 informantes de Koelle. Em particular, o autor computa que, da totalidade dos *recaptives*, um terço teria sido originalmente capturado na guerra, um terço, raptado por outras tribos ou membros da mesma tribo e um terço, vendido por parentes ou superiores, para pagar alguma dívida ou após um processo judicial como criminosos.

Isso seria apenas má utilização de estatísticas se não sugerisse também um quadro errôneo da origem dos escravos. Por isso creio que o artigo merece uma atenção crítica detalhada. Primeiro, quanto à validade da amostragem. Escrevi acima que a população de libertos de Serra Leoa era provavelmente uma amos-

1. O termo *aku* ou *akoo* deriva das saudações iorubás, que usualmente começam por essa palavra.
2. Benjamin Pini, "Annual Report for Sierra Leone 1848", Parliamentary Papers (1849), xxxiv (C. 1126), 304-5, *apud* Ph. Curtin e J. Vansina, 1964 : 207-8.

tragem representativa da população de escravos que aportou ao Brasil vinda da África Ocidental na mesma época, já que se compunha de navios negreiros apresados pelos ingleses. No entanto, os 179 informantes de Koelle não eram uma amostragem dessa população, no sentido de que não eram aleatoriamente escolhidos: Koelle queria entrevistar pelo menos um falante de cada grupo linguístico. Assim, grupos muito numerosos em Serra Leoa e grupos pouquíssimo representados apareciam na amostragem, a despeito de sua importância numérica na colônia. Qualquer estatística, portanto, com base nesses 179 informantes, não pode ser extrapolada à população escravizada como um todo. Ora, os escravos vendidos por superiores ou parentes ou como criminosos só chegam a constituir um terço dos informantes pela forma como foram selecionados. São, sem dúvida, os representantes dos grupos linguísticos menos numerosos, isto é, aqueles que não haviam sofrido uma guerra, que inflam essa categoria. Mas, no conjunto dos escravos, ela deve ter sido mínima. Eram, digamos, os escravos excepcionais.[3] Uma comprovação se encontra justamente no caso dos grupos linguísticos iorubá e igala: dos dezoito entrevistados, apenas quatro não foram apresados na guerra ou por rapto; destes, dois foram escravizados após julgamento por adultério, pertencendo ambos a grupos minimamente representados; um era itsekiri, outro era igala, quando havia apenas três itsekiris e treze igalas em Serra Leoa (Koelle, 1854: 5ss.); o terceiro foi vendido traiçoeiramente por um suposto amigo,[4] e era um dos três aworos de Serra Leoa; o quarto, enfim, e este é a única

3. Veja-se: não estou negando a possibilidade, atestada, aliás, de escravidão por processo judicial ou por dívida de membros da família. Estou, sim, pondo em dúvida a sua extensão. As dívidas eram resolvidas mais frequentemente mediante penhora de membros da família, em geral crianças. Estes estavam em situação de escravos domésticos para todos os efeitos, ou seja, ficavam na cidade de origem, mas não eram passíveis de ser vendidos.
4. Um dos casos mais palpitantes de venda à traição é o episódio da história — talvez romanceado pelo italiano Scala — da mais próspera comerciante de escravos iorubás do século XIX, e mais tarde líder da resistência aos ingleses, a famosa Madame Tinubu. Esta, uma antiga escrava, criada pelo rei de Owu, de Abeokuta, teria casado com o filho do rei. Como este a estorvasse, teria acabado por vendê-lo à traição a um negreiro brasileiro. Eis como Scala conta esse episódio: a bela e pérfida Tinubu, com seu *"bel pare di occhi neri"*, convenceu seu indolente marido a acompanhar até a costa, por distração, um lote de escravos que iriam vender; a caminho, Tinubu ia seduzindo os guerreiros da escolta, e seus olhos — o famoso par de olhos negros — lhes prometiam, reconta Scala, ulteriores delícias: chegados à beira-mar, começaram as negociações com o negreiro brasileiro. Os escravos jovens e robustos foram o primeiro lote, e o preço foi acertado após barganha. Que se brindasse ao acerto, propôs Tinubu, e o rei de Owu brindou com o negreiro. Lote após lote comprado e a cada negócio fechado Tinubu

exceção, era membro de uma grande etnia, os iorubás (de Oyo), e havia sido vendido por um chefe de guerra porque havia recusado dar-lhe sua esposa.

Também sujeitos a ressalvas são os cortes que Hair faz para distinguir suas categorias. Se por um lado agrupa de modo abusivo raptos por estrangeiros e por membros do mesmo grupo — o que é totalmente diferente —, distingue, ao contrário, guerra de rapto. Ora, os raptos, sabidamente, eram a forma endêmica de hostilidade, que eclodia de forma mais organizada nas chamadas expedições de guerra. Em geral, aqueles eram o prelúdio a estas, como no caso da guerra de Owu, de 1811 e 1821 (S. Johnson, 1921: 207).

Mencionemos, ainda, a propósito das etnias mais escravizadas nessa época, que nem todos entravam no comércio atlântico, embora os iorubás comerciassem sobretudo com os negreiros europeus e brasileiros, levando seus escravos diretamente à costa e vendendo-os seja no antigo porto de Ajudá, seja nos portos de Badagri e Lagos (C. W. Newbury, 1961: 20-2). Mas havia um tráfico muçulmano para a África do Norte que competia com o tráfico atlântico: foi ele que absorveu parte dos escravos aprisionados nas *jihads*. No entanto, mesmo os fulânis mandaram parte dos canúris aprisionados na guerra santa de 1804-30 para a costa atlântica (Ph. Curtin e J. Vansina, 1964: 190-1). Assim, a preponderância de certas etnias no Brasil dependia também do circuito do comércio — atlântico ou transaárico — de que participavam os contendores.

O percurso não era necessariamente direto. Quando, em 1836, o futuro bispo Crowther é embarcado por negreiro português de Lagos com destino ao Brasil, num navio que o esquadrão britânico interceptaria pouco depois, já havia ele mudado de senhor oito vezes em quinze anos. Capturado em 1821 pelos muçulmanos durante a guerra, em sua cidade de Oshogun, levado a Isehi, comprado aí por uma daomeana islâmica que o levara para o Daomé, vendido depois três vezes seguidas até ser comprado por mercador de Lagos que o guardou durante alguns meses, foi finalmente vendido a negreiros portugueses de Lagos, que o embarcaram ao cabo de quatro meses (CMS CA1/079/2, Samuel Crowther a rev. W. Jowett, Fourah Bay, 22.2.1837:1-9, *apud* J. Peterson, 1969: 175 ss.).

---

propunha um trago de aguardente de cana. Até que, vendido o derradeiro lote, o último brinde derrubou o rei, que rolou pelo chão. Ante o olhar atônito do negreiro, a bela Tinubu pôs o pé sobre o corpo do marido e perguntou: "Quanto me dão por esta peça?". E foi assim que o rei de Owu acordou, já em alto-mar, rodeado dos escravos que acabara de vender (G. Scala, 1862).

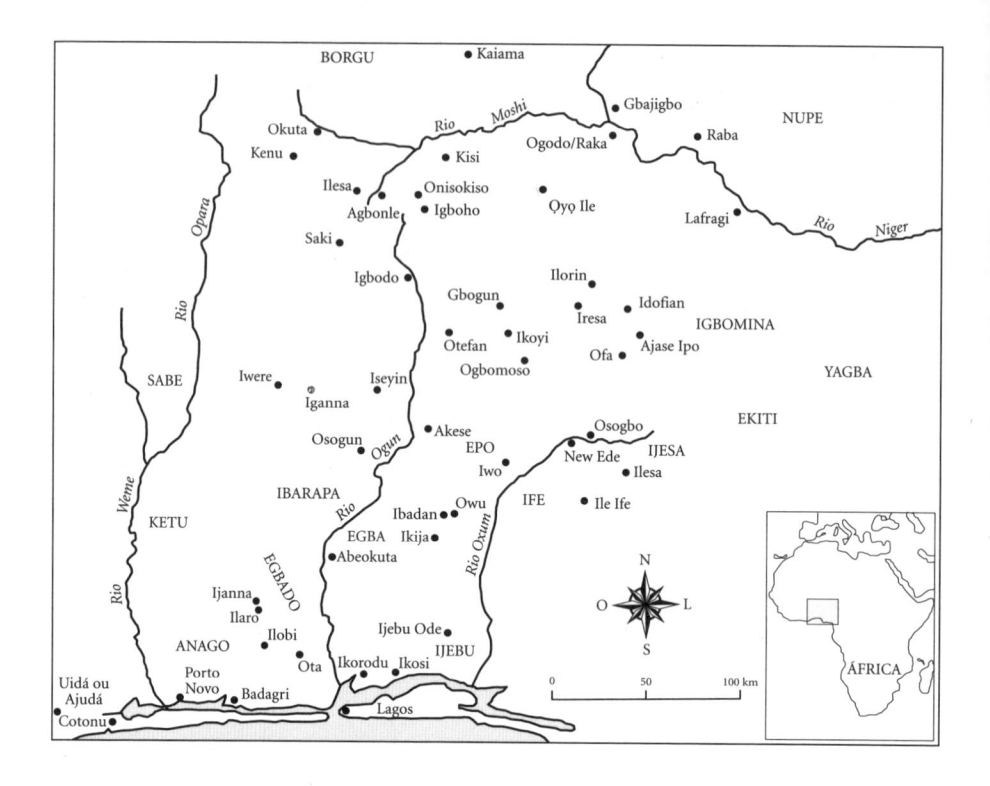

Seja como for, o que resulta de tudo isso é que a grande maioria dos escravos iorubás, e, portanto, é de se crer, dos que, alforriados, voltaram à África, provinha das cidades-Estado do interior. A preponderância de iorubás propriamente ditos (ou seja, de Oyo) e de egbás explica-se pela ruína do império de Oyo no fim do século XVIII e começo do século XIX (ver, por exemplo, da extensa literatura, R. Law, 1977) e pelo fortalecimento do império do Daomé, no início do século XIX, que passou a regularmente predar a cidade de Abeokuta, capital dos egbás, para se abastecer de escravos (I. A. Akinjogbin, 1967). As razões da grande quantidade de muçulmanos já foram comentadas no capítulo 1, e se prendem possivelmente aos seus levantes nas cidades iorubanas e às perseguições movidas contra eles pelos tradicionalistas (T. G. O. Gbamadosi, 1978: 11 e nº 90). Assinalemos, por fim, que membros de outras etnias não iorubanas também se instalaram em Lagos. Na história das famílias brasileiras de Lagos, há referências frequentes a ascendentes nupes, a hauçás, a bornus...

Enquanto os saros se concentram em Badagri, Abeokuta e Lagos, os brasileiros libertos se espalham mais amplamente pela costa. Estabelecem-se em Aguê, Anecho, Ajudá, Cotonu, Porto Novo, Badagri e Lagos, todos a essa altura portos de comércio de escravos. Alguns voltam para as cidades do interior de que eram originários, reencontram suas linhagens e se fundem de novo na população africana. Rastros deles são encontrados mais tarde pelos missionários católicos que, na década de 1880, começam a penetrar no interior.

A maior parte, porém, se estabelece na costa. Por um lado, como veremos, era na costa que surgiam as melhores oportunidades de comércio. Por outro lado, penetrar no interior era expor-se a ser de novo escravizado: os brasileiros iorubás e bornus de Ajudá estavam conscientes disso. Caso se aventurassem a voltar a suas cidades de origem, seriam escravizados pelos fons daomeanos (no Brasil chamados jejes) que dominavam a região (F. E. Forbes, 1851). Mas mesmo os portos, sobretudo Ajudá, sob controle do poderoso reino do Daomé, não ofereciam segurança. Em 1856, libertos da Bahia contrataram com um capitão uma viagem até Lagos. Em vez disso, foram desembarcados em Ajudá. Despojados de seus pertences a pretexto de serem originários de Abeokuta, a cidade inimiga por excelência dos daomeanos, foram enviados ao rei de Daomé, que matou os adultos e escravizou as crianças (Campbell, 2 de janeiro de 1856, PRO, FO 84/1002, *apud* P. Verger, 1968: 614).

Em fins de 1851, os ingleses bombardeiam Lagos e restauram Akitoye no trono, com a promessa de que fará cessar o tráfico negreiro, e exilam seu rival, o rei Kosoko. Instalam um consulado que durará dez anos. Em 1861, novamente com o apoio da Marinha, o governo britânico força o rei Docemo, filho de Akitoye, a vender-lhe a ilha e estabelece em Lagos uma colônia (ver, por exemplo, R. Smith, 1978). Badagri, Palma e Leckie, os três portos da laguna, são pouco depois anexados à colônia (C. Newbury, 1961: 53-4).

Lagos se torna assim, a partir de 1851, um porto seguro para os libertos. Uma cópia de contrato que subsistiu mostra as condições em que era feito esse retorno. O documento, passado no Rio de Janeiro, estipula que os 63 libertos (homens, mulheres e crianças) fretam por oitocentas libras esterlinas, pagas adiantadas, o brigue inglês *Robert*, que os levará até a Bahia, lá ficando duas semanas, seguindo depois para um porto seguro do golfo do Benim. A destinação exata será decidida na Bahia, mas não poderá ser senão Badagri ou Lagos. O capitão se compromete a fornecer carne-seca, feijão-preto, farinha de mandioca e água potável em rações diárias preestabelecidas. A comida será preparada pelos passageiros com lenha fornecida pelo capitão (D. P. Kidder e J. C. Fletcher, 1857, Apêndice: 597).

Em 1854, 23 libertos iorubás saem de Havana a caminho da África, e seu navio toca em Southampton. Entrevistados pela Anti-Slavery Society, declaram como um só homem que são originários de Lagos (o que é claramente impossível, já que Lagos sempre foi um entreposto comercial onde os escravos só passavam em trânsito) e que desejam se estabelecer nessa cidade (*The Anti-Slavery Society Reporter*, vol. 2, Londres, 1854: 234-9, *apud* J. Perez de la Riva, 1976: 150ss.). A essa altura, portanto, o renome de Lagos estava estabelecido.

O rei Akitoye e, depois dele, seu filho Docemo, cobravam um pesado imposto de dez sacos de cauris a cada família que desembarcava em Lagos, vinda do Brasil ou de Cuba. A intervenção do cônsul inglês os fez abandonar essa prática por volta de 1857 (P. Verger, 1966: 615), e Lagos tornou-se ainda mais atraente para os libertos.

Lagos havia sido originalmente uma cidadezinha de agricultores e pescadores, vassala do Benim. Era a única saída para o mar do sistema de lagunas que se estendia desde Cotonu até o delta do Níger (A. Mabogunje, 1961: 12): nessas lagunas desembocavam vários rios importantes, que passavam pelas principais cidades iorubanas do interior. Lagos era, portanto, um ponto de escoamento estratégico do comércio da costa. Essas vantagens incontestes faziam esquecer seu clima insalubre, seu solo infértil de areia e mangue, sua vulnerabilidade a enchentes (S. Brown, 1964: 3), e Lagos se tornou, no século XIX, um empório de escravos de primeira importância.

O COMÉRCIO COM O BRASIL

Até 1850, o comércio em toda a costa dos escravos consistia essencialmente na importação do fumo e aguardente e na exportação de escravos. Alguns brasileiros, brancos ou mulatos, dominaram esse negócio particularmente lucrativo, mas que exigia capital de giro importante, além de sólidos apoios políticos junto às realezas locais, fornecedoras de escravos (ver K. Polanyi, 1966). O primeiro Chachá de Souza (Francisco Felix de Souza), no começo do século XIX, e alguns de seus numerosos descendentes que atuavam em Ajudá (P. Verger, 1966: 460-467 *et passim*, e P. Verger, 1953), Domingos José Martinez, a partir de 1830 e até cerca de 1860, operando primeiro em Lagos, com apoio do rei Akitoye e posteriormente em Porto Novo (D. A. Ross, 1965) e os irmãos Jambo em Badagri, após terem sido expulsos de Lagos, foram os mais notórios. Em Lagos, vários negreiros brasileiros, menos opulentos, rodeavam, por volta de 1850, o rei Kosoko — ele próprio um grande negociante de escravos — e o seguiram no seu exílio em Epe, em 1851.

Os libertos retornados do Brasil, sem alcançar talvez as grandes fortunas dos outros negreiros, entravam no entanto com vigor nesse ramo do comércio. Em 1850, muitos libertos do Brasil comerciam em escravos, em Ajudá (F. E. Forbes, 1851). Quinze anos mais tarde, quando o tráfico está nos seus estertores finais, há em Ajudá dez libertos brasileiros negociantes de escravos, para cerca de dezoito negreiros brasileiros livres e cinco portugueses. Entre os libertos, apenas um, Pedro Cogio (Pedro Pinto da Silveira), havia sido um negreiro de primeira importância (R. F. Burton, 1864, e C. W. Newbury, 1961: 38).

A partir do fim da década de 1830, o azeite de dendê começa a ser negociado, e sua importância vai se avolumando. A palmeira do dendê é nativa em uma faixa muito próxima da região costeira do golfo do Benim, em uma região que conta com extenso sistema de rios e de lagunas que facilitam o escoamento do produto. O azeite de dendê, como outros óleos vegetais, esteve em grande demanda nos países industriais da Europa, e particularmente na Inglaterra, desde cerca de 1830. Era usado como lubrificante e combustível industrial e na fabricação das velas de estearina. Por volta de 1850, os preços do dendê conheceram seu apogeu, mas caíram 25 por cento em cinquenta anos. A partir da década de 1860, o uso do petróleo e seus derivados se torna preponderante, e o preço do azeite de dendê cai. Seu uso no fabrico do sabão, uma indústria em grande expansão no último quartel do século XIX, conserva-lhe aberto um mercado importante, embora seu preço continue aviltado.

Enquanto decaía o uso industrial do azeite de dendê, outro derivado dessa palmeira passava a ser largamente utilizado: era o óleo do caroço do dendê, extraído da amêndoa do coco, e não do pericarpo, como o azeite. Usado também no sabão, o óleo do caroço do dendê foi aproveitado sobretudo na Alemanha, a partir da década de 1870, para o fabrico de margarina. Usava-se também o resíduo para a ração de gado (A. G. Hopkins, 1964: 16ss., 83-7).

Os lucros do comércio de escravos eram, apesar dos altos preços dos óleos em 1840 e 1850, muito maiores que os do comércio apelidado na época de "inocente", o comércio de azeite de dendê. Avaliou-se em 500 a 1000 por cento os lucros reais do negreiro da costa africana (a partir de dados em C. W. Newbury, 1961: 38, n⁰ 3).[5] A riqueza dos negreiros, na África como no Brasil, era fabulosa. No Rio de Janeiro, um negreiro reconheceu publicamente um lucro de cerca de 150 mil libras esterlinas para o ano de 1844 (Hesketh e Grigg, Rio de Janeiro, 21 de março 1845, n⁰ 10, FO *Confidential prints*, n⁰ 316).

Não é, pois, de admirar que o comércio de azeite de dendê vegetasse enquanto durou o tráfico. Por volta de 1840, um lobby de negociantes e abolicionistas ingleses passa a pressionar seu governo para que apoie o comércio "inocente", forçando os potentados locais a assinar tratados em que se comprometem a renunciar ao tráfico de escravos e promover o cultivo e o comércio de dendê. Essa política sofre vários percalços, como a malfadada expedição do

---

5. O depoimento de um negreiro diante do Select Committee on The Slave Trade (Parliamentary Papers 1847-8, vol. XXII, parágrafo 4324 ss.) dá uma proporção muito maior ainda: os escravos no período de 1838 a 1848 seriam comprados na costa da África por uma quantia que ia de três a oito libras, sendo cinco libras uma média razoável, e seriam vendidos na costa brasileira por uma média de setenta libras. Dados mais plausíveis são fornecidos pelo cônsul britânico na Bahia, com preços na Bahia em torno de 48 libras por homens e 45 libras para mulheres (Porter a Palmerston, Bahia, 31 de dezembro de 1850, Parliamentary Papers 1851, vol. LVI, parte II, p. 465).

Calcula-se que, a partir de 1830, as condições dos navios negreiros pioraram muito: a essa altura, o tráfico acima do equador estava proibido e os navios, sujeitos a captura pela esquadra britânica. Os navios negreiros que iam à costa do Benim diminuíam suas provisões e água potável para disfarçar seus propósitos e aumentavam ao máximo o carregamento de escravos. A mortalidade de escravos na travessia teria nessa época aumentado para 24 por cento (Parliamentary Papers 1847-8, XXII, Apêndice, p. 465).

A captura de navios negreiros fazia imediatamente subir os preços, enquanto muita oferta os fazia baixar (depoimento comandante Hoare, 1.6.1848, Parliamentary Papers 1847-8, XXV, e J. C. Westwood a Palmerston, Rio de Janeiro, 17 de fevereiro de 1848, Parliamentary Papers 1847-8, XXII, p. 675). Esses mecanismos compensavam globalmente as perdas acarretadas pelo aprisionamento dos navios, o que confirma que os lucros seriam da ordem de 700 por cento não fossem as taxas alfandegárias sobre escravos e o preço de transporte. As taxas alfandegárias eram altíssimas, de 15 por cento sobre qualquer exportação para a Costa d'África (F. G. Martins, 1851, Falla do Presidente da Província da Bahia, p. 31). Para a importação, um dado de 1848 registra que o carregamento de quatro embarcações no valor de 47:049$900 rendeu 16:175$970, ou seja, cerca de 34 por cento de direitos pagos (M. Magalhães, 1848, Falla do Presidente da Província da Bahia).

Níger em 1841, que subiu à confluência dos rios Benue e Níger para fundar uma fazenda-modelo e pregar as virtudes da produção agrícola para o mercado e na qual morreram, provavelmente de malária, quase todos os expedicionários europeus (J. Gallagher, 1950, e C. C. Ifemesia, 1962). Seja como for, a intervenção em Lagos é por certo um dos resultados dessa política, que preconizava a substituição do comércio dos escravos pelo de dendê, na crença de que se impediria um colapso da economia local, abrir-se-iam novos mercados para os produtos industriais e se fariam fluir os óleos industriais para a costa e daí para a indústria europeia. Dessa maneira seriam satisfeitos, de uma só vez, os industriais, os comerciantes e os antiescravistas britânicos.

Alguns reis e chefes africanos entraram no novo comércio: o rei do Daomé, Guezo, começou em 1841 a empregar escravos em plantações de dendê. Já se observou a esse propósito que, paradoxalmente, a produção de dendê aumentou a demanda interna de escravos (A. G. Hopkins, 1968, e C. Fyfe, 1974: 47). Mesmo em Lagos, submetida que era desde 1851 ao controle inglês, os proprietários de terras só podiam recorrer a trabalho escravo, pois, como reconhecia o cônsul, "Nenhum nativo livre alugar-se-á para trabalhar na agricultura" (Campbell a Clarendon, 18 de fevereiro de 1856, fo 84/1002). Na realidade, até a criação, no fim da década de 1850, do "Liberated African Yard", constituído de escravos foragidos do interior que buscavam a liberdade em Lagos, não existia trabalho assalariado no protetorado.

Os negreiros brasileiros, após uma relutância inicial, acabaram por incorporar o comércio de azeite de dendê às suas atividades, entendendo-se como "complementar" ao de escravos.[6] Alguns se tornam até produtores, promovendo plantações em suas propriedades rurais. Mas o grosso de suas atividades ainda é o comércio de escravos (A. Laffite, 1864: 71; D. Ross, 1965:81-2).

Em 1850, passa no Brasil a Lei Eusébio de Queiroz, que extingue o tráfico para qualquer latitude. Passa sob forte coação inglesa (L. Bethell, 1970). Palmerston tinha a convicção de que era preciso, para acabar com o tráfico, suprimir ao mesmo tempo os mercados que exportavam e os que importavam escravos. Não é, pois, por acaso que a lei de 1850 precede de pouco a intervenção britânica em Lagos.

6. Nas cartas comerciais do "Alfaiate" publicadas por Verger, a primeira menção ao envio de azeite de dendê data de 1846 (P. Verger, 1953: 69).

Com a cessação do tráfico para o Brasil em 1850, muitos negreiros vão à falência. O tráfico para Cuba e para os estados sulistas americanos, que perdura até a década de 1860, ainda permite breve esperança de prosperidade, embora os americanos promovam um comércio inteiramente controlado por eles e que passa ao largo dos intermediários já estabelecidos (D. Ross, 1965). A década de 1860 assiste à derrocada final do comércio negreiro.

Em Lagos, desde o início de 1852, cessara o comércio negreiro. Pensou-se no Brasil que era chegado o fim do comércio *tout court* com a África, pois "ficando no que é lícito [este comércio] reduz-se a muito pouca coisa" (F. G. Martins, 1851, Falla do Presidente da Província da Bahia: 36). O presidente da província da Bahia pede a redução da pesada taxa de 15 por cento que recaía sobre os produtos exportados para a Costa d'África para tentar salvaguardar um resto de exportações (F. G. Martins, 1850: 49, e 1851, Falla do Presidente da Província da Bahia, p. 31).

Na realidade, o comércio não cessa. O fumo baiano e a aguardente de cana têm um mercado solidamente estabelecido na Costa do Benim. As estatísticas contidas nas "Fallas do Presidente da Província da Bahia" nem sempre fornecem números claros. Em alguns anos, é difícil avaliar as exportações, porque na rubrica "Costa d'África" para a qual há exportações significativas da Bahia, também figuram as possessões inglesas em geral.

As importações para a Bahia provêm principalmente da Grã-Bretanha, responsável por mais de 60 por cento do total. Vêm a seguir, em posições mais ou menos equivalentes, a França, Portugal e as cidades hanseáticas. Em um terceiro grupo, os Estados Unidos, Rio da Prata, Estados Sardos e Estados Austríacos. Nos melhores anos, as importações da África se situam nesse terceiro grupo, que inclui a Bélgica, Espanha, Holanda, Dinamarca, Suécia e Noruega.

Quanto às importações na Bahia provindas da "África Negrícia", rubrica que exclui as possessões portuguesas na África, as "Fallas" dão algumas indicações (ver Tabela 4). Na década de 1850, as importações da África perfazem por volta de 1,4 por cento do total, decaindo nas décadas seguintes.

Aos poucos, portanto, depois do fim do tráfico, reestruturou-se o comércio entre Lagos e o Brasil, destinado a durar ainda uns quarenta e poucos anos. Foi um comércio marginal, sem dúvida, curioso em muitos aspectos, e até hoje pouco estudado.

TABELA 4

IMPORTÂNCIA RELATIVA DAS IMPORTAÇÕES NA BAHIA
PROVINDAS DA "ÁFRICA NEGRÍCIA"

Anos	Importações na Bahia vindas da "África Negrícia"	Ordem de importância	Total de importações	Porcentagem do total das importações da "África Negrícia"	Porcentagem de importações da Grã-Bretanha
1851-52	196:047$268	9º	14.084:202$879	1,4%	60%
1852-53	206:674$105	9º	13.607:546$556	1,4%	65%
1853-54	143:635$488	11º	12.036:752$506	1,1%	62%
1854-55	309:935$002	6º	12.620:897$447	2,4%	66%
1855-56	286:194$548	6º	13.491:425$085	1,2%	65%
1856-67	251:276$326	10º			
1857-58	308:589$235	7º	19.523:376$092	1,6%	61%
1858-59	321:869$825	8º	19.287:473$042	1,7%	61%
1866-67	151:773$425	9º	17.878:202$637	0,8%	51%
1871	155:711$489	9º	19.221:002$416	0,9%	66%
1872-73	109:435$110	12º	22.733.217$543	0,5%	59%

Fonte: *Fallas dos Presidentes da Província da Bahia.*

Para se ter uma ideia do volume das transações entre Lagos e o Brasil, usaremos as cifras dadas pela série dos *Blue books*, publicações oficiais da Colônia. Notoriamente duvidosas, por serem "baseadas em rendas alfandegárias anotadas por repartições sabidamente pouco confiáveis e ainda assim só nos portos oficiais", além de usarem métodos ecléticos para calcular os valores envolvidos (C. Newbury, 1969: 76), estas cifras têm pelo menos o mérito de dar uma ideia das quantias.

Embora significativas, essas quantias representavam, em 1880, apenas 5,5 por cento do comércio total de Lagos, decrescendo progressivamente até chegar a menos de 1 por cento após 1891 (A. G. Hopkins, 1964: 34).

TABELA 5

COMÉRCIO ENTRE LAGOS E BRASIL NA SEGUNDA METADE DO SÉCULO XIX

Anos	Importações para Lagos vindas do Brasil (£)	Exportações de Lagos para o Brasil (£)
1851	80000[1]	–
1869	29526	9438
1870	36026	3762
1871	17135	14179
1872	19249	–
1877	30727	10475
1878	31436	13449
1879	28746	20218
1880	31580	20579
1881	27177	14856
1882	16810	20027
1883	16719	6083
1884	16978	13967
1885	19238	10764
1886	17761	6454
1888	9483	8237
1889	10569	4316
1904	2275	507

(1) Esta cifra, muito improvável, é a única que não provém dos *Blue books*, e sim do livro do aventureiro e futuro cônsul sardo Scala, que chegou de Gênova através da Bahia, em 1852 (G. Scala, 1862: 198). Fonte: *Blue books for Lagos colony.*

TABELA 6

LAGOS IMPORTAVA DO BRASIL MENOS DE 10% DO QUE IMPORTAVA DA INGLATERRA

Importações provindas de	Grã-Bretanha (£)	Alemanha (£)	França (£)	Brasil (£)
1869	290622	34183	25163	29526
Média de 1877-1886	282996	113840	20256	23697

Fonte: *Blue books for Lagos colony.*

De 1877 a 1886, o Brasil figurava, no entanto, em terceiro lugar nas importações feitas por Lagos, distante da Grã-Bretanha e da Alemanha, mas à frente da França, cujo comércio se concentrou no Senegal.

As importações vindas do Brasil se concentraram durante algum tempo nas mercadorias tradicionais (aguardente e fumo) e alguns têxteis. Mas tanto o fumo quanto sobretudo a aguardente perderam rapidamente terreno (ver Tabela 7). A Alemanha foi aumentando regularmente a parte que lhe cabia no fornecimento de aguardente, que tinha condições de oferecer barata. Em 1902, o Brasil exportou para Lagos apenas 6389 galões de aguardente, ou seja, cerca de 10 por cento do que exportava em 1869 (63 857 galões) (C. A. Birtwistle, 1906, "Report on the trade for the colony of the colony of Lagos for the year 1905", e *Blue books*, 1869). Enquanto isso, a Inglaterra ultrapassava o Brasil no fornecimento do fumo, a partir da década de 1880, e aparentemente o fez baixar de preço em 1869. Até então, apesar de mais caro, o tabaco brasileiro ainda era o mais consumido.[7] Tudo indica que o fumo de rolo da Bahia conservou durante muito tempo a preferência tradicional de que gozava desde a época do tráfico (P. Verger, 1966).

Quanto aos artigos de algodão, enquanto em 1869 o Brasil ainda exportava tecidos para Lagos, em 1888 esse comércio quase desaparece. Alguns panos eram provavelmente feitos na Bahia, que desde 1849 pelo menos já tinha duas fábricas de tecidos grossos e em 1874 contava com sete "fábricas de tecer" (C. Machado, 1874, Falla do Presidente da Província da Bahia: 222-5, e J. A. F. Henriques, 1872, Falla do Presidente da Província da Bahia, 131: 135). Alguns outros artigos, tais como a carne-seca e certo tipo de sapato ou alpargata, que tinha grande popularidade, eram importados exclusivamente do Brasil (*Lagos Standard*, 27.8.1902).

7. A alegação de que o rum norte-americano e o tabaco da Virgínia teriam suplantado, por volta de 1850, os produtos brasileiros (G. Brooks, 1970: 258) me parece problemática, pois os Estados Unidos, nas décadas seguintes, não têm um comércio significativo desses produtos com Lagos.

TABELA 7

AGUARDENTE E TABACO IMPORTADOS POR LAGOS, PROVENIENTES DE VÁRIOS PAÍSES

Produtos	Grã-Bretanha		Alemanha		França		Porto Novo		Estados Unidos		Brasil		Total incluindo outros países	
	Quantidade	Valor (£)	Quantidade	Valor (£)	Quantidade	Valor (£)	Quantidade	Valor (£)	Quantidade	Valor (£)	Quantidade	Valor (£)	Quantidade	Valor (£)
Aguardente (gals/£)														
1869	132451	11959	158111	11157							63857	7066		
1880	–	6421		21223		1410				156		9539		38569
1888	10159	792	723576	31121			2022	148			25537	2314	761296	34376
1889	2527	477	209650				2418	196			29201	1439	744810	35819
Tabaco (lbs/£)														
1869	94764	3054	47876	1312	86331	3168	84419	2344			427200	20546		
1880		4010		1878		500				2048		4350		12786
1888	501279	11718	165738	5384	2427	75					303328	6148	1016218	24101
1889	555825	1433	218625	6919	13	3					394375	8215	1186331	26886

Fonte: *Blue books for Lagos colony.*

Embora o grosso das importações brasileiras para Lagos consistisse em aguardente e tabaco, aparece sempre grande variedade de artigos em pequenas quantidades. Correspondia a uma porcentagem do total das importações, que ia de 10 por cento em 1869 a 60 por cento em 1880 e 35 por cento em 1888 (*Blue books*). A lista de importações para 1888 dá uma ideia da variedade desses produtos.

TABELA 8

IMPORTAÇÕES DO BRASIL PARA LAGOS EM 1888

Produtos	Quantidades	Valor (£)
Cervejas	4 dúzias	2
Contas de colar	17 kg	17
Materiais de construção	1 kg	3
Carruagens	2	9 (*sic*)
Produtos químicos e remédios	7 kg	12
Charutos	47550 unidades	124
Relógios	4 kg	7
Tecidos de algodão	5 kg	6
Cutelaria	1 kg	1
Louça	11 kg	14
Mobília	6	4
Armas	7	4
Armarinhos	18 kg	51
Ferragens	15 kg	23
Maquinário	8	28
Instrumentos musicais	1 kg (*sic*)	1
Lâmpadas, tintas, máquinas etc.	11 kg	3
Perfumes	12 kg	4
Piche e alcatrão	1 kg	1
Potassa	5 kg	8
Mantimentos	70 kg	1064
Aguardente de cana	25537 galões	2314
Livros, artigos de papelaria etc.	2	1
Açúcar mascavo	15 kg	19
Tabaco	303328 libras	6148
Roupas	11 kg	34
Vinhos	83 galões	26

Fonte: *Blue book for Lagos colony*, 1888.

Esses artigos heteróclitos tinham uma demanda assegurada pela própria comunidade brasileira, que importava balcões de ferro e material de construção para seus sobrados, mobília, louça, talheres e até carruagens. Em 1898 ainda, um comerciante brasileiro em Lagos anunciava, ao lado de várias carruagens europeias, uma carruagem brasileira (*Lagos Standard*, 13.4.1898). As comidas, carne do sertão e bacalhau sobretudo, serviam para uma culinária dita brasileira, que depois se popularizou em Lagos, onde os brasileiros eram vistos como uma burguesia requintada. Esse sucesso da arquitetura e da culinária brasileira (ver Marianno Carneiro da Cunha, 1985) permitiu provavelmente uma ampliação do mercado para produtos brasileiros.

EXPORTAÇÕES DE LAGOS PARA O BRASIL

O Brasil, a partir do fim do tráfico, passou a importar menos do que exportava para Lagos. Mas suas importações eram de natureza peculiar. Apesar de ser um comércio ultramarino, seguia padrões semelhantes aos do comércio intra-africano, tal como o que Lagos mantinha com a Costa do Marfim, Serra Leoa e o Níger.

O Brasil importava uma quantidade de azeite de dendê diminuta em relação aos países industriais, que o usavam como lubrificante e combustível, mas grande demais para o uso que dele se fazia na cozinha baiana. À falta de maiores informações, pode-se supor que servia de lastro para os navios que retornavam da África e que seria eventualmente reexportado.

Mas o Brasil era também o maior importador de uma vasta gama de produtos, onde predominavam as nozes de cola e os panos da Costa, mas onde figuravam também o sabão da Costa, cabaças, palhas da Costa...

Os panos da Costa, tecidos em teares manuais nas cidades do interior da atual Nigéria, eram exportados desde pelo menos o fim do século XVIII para a Bahia (L. Vilhena, 1969 [1802]: 59). Eram muito apreciados na Bahia, como aliás no resto da África Ocidental, durante todo o século XIX[8] (J. Wetherell, 1860: 72).

8. A exportação de panos da Costa, somente a partir de Lagos, era, em 1857 e de novo em 1859, da ordem de 50 mil unidades; caso se contassem os outros portos de embarque, seriam 130 mil (Campbell, Lagos, 2 de fevereiro de 1858; FO 84/1061, e "Report by consul brand on the trade of Lagos for the year 1859", PRO, *Confidential prints* 3261).

Joaquim Francisco Devodê Branco, um dos mais prósperos comerciantes de Lagos, tinha várias casas de estilo brasileiro.
[Arquivo da família]

Casa principal de Joaquim Francisco Devodê Branco. Fotografia de Pierre Verger.
[© Fundação Pierre Verger]

Vista da casa de Joaquim Devodê Branco em Lagos. Os brasileiros de Lagos importavam produtos da Bahia, inclusive materiais de construção e ferragens. Fotografia de Pierre Verger.
[© Fundação Pierre Verger]

Uma das casas de Joaquim Devodê Branco. Fotografia de Pierre Verger.
[© Fundação Pierre Verger]

Figuram nos testamentos de escravos libertos, entre os bens mais preciosos, ao lado da prataria e as imagens de talha (M. I. Cortes de Oliveira, 1979: *passim*). Em 1888, o valor dos panos da Costa ultrapassava o do azeite de dendê nas exportações para o Brasil (3367 libras contra 2600 libras) (*Blue Book*, 1888): "os panos da Costa sobrepujavam o azeite de dendê nas exportações da região iorubá e hauçá [...] são vendidos facilmente aos africanos no Brasil, dada a sua durabilidade e provavelmente, também, dadas as reminiscências que evocam de sua pátria" (Campbell a Clarendon, FO 84/1031).

TABELA 9

EXPORTAÇÕES DE LAGOS PARA O BRASIL EM 1889

Produtos	Valor (£)
Contas de colar	1
Cabaças	86
Tecidos de algodão	10
Panos da Costa	2306
Armarinhos	4
Nozes de cola	1107
Azeite de dendê	2842
Mantimentos	42
Manteiga de carité	283
Sabão	318
Palha ou fibra	97

Fonte: *Blue book for Lagos colony, 1889.*

Na verdade, as importações da Bahia eram motivadas por valores étnicos e religiosos, estes sustentando, aliás, aqueles. A religião dos orixás foi um poderoso esteio da identidade primeiro nagô, depois africana, no Brasil. Parece não ter havido, senão em último caso, substituição dos ingredientes rituais dos cultos por equivalentes brasileiros. Pelo contrário, acredita-se que os objetos africanos, desde os mais seculares, pela sua mera origem, adquiriram uma virtude que os qualificava para o culto (ver, por exemplo, Beatriz G. Dantas, 1982).

Escravas domésticas crioulas na Bahia usando panos da Costa. Fotografias de Rodolpho Lindemann, cartões-postais. [Fundação Gregório de Mattos, Salvador]

Dos dois lados do Atlântico, valores étnicos — africanos ou brasileiros — abriram novos mercados. Um exemplo particularmente ilustrativo é o da culinária. A cozinha iorubá na Bahia acabou substituindo pelo leite de coco a semente de egusi africana, que tinha de ser importada. O leite de coco foi, portanto, um substituto. No entanto, os brasileiros de Lagos insistiam no seu uso para os pratos baianos, o que aponta uma vez mais para a arbitrariedade dos valores étnicos, e para sua função primária, que é a expressão da diferença.

O COMÉRCIO "INOCENTE"

O comércio com o Brasil pós-1850 parece ter se acomodado nos moldes já preparados pelo tráfico negreiro, à sombra do qual havia feito seus primeiros passos. É o que se depreende, por exemplo, das cartas de um negociante brasileiro de Ajudá, escritas em dois períodos, antes e depois do fim do tráfico, e publicadas por Verger (1953): os negociantes consignam carregamentos a

Negra mina da Bahia. Jean-Baptiste Debret, aquarela e lápis, 14,1 x 20,7 cm, *c.* 1817-1829.
[Museus Castro Maya – IPHAN/ MinC]

Panos importados da África. Jean-Baptiste Debret, aquarela,
13,8 x 20,1 cm, *c.* 1817-1829. [Museus Castro Maya – IPHAN/ MinC]

bordo de veleiros, ou eventualmente os fretam. A carga é entregue a um ou vários correspondentes comerciais na Bahia, que se encarregam de vendê-la, e após reterem sua comissão remetem o produto, geralmente em fumo e aguardente. Se por alguma conjuntura particular o mercado africano se encontra saturado dessas mercadorias, a remessa poderá ser feita em moeda, onças mexicanas, dobrões americanos, dólares espanhóis, que só serão retirados de circulação em Lagos em 1880.

Esse circuito completo é o que permite os maiores lucros, pois se beneficia das exportações e das importações. Mas necessita de um capital de giro importante. Isso se explica apenas em parte pela necessidade de arcar com as flutuações do mercado internacional para os produtos africanos; talvez mais decisivo seja o extenso sistema de crédito que tradicionalmente vigorava na Costa desde a época do tráfico negreiro (C. W. Newbury, 1972). Na ausência de qualquer instituição bancária e diante da pequena disponibilidade de capital na região, competia aos grandes negociantes não só manter estoques importantes, mas financiá-los sobre longos prazos aos seus varejistas, ressarcindo-se só quando estes acabassem de vender as mercadorias ou voltassem com os produtos do interior (A. Hopkins, 1964: 48-9).

Do lado baiano, também não há intermediação alguma de bancos. O crédito e a confiança pessoal são a base do sistema. O correspondente comercial na Bahia terá de honrar as letras promissórias passadas pelo negociante que compra parte de carregamentos de navios que aportam na África (C. Newbury, 1972: 84), prover a parte da família que está em Salvador, os filhos que lá vão se educar ou casar, as velhas mães que ficaram. Terá de comprar e enviar artigos de uso pessoal. Por seu lado, o negociante na África serve de corretor na compra primeiro de escravos, depois de azeite de dendê e panos da Costa, por encomenda da Bahia (P. Verger, 1953: *passim*).

Até o fim da década de 1880, a preferência em Lagos era por um sistema de aviamento e de escambo no qual circulava muito pouco dinheiro. O preço oferecido pelos grandes negociantes pelos produtos de exportação era menor se fosse pago em dinheiro, pois contava-se com o lucro também nas mercadorias. Além disso, havia uma falta crônica de moeda (A. Hopkins, 1964: 54). A moeda tradicional era o cauri, uma concha importada da Índia e da África Oriental, que, por seu pequeno valor unitário, tinha a vantagem de permitir pequenas transações. Quarenta cauris formavam uma corda; cinquenta cordas, uma cabeça; dez cabeças, uma saca. O câmbio na década de 1850 era tal que duas cabeças de cauris correspondiam a um dólar espanhol ou pouco mais de oito xelins ingleses, decaindo rapidamente ao longo das décadas seguintes. Em quarenta anos (1850-90) o cauri desvalorizou-se 90 por cento (W. H. Clarke, 1972 (1854-8): 268; S. Johnson, 1921: 118; A. Hopkins, 1964: 170-8). Se favorecia a intensa atividade comercial dos pequenos mercados regionais, em compensação o cauri era inadequado para grandes quantias: para carregar uma soma de cinco dólares, que na década de 1850 era equivalente a uma saca de cauris, era necessário um homem (W. H. Clarke, 1972: 268); vinte sacas ou cem dólares espanhóis pesavam uma tonelada (A. Hopkins, 1964: 172). Para contar grandes quantias de cauris, levavam-se vários dias. As moedas estrangeiras e em particular o peso ou o dólar espanhol, moeda de prata introduzida desde o fim do século XVII pelos negreiros, serviam para as transações maiores, e tinham a vantagem adicional sobre o cauri de ter circulação internacional.

Em 1880, o governo britânico decidiu desmonetizar todas as moedas estrangeiras em circulação, estabelecendo a libra inglesa como moeda única em suas colônias da África Ocidental (A. G. Hopkins, 1964: 186ss.). As moedas brasileiras, sobretudo os patacões de prata e alguns soberanos de ouro que também tinham curso em Lagos, foram resgatadas e retiradas de circulação. O pecúlio que os libertos traziam era, com efeito, composto tanto de dólares espanhóis ou pesos quanto de moeda brasileira (*The Lagos Times*, 10.11.1880). Um dos resultados, além do caos inicial, foi o recrudescimento do problema da falta de moedas na Colônia. Na verdade, os pesos continuaram em circulação durante cerca de dez anos, desaparecendo em seguida, sendo os brasileiros os últimos a usá-los (Denton a Ripon, 7 de junho de 1983, co 147/90, e Carter a Ripon, 1º de março de 1894, co 147/94, *apud* A. Hopkins, 1964: 190).

Até 1887, quando foi criada uma caixa econômica oficial, não havia bancos em Lagos. Os bancos comerciais só foram implantados de fato na década de 1890. Até o fim do século, portanto, eram os grandes negociantes que emprestavam dinheiro a juros altíssimos (A. G. Hopkins, 1964: 199ss.). Havia, mas aparentemente funcionava mais no âmbito dos mercados regionais, a tradicional instituição de crédito sem juros, o *esusu* (W. Bascom, 1952), espécie de consórcio em que se reuniam as economias e sorteava-se quem disporia sucessivamente do dinheiro.

As grandes casas exportadoras se abasteciam de duas maneiras distintas: através de representantes que compravam nos mercados da laguna e através de uma rede independente de intermediários africanos. Existiam também, desde o tempo dos negreiros, os "donos de barracão" (*barracoon* era o termo inglês, derivado do português) que compravam dos pequenos comerciantes, armazenavam e preparavam o produto para exportação. Esses *barracooners* eram ou agentes das firmas e costumavam receber adiantamentos em bens manufaturados — e nesse caso se confundiam com os representantes — ou eram corretores independentes. Os pequenos comerciantes vendiam também diretamente às grandes firmas. Estas tinham seja suas matrizes, seja corretores nos mercados ingleses, e seus contatos comerciais na Europa lhe davam vantagem sobre os exportadores africanos (A. Hopkins, 1964: 61ss.). Essa vantagem se invertia a favor dos africanos no comércio com o Brasil, que foi assim atípico dentro do padrão geral, só se comparando ao comércio de exportação de panos da Costa e importação de nozes de cola feito com Serra Leoa, mas envolvendo cifras muito menores (ver A. Hopkins, 1964: 39). Os contatos comerciais dos brasileiros de Lagos com a Bahia foram cuidadosamente mantidos, e os negociantes faziam com frequência a travessia do Atlântico para reativá-lo. Muitas vezes se usavam parentes que haviam ficado na Bahia como agentes comerciais. Cândido da Rocha, uma das grandes fortunas de Lagos no fim do século XIX, vinha regularmente a cada dois ou três anos à Bahia, e seu tio, que morava na Bahia, ia vê-lo em Lagos (entrevista de Angélica Thomas e de Alexandre M. da Rocha a Marianno C. da Cunha, Lagos, fevereiro de 1975). Nina Rodrigues menciona visitas desses negociantes à Bahia na mesma época (N. Rodrigues, 1976).

Todo o comércio com o Brasil, que envolvia também Pernambuco e o Rio de Janeiro, era feito através do porto de Salvador. Muitos dos navios de maior calado que iam da Bahia para Lagos não voltavam, porém, diretamente para Salvador, mas levavam carregamentos de azeite de dendê para outros portos. O navio *Maria Helena*, por exemplo, vindo da Bahia, após aportar em Ajudá, chega a Lagos a 28 de setembro de 1863 e volta a 4 de outubro para a Bahia. Volta a Lagos a 11 de novembro de 1864 e segue a 28 de dezembro para Londres (*The Anglo-African*, 10.10.1863, 12.11.1864, 31.12.1864). Quanto ao azeite de dendê que ia para a Bahia, possivelmente seria, como vimos, em parte reexportado. Esse sistema triangular fica patente no número de navios que fazem o percurso.

TABELA 10

NAVIOS COMERCIANDO ENTRE BRASIL E LAGOS 1869-1871

Anos	Navios entrando em Lagos vindos do Brasil	Tonelagem	Navios saindo de Lagos para o Brasil	Tonelagem
1869	13	2756	3	397
1870	17	2872	3	538
1871	10	1968	3	441

Fonte: Blue books for Lagos colony, 1869, 1870, 1871.

É verdade que os números do *Blue books* de Lagos não refletem com exatidão o volume do comércio, já que outros portos, como Ajudá, Porto Novo e Badagri, serviam como entrepostos para encaminhar o fluxo do comércio para Lagos, e eram ocasionalmente preferidos por diferenças tarifárias.[9] Mas as "Fallas dos Presidentes da Província da Bahia" fornecem cifras semelhantes, que dizem respeito, porém, à Costa d'África como um todo.

Os brasileiros de Lagos conseguiram, portanto, controlar em grande parte o comércio com a Bahia. O mais bem-sucedido entre os grandes negociantes foi Manoel Joaquim de Sant'Anna, que operava em Lagos e em Porto Novo. Sant'Anna possuía um vapor na laguna (*Lagos Times*, 26.7.1882, e A. Hopkins, 1964: 56) e um navio a vapor, o *ss Olinda*, empregado no comércio do Níger (*The Eagle and Lagos Critic*, 10.7.1886 e 13.11.1886). Mas sobretudo Sant'Anna possuía veleiros que faziam a linha Lagos-Salvador (A. Hopkins, 1964: 2ss.). Teria sido o último a manter essa ligação de modo regular (*Lagos Standard*, 17.4.1895 e 19.2.1896). Há também uma curiosa menção a um grupo de des-

---

9. Em 1864 e mais tarde, em 1873, o governador de Lagos tenta sem êxito evitar o desembarque de mercadorias em Porto Novo, onde os franceses não cobravam impostos (Glover Papers, maço 1, Glover ao Duque de Newcastle, Lagos, 9.7. 1863; *Blue book*, 1873: 114). Para tanto, concede tarifas reduzidas às mercadorias "em trânsito" de Lagos para Porto Novo e faz valer a insegurança que existia na laguna, nos arredores desta cidade (Glover a Cardwell, 2.5.1865; *Blue book*, 1864: 27). Apesar das melhores condições do porto de Lagos e da sua localização privilegiada para o comércio com o interior, os altos impostos destinados a sustentar toda a administração britânica na Colônia afugentavam as importações. Com o bloqueio da costa daomeana, em 1877, as importações centralizam-se em Lagos, temporariamente. Só com a partilha colonial da África entre as potências europeias, após a Conferência de Berlim, é que os ingleses conseguem de fato controlar o comércio da região iorubá.

TABELA 11

EMBARCAÇÕES NA BAHIA SAINDO E CHEGANDO

DA ÁFRICA 1867-1892

Anos	Embarcações procedentes da África	Embarcações com destino à África
1867	13	23
1868	8	15
1870	8	21
1871	9	18
1892	3	

Fonte: *Fallas dos Presidentes da Província da Bahia*, "Quadro das embarcações sujeitas a visita da Polícia...".

cendentes de africanos no Brasil que teriam comprado o patacho *Alliança* para comerciar com a África (*Lagos Standard*, 19.2.1896). Outros negociantes, como Joaquim Branco e Walter Siffre, eventualmente fretavam navios (*Lagos Standard*, 19.2.1896 e A. Hopkins, 1964: 36). Mas a maioria dos que negociavam com o Brasil o faziam em proporções mais modestas, consignando algumas mercadorias a seus correspondentes na Bahia.

Encontramos em Oshogbo, com o sr. Cosmos Anthonio (5.5.1975), cartas comerciais do fim do século XIX que esclarecem os mecanismos desse comércio. Uma comerciante brasileira de origem ijexá estabelecida em Lagos, Felicidade Maria de Sant'Anna, consigna a um certo Luciano Chrispim da Silva, na Bahia, as seguintes mercadorias: sabão da Costa, nozes de cola, panos da Costa, cuias e laguidibás (cintos de contas dedicados ao orixá Nana Buruku e a seu filho Obaluaye). O consignatário paga o frete, os "direitos e despacho" (que são exorbitantes) e as despesas de desembarque, retira uma comissão de 5 por cento e com isso compra fumo, que pretende remeter à sua correspondente. A primeira remessa de Lagos data de fins de 1895, o patacho chega a Salvador em abril de 1896 e o consignatário presta contas de sua venda em julho de 1897. Dois anos depois, ainda não conseguiu mandar o fumo para Lagos por não arranjar transporte: o navio em que devia seguir a mercadoria se acha abarrotado; na verdade, toda a sua carga estava consignada a um grande negociante brasileiro de Lagos, Walter P. Siffre (*Lagos Standard*, 4.12.1895).

Documento 1

Conta de venda dos gêneros abaixo anotados que de Lagos me consignou a Snrª Felicidade M.ª Sant' Anna pelo patacho Brazº Alliança entrado em 5 de abril de 1896.

1 Barrica sabão pezdo 90 kºs 1,800 162,000
1 Barril dº 40 kºs 1,800 72,000
1 Caixão 4500 kollas macho 3,000 135,000
24 pannos 9,000 216,000
30 cuias 2,500 105,000
10 dªs 2,500 25,000
5 dªs 1,800 9,000
724,000
45 fios laguidibás 36,000
Total 760,000

A deduzir
Frete e embarque 47,500
Direito e despacho 486,480
Mª Comissão 5% 38,000
Carretos 4,000 574,908
184,000

Bahia, 24 de julho de 1897

Luciano C. da Silva (assinatura)

Documento 2
Por Alliança Bahia, 15 de Julho de 1899.
Snrª Felicidade de S. Anna Lagos Cara Snr.ª

Tenho o que devia embarcar remettendo-lhe 12 doze barriz com fumo (arcos de ferro) porém não foi possível em virtude do dicto navio achar-se abarrotado sem poder receber mais carga; o que deu deverá permanecer 20,72 dois mil e setenta e dois barriz promptos marcados... em casa do Snr. Nilo (?) seguindo ahi vão diversos passageiros que querendo uzar de verdade hão de confirmar o que acabo de expressar-lhe. Sem mais por ora; sou com estima de Vm[a].

Cr[o] Obr[o]
Luciano C. da Silva[10]

VAPORES E VELEIROS

Os documentos acima apontam para o problema crucial do comércio de Lagos para o Brasil: o transporte. A Grã-Bretanha, e depois dela, a Alemanha e a França começaram a desenvolver, a partir da década de 1850, linhas de vapores que tiveram importância considerável no desenvolvimento do comércio, pois permitiam um transporte mais rápido e mais barato. Pelo último quartel do século XIX, cinco sextos da carga eram transportados por vapores (A. G. Hopkins, 1973: 149).

Em 1883, a National African Company Ltd., de Londres, experimenta oferecer seus serviços para frete e passageiros com destino à Bahia e dali a outros portos brasileiros (*Lagos Observer*, 22.11.1883). Em 1888, dá-se nova tentativa (*Lagos Observer*, 24.3.1888), já sem dúvida em resposta à iniciativa do governador Moloney, que queria promover a imigração de agricultores do Brasil. Moloney encorajou o estabelecimento de uma linha regular de vapores ligando Lagos à Bahia. Após duas viagens em 1890 e 1891 e pesadas perdas, a experiência foi abandonada. O fluxo de libertos com que Moloney contava não havia vindo: a abolição da escravidão no Brasil, em 1888, encontrou já poucos africanos (os últimos haviam entrado em 1850) e não necessariamente desejosos de ir para a África. Os que foram não queriam ser agricultores. As passagens, além disso, eram caras, e o governo britânico recusou-se a subsidiar a linha de vapores. Sem esse subsídio, a companhia não quis levar a experiência adiante (A. G.

---

10. Na realidade, essa viagem de 1889 do patacho *Alliança* foi extremamente dramática. Tendo sido declarada quarentena a bordo por suspeita de febre amarela, os passageiros tiveram de deixar o navio, abandonando a bordo todos os seus pertences (*Lagos Standard*, 12.7.1899, 30.8.1899, entrevista de Sebastião Nicholas, 4.2.75, Pierre Verger, 1968).

Na página anterior, mulher originária de Oyo
(ou seja, o que na época se chamava iorubá)
fotografada por Augusto Stahl no Rio de Janeiro,
em 1866. [The Peabody Museum of Archaeology and Ethnology]

À esquerda, "mina Tapa" (ou seja, Nupe). Acima, "mina Nagô". "Mina" era o nome genérico dado aos escravos que vinham da África Ocidental. Fotografias de Augusto Stahl, 1866, da mesma série das imagens das páginas 26 a 29 deste caderno. [The Peabody Museum of Archaeology and Ethnology]

Nas páginas seguintes, grandes plantéis de escravos se concentravam nas fazendas e nas minas. Três mil escravos diante da casa-grande, em Minas Gerais, passados em revista a cada quinze dias, de acordo com uma anotação de Elizabeth Burton, mulher do célebre Richard Burton. Fotografia atribuída a Augusto Riedel, década de 1860. [Coleção Ruy Souza e Silva]

The Fortnightly muster of 300

...egroes before the Casa Grande

Os escravos de ganho, que entregavam periodicamente uma quantia fixa a seus donos, desempenhavam toda a sorte de trabalhos urbanos. Na página ao lado, vendedora de frutas e verduras no Rio de Janeiro. Fotografia de Henschel & Benque, *c.* 1869. [Convênio Instituto Moreira Salles/ Leibniz-Institut für Länderkunde]

As africanas mina monopolizaram os mercados, como já faziam na África Ocidental. À direita, fotografia de Christiano Jr., *c.* 1864-66. Abaixo, fotografia de Marc Ferrez, *c.* 1875. [Coleção Gilberto Ferrez/ Acervo Instituto Moreira Salles]

À direita, escravo barbeiro. Os escravos sempre andavam descalços. Fotografia de Christiano Jr., *c.*1864-66.

Abaixo, a ocupação mais comum para escravos urbanos de ganho, homens, era a de carregador. Fotografias de Christiano Jr., *c.*1864-66. [Coleção Ruy Souza e Silva]

Na página ao lado, escravo de ganho. Fotografia de Christiano Jr., *c.*1864-66. [Museu Imperial/ IBRAM/ MinC]

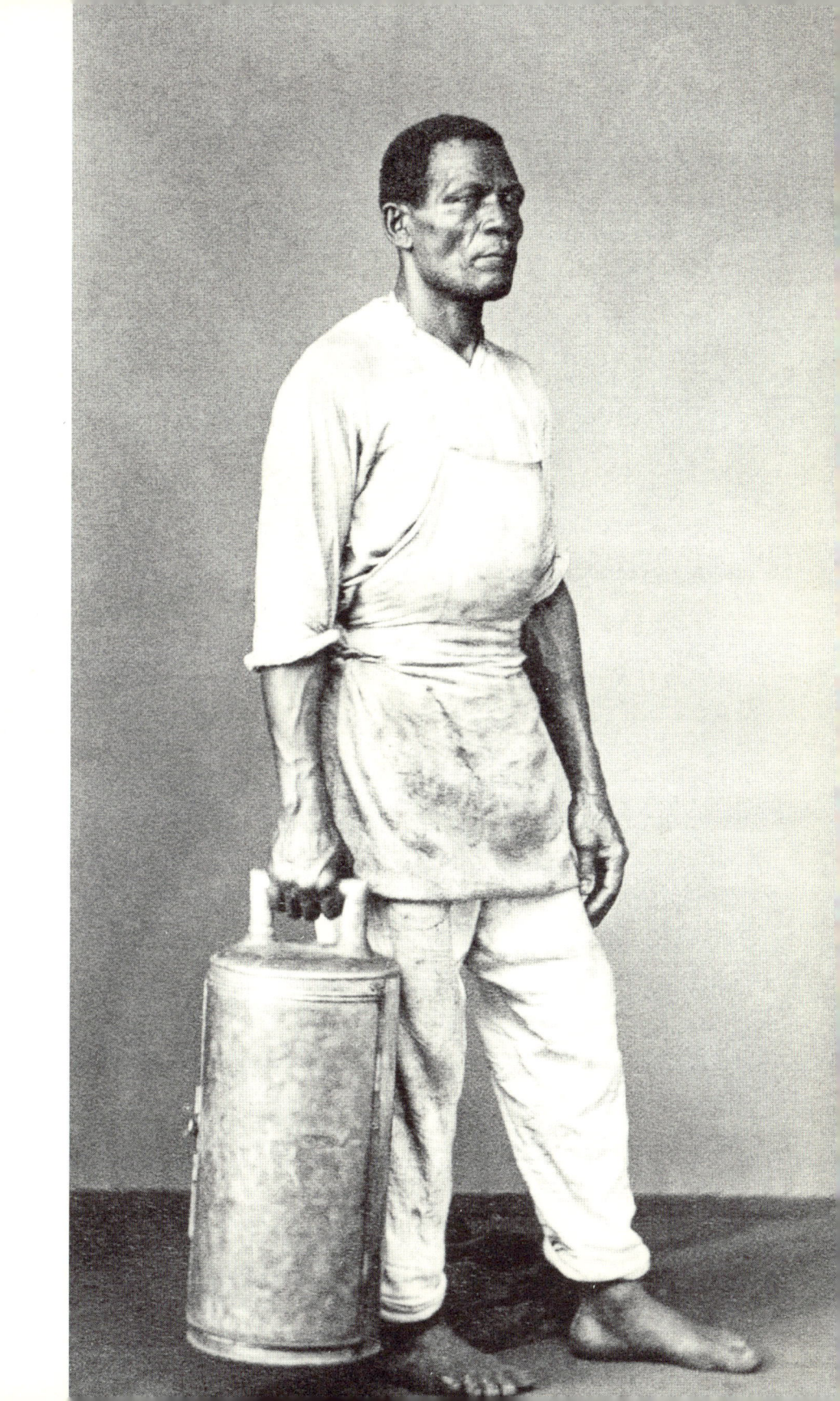

Os carregadores de aluguel ficavam nos chamados "cantos", que se constituíam também em grupos de ajuda mútua. Fotografias de Christiano Jr., *c.* 1864-66. [à esq., Museu Imperial/ IBRAM/ MinC; à dir., Coleção Ruy Souza e Silva]

Na página ao lado, um liberto (já que calçado) ganha a vida fazendo cestos. Fotografia de Marc Ferrez. [Coleção Gilberto Ferrez/ Acervo Instituto Moreira Salles]

Salvador da Bahia vista do mar. Fotografia
de J. Scheiler, 1876. [Coleção Gilberto Ferrez/
Acervo Instituto Moreira Salles]

No porto, escravos carregando café.
Fotografias de Marc Ferrez. [Coleção Gilberto
Ferrez/ Acervo Instituto Moreira Salles]

Carregando piano. Fotógrafo não identificado.
[Arquivo G. Ermakoff]

Senhora na cadeirinha com dois
escravos, na Bahia, *c.* 1860.
Fotógrafo não identificado.
[Acervo Instituto Moreira Salles]

Na página ao lado, iorubá carregador
na Bahia. Fotografia de Rodolpho
Lindemann. Cartão-postal.
[Coleção Apparecido Jannir Salatini]

F. Carregador africano — Bahia

As escravas domésticas, sobretudo
as mucamas e as babás, ricamente ataviadas,
dão testemunho da opulência da família.
Acima, um quadro a óleo excepcional,
de autor não identificado, retrata uma
escrava crioula baiana. [Acervo do Museu
Paulista da Universidade de São Paulo; reprodução
de Hélio Nobre]

À esquerda, escrava doméstica africana.
[Coleção Ruy Souza e Silva]

Na página ao lado, babá com criança,
c. 1870. Fotografia de João Goston. [Acervo
Instituto Moreira Salles]

À esquerda, velha babá com criança, *c.*1890. Fotógrafo não identificado. [Arquivo G. Ermakoff]

Abaixo, à esquerda, babá baiana leva menino nas costas amarrado com um pano, segundo o costume da África Ocidental. Fotógrafo não identificado, Bahia, *c.*1870. [Acervo Instituto Moreira Salles]

Abaixo, à direita, babá e criança. Fotógrafo não identificado. [The London Stereoscopic and Photographic Company. Coleção Emanoel Araújo]

Na página ao lado, acima e abaixo à direita, fotógrafo não identificado [Arquivo G. Ermakoff] e abaixo à esquerda, Eugenia, babá, e Maurício, Pernambuco. Fotógrafo não identificado. [Acervo Fundação Joaquim Nabuco]

Abaixo, fotógrafo não identificado.
[Arquivo G. Ermakoff]

Na página ao lado, babá com o menino Eugen
Keller, Pernambuco, 1874. Fotografia de Alberto
Henschel. [Arquivo G. Ermakoff]

As escarificações características de cada cidade permitiam identificar a origem dos africanos reunidos sob a apelação genérica de "mina", ou seja, provenientes da África Ocidental. Em 1866, a pedido do célebre cientista Louis Agassiz, na época realizando uma expedição ao Brasil, Augusto Stahl realiza uma série excepcional de retratos de africanos, identificando suas etnias. Na página ao lado, mina Nagô. [The Peabody Museum of Archaeology and Ethnology]

Em sentido horário, do alto: mina Jebu, mina Ijexá (?), mina Bari e mina Gege. Fotografias de Augusto Stahl, 1866. [The Peabody Museum of Archaeology and Ethnology]

À direita, mina Ondo.
Fotografia de Augusto Stahl,
c. 1866. [The Peabody Museum of
Archaeology and Ethnology]

Abaixo, fotografias de Christiano Jr.
[à esq., Acervo Museu Histórico Nacional/ IBRAM/
MinC; à dir., Arquivo Central do IPHAN/ Seção
do Rio de Janeiro]

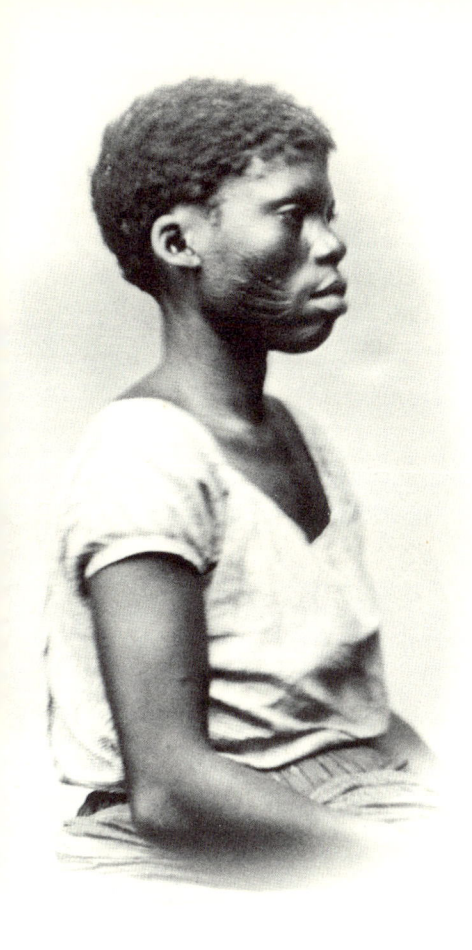

À esquerda, mina Efa. Abaixo, à direita, mina Egbá. Fotografias de Augusto Stahl, 1866. [The Peabody Museum of Archaeology and Ethnology]

Abaixo, à esquerda, fotógrafo não identificado.

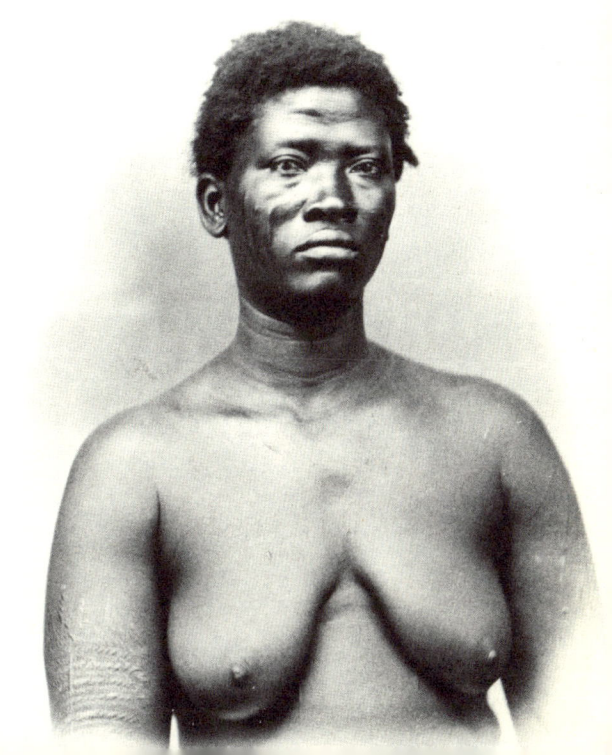

Nesta e na página seguinte, casas brasileiras em Lagos, na Nigéria. Fotografias de Pierre Verger que faziam parte do acervo da autora e foram doadas à Fundação Pierre Verger.
[© Fundação Pierre Verger]

Hopkins, 1964: 37-9; P. Verger, 1968: 622ss.). Os veleiros continuaram a assegurar o transporte, levando de um a três meses num percurso que os vapores faziam em duas semanas. Essa demora afetava os produtos perecíveis e não barateava o frete de forma suficiente para que a aguardente brasileira, que competia diretamente com a inglesa e sobretudo com a alemã, obtivesse uma vantagem significativa (A. C. Moloney, 1889: 270-1).

Em 1886, quando a Inglaterra implanta a comunicação telegráfica de Lagos com a Europa, conecta a linha com a Eastern and Brazilian Companies (*The Lagos Observer*, 1.5.1886, *The Eagle and Lagos Critic*, 11 e 25.9.1886), através do cabo submarino brasileiro (*Blue book*, 1886: 87-8). Sem dúvida essa iniciativa também é fruto da predileção que o governador Moloney mostrava pelos brasileiros. Mas nem as linhas telegráficas nem as tentativas de se estabelecer a linha de vapores evitam a lenta extinção dos laços comerciais com o Brasil.

Na realidade, o fracasso dos vapores foi consequência e não causa das limitações desse comércio. Mas foram seu caráter marginal e atípico e a diversidade dos produtos envolvidos que permitiram aos "brasileiros" de Lagos se apropriar com sucesso desse comércio, sem ter de competir diretamente com as grandes firmas europeias que dominavam Lagos.

É significativo que, em 1897, ainda houvesse, ao lado de cinco depósitos de firmas de exportação e importação europeias, oito depósitos pertencentes a brasileiros: só Joaquim F. Branco possuía três, Fernandez & Co., P. F. Gomes, Walter P. Siffre e J. A. Campos, associado a um saro, J. O. George, eram donos dos outros (*Government Gazette*, janeiro de 1897 e 3.2.1898). Por outro lado, a firma Lopes & Co., em que se haviam associado Joaquim M. de Carvalho, Bernardo Lopes e depois Joaquim F. D. Branco, fundada em 1864 e que tentou entrar no comércio europeu, desaparece rapidamente: nesse mercado a concorrência claramente desfavorecia os brasileiros de Lagos (*The Anglo-African*, 12.11.1864, 14.1.1865, 21.1.1865, 22. 9.1865).

Enquanto o controle do ciclo comercial com a Europa era praticamente reservado às firmas inglesas, hamburguesas e, até certa época, francesas, o negócio de importações era mais acessível em geral aos negociantes africanos, que podiam encomendar bens manufaturados às firmas inglesas. Mas, mesmo assim, por falta de capital, poucos foram os que se estabeleceram como grandes negociantes de importação (A. Hopkins, 1964: 64-71, e C. W. Newbury, 1972: 86-7). Entre eles, no entanto, predominavam os saros e os brasileiros.

Se a parte internacional desse comércio mudou lentamente após o fim do tráfico, não se podia dizer o mesmo do setor interno. A produção do dendê podia ser feita em pequena escala, e tinha de ser concentrada através de passagens sucessíveis por mercados. Havia três tipos de mercados periódicos, além do mercado diário, para produtos agrícolas de consumo: um em nível provincial, em geral de quatro em quatro dias, outro em nível interestadual, em que pessoas de diferentes cidades-Estado vinham, em geral de oito em oito dias, outro, enfim, nos centros que serviam de terminais para as caravanas (A. Mabogunje, 1968: 80-1). Uma vasta rede de intermediários teve de se estabelecer, para permitir a concentração e o transporte de um produto que era, ao contrário do que acontecia com os escravos, produzido quase domesticamente e disperso por uma vasta área. O sistema de crédito, em que os negociantes confiavam bens manufaturados importados aos comerciantes menores, na expectativa de serem ressarcidos em azeite de dendê, permitia um ingresso fácil nesse comércio, mas a situação de dependência que acarretava dificilmente permitia aos intermediários uma grande ascensão econômica (A. Hopkins, 1964: 48-53).

Seja como for, os brasileiros mais pobres entraram nesse comércio como intermediários. Recebiam das firmas europeias ou dos negociantes em atacado suas mercadorias a crédito (ver, por exemplo, Tickel a Glover, 4 de novembro de 1871, Glover Papers, maço 4). Os brasileiros e os saros dispunham para tanto de uma carta mestra: a de poder reivindicar suas origens nas cidades do interior e reatar ligações familiares e políticas, duas dimensões que estavam, aliás, imbricadas, como veremos. Afirmando sua identidade de egbás, ijexás, ondós... acenando com benefícios políticos, eles conseguiram muitas vezes acesso direto aos mercados do interior, revolucionando o sistema tradicional em que os reinos intermediários serviam imperativamente de etapas comerciais (C. Newbury, 1969: 76). Desde a época do consulado inglês em Lagos em 1851, os brasileiros, os saros e alguns "lagosianos nativos" conseguiram monopolizar a posição de intermediários, suscitando em 1855 os protestos dos egbás, que reclamavam por não ter acesso direto aos negociantes europeus (Alake a Campbell, 11 de julho de 1855, incluída in Campbell a Clarendon, 30 de agosto de 1855, FO 84/976). Quando os missionários protestantes de Abeokuta tentaram romper esse monopólio e negociar diretamente, foi a vez de os intermediários

...ouisa Angélica Nogueira da Rocha. Fotografia de Pierre Verger. [© Fundação Pierre Verger]

João Esan da Rocha. [Arquivo da família Rocha-Thomas]

Casa da família Rocha. Fotografia de Pierre Verger.
[© Fundação Pierre Verger]

saros e brasileiros protestarem (Campbell a Clarendon, 28 de maio de 1855, FO 84/976).

Com a "Grande Depressão" que atingiu a Inglaterra em 1873 e que se arrastou até o fim do século, a indústria siderúrgica praticamente estagnou. Era ela a principal consumidora do azeite de dendê, e o preço do azeite, que vinha baixando devagar desde a época áurea da década de 1850, caiu dessa vez de forma dramática. Os lucros das firmas europeias que comerciavam em Lagos se reduziram na década de 1880 e chegaram a desaparecer. Para compensar as perdas, vários meios foram tentados. As firmas europeias passaram a importar artigos de pior qualidade, enquanto os comerciantes adulteravam as bebidas alcoólicas. Em resposta à má qualidade dos bens importados, estabeleceu-se a prática generalizada de adulterar o azeite de dendê (A. G. Hopkins, 1964: 93-4, e 1968). Ainda em resposta à crise, os comerciantes do interior procuraram negociar sem intermediários com as casas exportadoras de Lagos, o que afetou diretamente os comerciantes de Lagos. Além disso, as cidades-Estado do interior fechavam com frequência as rotas comerciais e os mercados. Para reabri--los, impunham suas próprias condições, abaixando os preços dos manufaturados e aumentando os do azeite de dendê e do caroço de dendê. Sem margem de manobra entre os negociantes da costa e os comerciantes do interior, os comerciantes de Lagos foram os mais duramente atingidos pela crise da década de 1880 (A. G. Hopkins, 1964: 95-6).

Na década seguinte, a penetração da ferrovia e a intervenção britânica no interior, ambas acompanhadas da instalação das firmas da costa nas cidades interioranas, reduzem o espaço em que atuavam os intermediários africanos autônomos. Ao escambo, já desde a década anterior, sucedera o uso do dinheiro, que se generalizara aos poucos. As condições, no fim do século, já não são propícias para os comerciantes independentes, que ou desaparecem, ou se tornam agentes no interior das firmas europeias.

ARTESÃOS, AGRICULTORES, FUNCIONÁRIOS

Em 1887, o governador de Lagos, Moloney, escreve carta a um jornal, vituperando contra a hipertrofia das atividades comerciais. Queixa-se, com a abundância de estatísticas que é a marca registrada de sua gestão, de que, entre 1871 e 1881, os agricultores de Lagos tinham diminuído, de menos de 5 por cento para apenas 3,75 por cento da população. Enquanto isso, os comerciantes — e neste termo se abarcam grandes negociantes, comerciantes, representantes, empregados comerciais — haviam passado de 9,66 por cento da população, em 1871, para nada menos que 30,5 por cento em 1881. Nesse mesmo período, a população da cidade de Lagos teria aumentado de 25 518 para 37 452 habitantes. Na verdade, protestava Moloney, os homens, que eram tradicionalmente agricultores, estavam assumindo ocupações femininas, ou seja, o mercado.[11]

Com efeito, caso se considerasse somente a população masculina, de 20 por cento de comerciantes em 1871 se havia chegado a 57 por cento dez anos mais tarde (Moloney ao jornal *The Eagle and Lagos Critic*, suplemento, julho 1887).

Os brasileiros, como todos os outros, comerciavam. Mas notabilizaram-se também como artesãos e, em menor grau, como agricultores. Desde a década de 1850, brasileiros e saros abriam fazendas em Ebute-Metta, em frente a Lagos, e compravam escravos para cultivá-las (Campbell a Clarendon, 18 de janeiro de 1858, FO 84/1002, *The Lagos Observer*, 21 e 28.1.1888). Foi assim desenvolvida a cultura da mandioca e do milho, produtos que se acrescentaram ao inhame na dieta dos lagosianos. Na década de 1860, o governador Glover fez várias doações de terras para cultivo. Mas, com o fim da escravidão na Colônia, a agricultura decaiu (*The Anglo-African*, 18.7.1863). Durante toda a década de 1870, Lagos era completamente dependente dos vizinhos — sobretudo Abeokuta e Ijebu — para seu abastecimento, subsistindo apenas pequenas plantações de mandioca e milho em Ebute-Metta e Apapa. A crise comercial da década de 1880 e o fechamento das rotas comerciais do interior suscitaram problemas de suprimento de víveres em Lagos. Alguns comerciantes reinvestiram seu capital na agricultura nessa época (*The Lagos Observer*, 16.3.1882), mas a penúria de mão de obra perdurava (*The Eagle and Lagos Critic*, 23.5.1885). Subsistiram os pequenos sítios: em 1884, os brasileiros de Ebute-Metta, cultivadores, atraves-

11. Há um evidente efeito retórico nessa asserção de Moloney, mas que encobre certa verdade. O comércio nos mercados sempre esteve na mão de mulheres e até hoje é comum a figura da poderosa comerciante, a chamada "Mama-Benz", por se deslocar com Mercedes-Benz e com chofer. Em 1978, presenciei uma cena inesquecível. Como parte dos ritos funerários do rei de uma cidade iorubá, suas três viúvas deviam fazer certo percurso a pé. Uma delas desceu impaciente de seu Mercedes-Benz, deu alguns passos, subiu no carro e foi tratar dos seus negócios.

savam a laguna de canoa para vender seus produtos no mercado de Lagos (Pagnon a Planque, Lagos, 25 de janeiro de 1884, sma, 17372, rubrica 14/80202). Na verdade, a agricultura (como o artesanato) era uma ocupação alternativa e complementar ao comércio. Cada vez que as guerras ou dissensões entre Lagos e o interior fechavam as rotas comerciais — e isso era frequente —, a agricultura recebia um novo ímpeto (Freeman a Cardwell, 4 de julho de 1864, *Blue book for Lagos colony*, 1863: 42).

O governador Moloney tinha grandes projetos para os brasileiros, projetos que os destinavam essencialmente à agricultura. Nos saros, ele depositava poucas esperanças; se nem em Serra Leoa eles se haviam fixado no campo, nas aldeias que o governo britânico lhes havia atribuído, e tinham ao contrário acorrido para Freetown se estabelecer como comerciantes... Além disso, na década de 1880, os saros já estavam, em Lagos, preenchendo os postos da administração britânica e das firmas europeias, valendo-se do seu manejo do inglês. Certamente não eram candidatos à agricultura. Restavam os brasileiros.

Moloney, que administrou Lagos de 1877 até 1884 e depois, já como governador, de 1886 a 1891, chegara em uma época difícil. O comércio, como vimos, sofria uma recessão importante, basicamente pela queda nos preços internacionais dos derivados do dendê e pelo problema de abastecimento nesses produtos em virtude da guerra que opunha os ibadans aos ekitis e seus respectivos aliados e cortava o fluxo comercial. As estradas com frequência eram fechadas pelos beligerantes, e o comércio, interrompido.

Para o novo governador, a crise econômica expunha de modo patente a debilidade de um sistema baseado praticamente na monocultura e sujeito à instabilidade política de cidades interioranas independentes entre si, belicosas, e sobre as quais o governo inglês não exercia controle. Com efeito, a colônia de Lagos, proclamada em 1861, não tinha jurisdição sobre as outras cidades iorubás, e o Colonial Office ainda se mostrava relutante em abandonar sua política de não intervenção no interior, relutância que na década seguinte estaria esquecida.

Para remediar essa extrema vulnerabilidade comercial, Moloney, por um lado, propunha a diversificação dos produtos de exportação; por outro, tentava conseguir, com os meios da época, uma paz no interior que abrisse os caminhos do comércio e deixasse fluir a produção. Foi assim que nasceu a Estação Botânica de Lagos em 1887, menina dos olhos do governador, com mudas de café, de cacau, e em 1890 de algodão egípcio.[12] Moloney também pesquisou árvores nativas produtoras de borracha e madeiras de lei. Mas a insegurança do interior fez com que o boom da borracha só explodisse após a conquista da Nigéria na década de 1890.[13] Junto com a Estação Botânica, Moloney queria treinar africanos no cultivo das novas espécies, e é aqui que ele se dirigiu especificamente aos brasileiros. De modo mais ou menos implicíto, avaliava que a experiência da escravidão no eito — a que os saros haviam escapado — qualificava os brasileiros para serem camponeses. No discurso que fez à comunidade brasileira durante os festejos que esta organizou pela abolição da escravatura no Brasil, Moloney os exortou a estender a prosperidade comercial com que haviam beneficiado o Brasil à sua terra natal. Reiterou a importância da criação de um campesinato com propriedade da terra para a qual a vinda para Lagos dos recém-libertos do Brasil seria essencial, por serem estes agricultores e artesãos qualificados. Continuariam assim sendo os brasileiros, advogava ele, "centros admiráveis de difusão entre os seus conterrâneos menos desenvolvidos, de esclarecimento e de agricultura". E Moloney, que desde 1887 se empenhava em conseguir uma linha regular de vapores entre Lagos e o Brasil, pedia a todos que chamassem de volta os africanos do Brasil, prometendo-lhes as mudas da Estação Botânica e o apoio do governo (A. Moloney, "Address to the Brazilian community", 28 de outubro de 1888, Anti-Slavery Society Archives G2).

Os comerciantes brasileiros, interessados na linha regular de vapores, não contestavam as grandes possibilidades de imigração do Brasil com que Moloney se iludia (ver entrevista de Moloney com a comunidade brasileira, *Lagos Weekly Times*, 16.8.1890). Mas, como vimos anteriormente, a iniciativa não vingou. Vieram relativamente poucos brasileiros: na primeira viagem do vapor *Biafra*, 110 passageiros, na segunda, 73 (*Lagos Weekly Times*, 11.10.1890, 8.11.1890, 11.4.1891). E, decepção última, os brasileiros que imigraram não foram para a agricultura (A. G. Hopkins, 1964: 38).

Na realidade, os brasileiros se orgulhavam antes de serem artesãos: pedreiros, mestres de obras, marceneiros, carpinteiros, alfaiates, ourives, barbeiros-

---

12. O algodão já havia sido cultivado em Abeokuta pelos saros, com o apoio dos missionários anglicanos (J. B. Webster, 1963), e Lagos exportava algodão regularmente. Mas o algodão egípcio parecia ser de melhor qualidade.
13. O. Omosini (1975: 668-9).

Atores da peça "The mysterious Ring" em Lagos, por ocasião do festejo da Abolição no Brasil. [Société des Missions Africaines]

-cirurgiões, como no Brasil. As mulheres brasileiras eram conhecidas como costureiras e quituteiras. Grandes nomes de mestres de obras são lembrados, como o de Lázaro Borges da Silva, que trabalhou na igreja Holy Cross, iniciada em 1879, ou de marceneiros, como Balthazar dos Reis, que ganhou uma medalha de bronze na Exposição Colonial de 1886 com uma mesa marchetada (*The Lagos Observer*, 1 e 5.1.1887; A. Laotan, 1961). Mas é sem dúvida na arquitetura que os brasileiros vão alcançar maior reputação: a mesquita da Shitta Bey, por exemplo, é obra de brasileiro, assim como a mesquita central de Lagos. Os sobrados do bairro brasileiro de Lagos, que atestam a fortuna de seus donos, servirão de modelo para o resto da região iorubá (ver Marianno C. da Cunha, 1985).

A tradição do artesanato se manteve nas famílias brasileiras. Mesmo os filhos de famílias abastadas, que a partir do começo do século XX iam estudar direito ou medicina na Europa, aprendiam, dizem, também um ofício manual (entrevista do juiz Francisco Eugenio Pereira com Marianno Carneiro da Cunha, novembro de 1975). Mas são sem dúvida as novas carreiras, de funcionários, caixeiros, e as profissões liberais que serão realmente exercidas e atrairão as novas gerações. Em 1896, sobre os cem jurados brasileiros que figuram nas listas oficiais da Colônia, há 24 comerciantes, 21 carpinteiros, dez pedreiros e mestres de obras. Mas dezessete são empregados de comércio (*Government Gazette*, 27.11.1896: 48ss.). Os funcionários públicos, que não aparecem nas listas do júri, são 26 ao todo (*Blue book for Lagos colony*, 1897). Eram, na maioria, filhos de ricos comerciantes que haviam recebido educação inglesa.

LUGAR POLÍTICO

Os retornados envolveram-se e se viram envolvidos em uma política complexa. Lagos e, em menor escala, os outros portos comandavam o comércio transatlântico. Mas para sua sobrevivência dependiam das cidades-Estado do interior, que controlavam as rotas comerciais (em particular Abeokuta e Ijebu--Ode) e produziam as matérias-primas de exportação. A demanda por esses produtos aumentou as necessidades de mão de obra no interior e forneceu um estímulo adicional às guerras que opunham os Estados do interior, já que eram as guerras que forneciam escravos para a lavoura. Contraditoriamente, a necessidade de mobilização de todos os homens para a guerra exigia uma interdição rigorosa do comércio (ver, por exemplo, S. A. Biobaku, 1957), e as guerras estancavam assim o fluxo do comércio.

A partir de 1851, os ingleses controlavam Lagos, primeiro através de um consulado e, a partir de 1861, pela aquisição da ilha imposta ao rei Docemo e a implantação de um estatuto colonial. Somente na última década do século XIX é que o poder britânico se estenderá pelo interior, através de um protetorado. A política de Lagos tinha portanto, a partir da metade do século, duas facetas: uma puramente interior, centrada nas relações entre os diversos segmentos da comunidade de origem estrangeira como um todo e as autoridades indígenas da cidade; e outra muitíssimo mais intrincada, que dizia respeito à totalidade da rede de comércio com o interior da região e envolvia de forma diferenciada as diversas comunidades de Lagos.

Na estrita arena de Lagos, os brasileiros e os saros se apoiaram nos ingleses para manter desde logo sua independência em relação às autoridades locais. Os saros eram, para todos os efeitos, súditos britânicos, mas os brasileiros compartilhavam com eles a mesma posição na estrutura política — a de serem uma comunidade africana ocidentalizante — e beneficiaram-se dos mesmos privilégios. Em 1855, o cônsul inglês Campbell institui assim um tribunal composto de saros, brasileiros e cubanos, o Committee of Liberated Africans, para arbitrar disputas comerciais internas ou mesmo envolvendo "retornados" e "indígenas". Nesse caso, porém, se a decisão fosse contestada, a palavra final competia ao rei de Lagos (Campbell a Clarendon, Lagos, 2.8.1855, Encl. FO 84/976, e J. Kopytoff, 1965: 100-1). Apesar dessa e de algumas outras ressalvas, o tribunal feria frontalmente as prerrogativas tradicionais do rei e uma de suas fontes de rendas e de poder. Em 1857, o cônsul inglês ainda o compeliu a abandonar a taxa que cobrava sobre o desembarque dos imigrantes brasileiros em Lagos (R. Smith, 1978: 80). Os *abagbons* ou "chefes de guerra", encarregados da defesa da cidade, se ressentiram dessas afrontas: em 1856, protestam contra a arrogância desses retornados que já haviam passado por suas mãos como escravos, e anunciam sua intenção de expulsá-los (Campbell a Clarendon, Lagos, 26.3.1856, FO 84/1002). Mas, apesar de umas conspirações nesse sentido, as autoridades tradicionais não tinham mais poder para tanto: no máximo, expulsam e mandam para Ajudá, mas com a aprovação do cônsul inglês, jovens brasileiros que teimavam em andar armados de facas e fazendo arruaças (Campbell a Clarendon, Lagos, 2.3.1858, FO 84/1061).

A localização dos brasileiros em Lagos manifesta a independência que se arrogavam. Os brasileiros instalaram-se no centro da ilha, a sudeste da cidade tradicional, separados desta por mangues e por uma lagoa, enquanto os saros ocupavam a ponta ocidental da ilha. Toda a costa sudoeste, a Marina, foi ocupada pelos entrepostos das companhias de comércio, pelas missões protestantes e mais tarde pela administração inglesa. Esses terrenos eram doados verbalmente ou por escrito pelo rei de Lagos (J. Kopytoff, 1965: 84) — que no entanto, pelo sistema tradicional, não tinha poder para tanto — ou pelos *idejos*, uma classe de chefes tidos como descendentes dos primeiros habitantes de Lagos e detentores de direitos sobre as terras. Era a eles que cabia conceder terra a estrangeiros, mediante um pequeno tributo anual (P. Cole, 1975: 17-8).

Seja como for, durante todo o período consular, os retornados marcaram distância em relação às autoridades tradicionais de Lagos. Se acaso se valeram do apoio britânico, isso não significa que tivessem investido em bloco suas lealdades políticas com os ingleses. Na verdade, as opções políticas dos brasileiros eram comandadas pela política das cidades do interior e por interesses cliente-

Vista de Kakawa Street no bairro brasileiro de Lagos, por volta de 1870. [Société des Missions Africaines]

lísticos em Lagos. Assim, havia uma forte facção brasileira pró-inglesa, da qual fazia parte Antonio Martins, um dos negreiros mais ricos do período consular, senhor de mais de duzentos escravos, várias concubinas e diversos cavalos (Campbell a Clarendon, Lagos, 30.7.1853, FO 84/920). Mas havia também uma facção brasileira pró-Docemo, o rei de Lagos (Campbell a Clarendon, Lagos, 12.2.1856 e 29.11.1856, FO 84/976).

Os alinhamentos políticos seguem de perto os interesses comerciais, e de forma mais precisa as fontes de abastecimento, enquanto os conflitos costumam refletir rivalidades comerciais. Os comerciantes africanos, que dependiam das grandes firmas europeias para compra a crédito de bens manufaturados, tendiam a endossar, embora eventualmente sem muita convicção, as petições e manifestos dos seus fornecedores (por exemplo, Encl. Campbell a Clarendon, Lagos, 28.5.1855 FO 84/976).

Mas esses comerciantes-intermediários dependiam da mesma forma essencial do abastecimento de produtos do interior, e as possibilidades de abastecimento estavam intimamente ligadas a conexões familiares e étnicas. Os egbás de Lagos comerciariam com Abeokuta, os ijexás, com Ilesha. Esses laços,

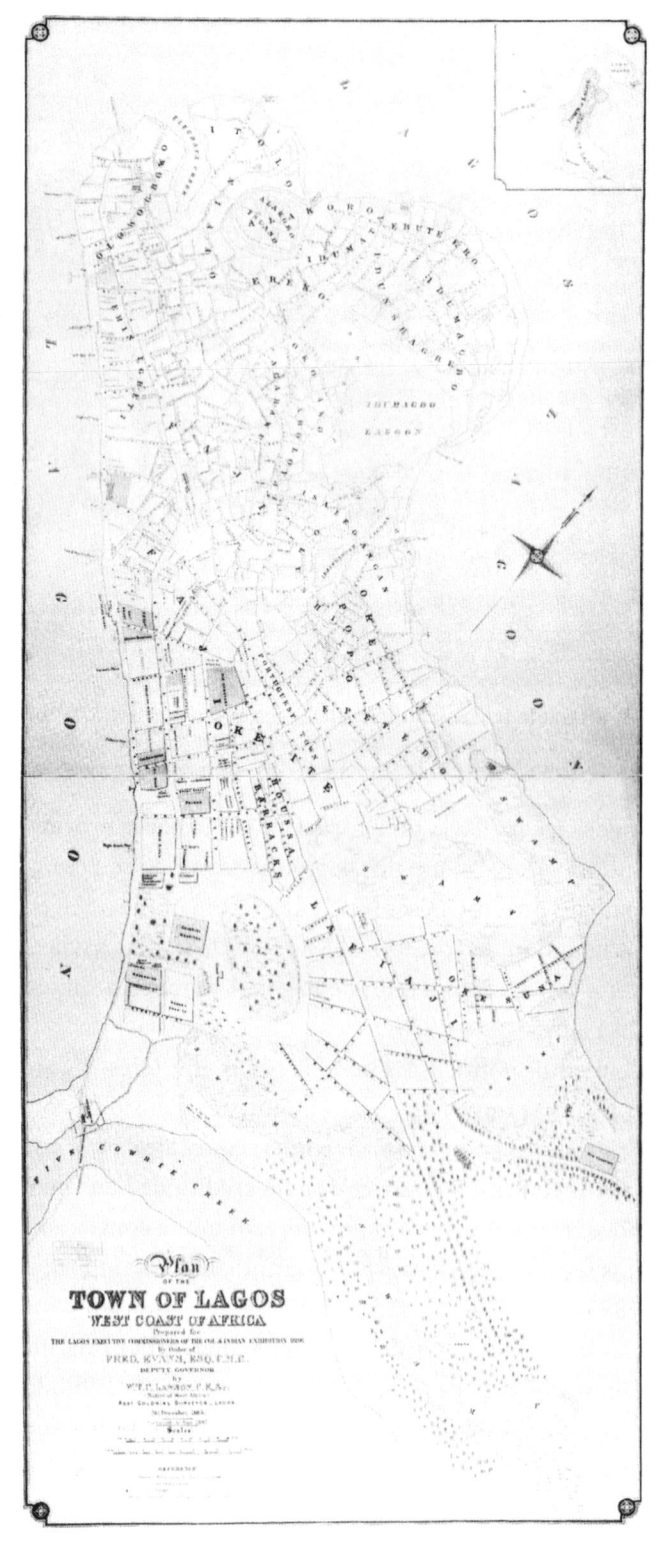

Planta da cidade de Lagos, 1887. [Syndics of Cambridge University Library, Cambridge]

que lhes davam uma nítida vantagem sobre seus concorrentes europeus e os tornavam indispensáveis, eram mantidos à custa de um envolvimento ativo na política das cidades do interior. Em 1855, os egbás de Lagos (brasileiros e saros) mandaram munições para defender Abeokuta de um ataque daomeano (J. Kopytoff, 1965: 116). Os ijexás formaram desde os tempos consulares (ver Anti--Slavery Society Papers, G2, Ekitiparapo Society a Carter, Lagos, 21.1.1892) a célebre Sociedade Ekitiparapo, que perdurou até o fim do século XIX e apoiou a cidade de Ilesha e seus aliados ekitis durante sua guerra contra Ibadan (S. A. Akintoye, 1971: 80-2). As cidades do interior necessitavam, para a sua sobrevivência, das armas e munições que seus aliados na costa eram os únicos a prover. Além disso, precisavam de influência política junto ao governo de Lagos.[14] A associação política entre as cidades do interior e os grupos étnicos em Lagos era, portanto, vital para ambas as partes: nem sempre era bem-vista pelos ingleses, que acusavam os retornados de Lagos de fomentar guerras no interior.[15] A influência real dos retornados era e é difícil de avaliar, mas seus bons ofícios foram requisitados pelo governador Moloney, para negociar o fim das hostilidades entre ijexás e ibadans (ver, por exemplo, entrevista de Moloney com os ijexás de Lagos, 4.10.1890, Encl. IR nº 41, Moloney a Knutsford, Lagos, 29.10.1890, CO 879/33).

Mais delicada era a participação direta na política interna das cidades. As cidades temiam a ingerência desses emigrados ocidentalizantes, e Ijebu-Ode recusava qualquer influência aos lagosianos de origem ijebu (P. Cole, 1975: 60-1). Em Abeokuta, comerciantes saros e brasileiros de origem egbá já haviam instituído em 1860, à semelhança de Lagos, uma associação que regia seus interesses comerciais, à margem, portanto, da estrutura tradicional (J. Kopytoff, 1965: 102). Mas interferência direta era coisa totalmente diferente. Uma primeira experiência foi a de Abeokuta, onde um saro de origem egbá, George W.

---

14. As inclinações de alguns governadores em favor de um dos contendores podem ser frequentemente imputadas a esses lobbies. Glover, por exemplo, que teve uma política pró-Ibadan e portanto antiegbá, teria sido influenciado por vários saros ibadans, funcionários da administração britânica (J. Kopytoff, 1965: 205-6, e P. Cole, 1975: 60).

15. É significativo que uma Associação Comercial Africana, fundada em Lagos em 1863 com saros e brasileiros, que professa não tomar partido entre as diferentes cidades em guerra, e até envia mediadores para Abeokuta e Ibadan, teve vida efêmera de apenas dois anos (*The Anglo-African*, Supplement, 3.10.1863, 28.10.1865).

Johnson, fundou em 1865 o Egba United Board of Management, o EUBM, do qual se tornou secretário e no qual integrou vários chefes tradicionais. O EUBM teve grande influência na política egbá até 1871, mas acabou soçobrando numa disputa sucessória (S. O. Biobaku, 1957, e J. Kopytoff, 1965). Em Ilesha, o envolvimento direto da Ekitiparapo Society de Lagos nas hostilidades com Ibadan culminou com a eleição, em 1895, de um saro ijexá, Frederick Haastrup, que subiu ao trono da cidade sob o nome de Ajimoko I. A Sociedade Ekitiparapo congregava muitos brasileiros. Entre eles, dois — Meffre e Abe — foram figuras de primeira importância, Meffre como intermediário pedindo a proteção inglesa para os confederados contra Ibadan, e Abe se alinhando entre os que mais temiam a interferência britânica (J. Peel, 1983: 90). O papel político dos retornados no interior não foi, portanto, unívoco: seus gostos ocidentalizantes não os tornaram *ipso facto* pró-ingleses. Na realidade, procuravam ampliar seu poder apoiados no prestígio que acumulavam nos polos do espaço em que transitavam: seu prestígio em Lagos e sua influência nas cidades de origem eram intimamente ligados e reforçavam um ao outro.

O desaparecimento desse hiato em que se moviam, provocado pela penetração britânica nas cidades do interior na década de 1890, solapou as bases de sua influência, que repousavam em seu papel de intermediários.[16] Datam dessa época várias inovações agrícolas. O início da cultura do cacau (e até certo ponto do café) foi promovido, em Ondo, Ilesha, Abeokuta e Ijebu, por comunidades cristãs e mais especificamente por comerciantes saros afetados pela crise comercial de Lagos (S. S. Berry, 1968; J. Peel, 1983), enquanto a Ekitiparapo Society, ao se dissolver, transformou-se em uma (efêmera) Companhia Industrial de borracha (*Lagos Standard*, 24.4.1895). Grupos de lagosianos faziam valer suas origens étnicas e sobretudo seus préstimos acumulados, e conseguiram das autoridades tradicionais doações de glebas para os novos cultivos (ver, por exemplo, para Ondo, *Lagos Standard*, 11.3.1903, e S. S. Berry, 1967: 51). Mantinha-se assim o padrão de uma associação, guardadas certas distâncias, com a estrutura de poder local. Mas a grande influência política dos retornados nunca mais seria recuperada.

16. No Daomé, percebe-se um processo semelhante. Os brasileiros (no Daomé não há saros) ocupam os espaços de manobra que existem entre o poder francês, antes da conquista, e o reino do Daomé, sobretudo em Porto Novo (ver J. M. Turner, 1975: 270, 287, 295).

A aliança com os missionários, tanto protestantes quanto católicos, tampouco era inquestionável. Em Abeokuta, os missionários, que contavam com os retornados para ser a ponta de lança de uma conversão às religiões e aos modos ocidentais, se sentiram, ao contrário, muitas vezes usados pelos fiéis (quando não antagonizados) em benefício próprio.

A política dos "retornados" em Lagos, saros e brasileiros, só pode ser entendida, portanto, à luz da situação de toda a região iorubá, da qual Lagos era apenas o porto de comércio. Era uma política independente e contraditória ao mesmo tempo. A contradição era inerente à posição dessa comunidade de mercadores que a partir da década de 1880 clamavam por uma intervenção britânica no interior que pusesse fim às hostilidades e restabelecesse o fluxo do comércio, mas no entanto mantinham lealdades e compromissos com uma das facções envolvidas na guerra e defendiam sua autonomia. É essa política de mercadores que explica o apoio incondicional e até a incitação à intervenção britânica na região iorubá veiculada pelos jornais de Lagos, todos pertencentes a comerciantes saros, os mesmos que vociferavam contra as "agressões inglesas ou francesas" em curso no resto da África e até em outras regiões da atual Nigéria (F. Omu, 1978: 120ss.).

O estreitamento do espaço político nos anos 1890 terá séria repercussão nas opções e alinhamentos dessa burguesia de brasileiros e saros. Na mesma época, como vimos, as firmas europeias começam a estabelecer filiais diretamente nas cidades do interior, seguindo a penetração da ferrovia.[17] No serviço público como nas igrejas, um racismo crescente rebaixa os "retornados" a postos subalternos e mal pagos (*Lagos Standard*, 26.11.1902). Não se verão mais, como anteriormente, superintendentes de Polícia, dos Correios, fiscais de impostos e procuradores da Coroa nem muito menos bispos negros. Aos poucos, todos esses cargos serão assumidos por brancos. Acabou a época de ouro dos retornados: nem no comércio nem na política poderão recuperar a preeminência de que gozaram. Suas últimas esperanças de ser administradores nas cidades do interior após a penetração britânica se esvaem quando o Colonial Office, sempre cioso de conter as despesas, prefere governar através dos reis e das autoridades locais.

17. O processo por que passavam os retornados não é isolado: tem paralelos com quase todos os países africano-ocidentais submetidos ao colonialismo europeu. A formação de uma burguesia comercial africana ocidentalizante e sua consequente liquidação no período imperialista foram bem descritos, para o caso senegalês, por Samir Amin (1971).

A comunidade brasileira de Lagos parece ter se organizado em torno dos seus "grandes homens", negociantes ricos, em geral atacadistas, com quem se abasteciam e de quem dependiam as famílias mais pobres: vasta rede de clientela, cujo sentido de unidade era sempre enfatizado.

Uma moral austera, puritana mesmo, é a imagem que passou dos velhos patriarcas brasileiros: a educação dos jovens era severa, com castigos corporais, e isso, a seus próprios olhos, era motivo de distinção entre os demais. Exigiam-se autodisciplina, respeito aos mais velhos, prática da religião, aprendizado de um ofício, observância de horários.

Havia forte pressão dentro da comunidade para que os brasileiros casassem. A poligamia, no entanto, era corrente, e os casamentos, instáveis, mesmo após o nascimento de vários filhos. Uma grande mobilidade pelas cidades da laguna era frequente, sobretudo na juventude, por razões de comércio ou porque os artesãos eram requisitados em diversos lugares. Todos os brasileiros pertenciam a associações de ajuda mútua, em geral sob invocação religiosa, mas em tudo semelhantes às egbés iorubás, por sua vez, semelhantes às irmandades religiosas. A egbé Flor do Dia e a "Aurora Relief Society" eram as mais conhecidas no século XIX. Pertencia-se a várias associações e esperava-se delas ajuda em ocasiões precisas: casamentos e sobretudo enterros figuravam em primeiro plano. Pela pompa do enterro se media a importância do homem: todas as associações a que um homem pertencia deviam seguir o funeral e ajudar nas despesas da cerimônia. As associações de ajuda mútua parecem ter sido os verdadeiros instrumentos da solidariedade dos brasileiros. Um homem rico podia eventualmente recusar um empréstimo, a irmandade ou a egbé, não.

As associações foram se tornando, com a ampliação das diferenças internas à comunidade, um instrumento de medida e de sanção do sucesso: na St. Joseph's Society, que os padres suspeitavam fosse uma sociedade secreta de tipo *ogboni* ou maçônica, só entravam homens ricos. Apesar disso, a ideologia da unidade da comunidade brasileira se manteve contra ventos e marés. As histórias de vida estão repletas de casos de abuso de confiança, de tutores que ficam com o dinheiro dos pupilos, de falsos parentes que embolsam as economias dos recém-chegados. Mas os mesmos que contam seus desapontamentos pessoais

Em uma época em que as mulheres lagosianas se vestiam com panos da Costa — por sinal populares e cobiçados no Brasil —, as brasileiras de Lagos preferiam se vestir à ocidental. [Acima, Société des Missions Africaines; abaixo, fotografia de Rodolpho Lindemann, cartão-postal. Fundação Gregório de Mattos, Salvador]

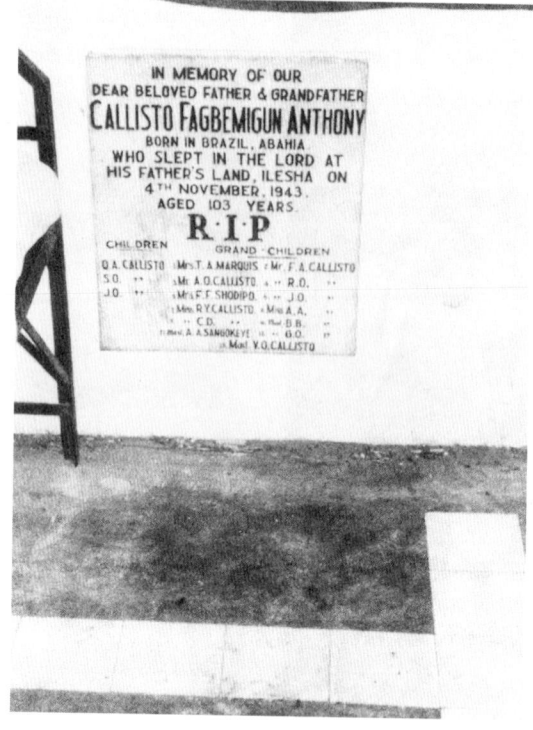

Compound familiar iorubá de padre Callisto, em
Ilesha. [Arquivo pessoal da autora]

também enfatizam a confraternização geral dos brasileiros, manifestada por
excelência no piquenique do Bonfim e na Festa de Nossa Senhora dos Prazeres.
Esquecem sua experiência pessoal para fabular sobre a dos outros: típica, nesse
sentido, é a história do resgate de Pa Callisto de sua segunda escravidão. Callisto, que havia voltado da Bahia, foi para Ilesha exercer sua profissão de carpinteiro. Capturado na guerra pelos ibadans, foi novamente escravizado. Seu filho
(entrevista João Oguntola Callisto com Marianno Carneiro da Cunha,
17.6.1975) conta que o marido da irmã de Pa Callisto comprou dois escravos
em Ilesha e mandou-os como resgate de seu cunhado. A mesma história porém,
contada em Lagos, menciona que Pa Callisto, após sete anos de escravidão, foi
resgatado pelos brasileiros de Lagos, que, ao saberem finalmente de seu para-
deiro, reuniram fundos para salvá-lo.

A dificuldade de adaptação dos que foram do Brasil para Lagos é sempre
mencionada: quase todas as entrevistas lembram uma mãe, uma avó, um tio

Cemitério brasileiro de Lagos. Fotografias de Pierre Verger. [© Fundação Pierre Verger]

definhando de saudades do Brasil e eventualmente empreendendo a viagem de volta. "Que terra excomungada", diziam de Lagos. O Brasil, ao contrário, era uma terra paradisíaca, onde todos eram alegres, os senhores benevolentes, a fartura grande.

A origem da comunidade, baseada na experiência compartilhada da escravidão, era metamorfoseada num mito de heróis civilizadores. Os brasileiros se percebiam como focos de luzes e de progresso. "A escravidão", diziam, "civilizara a região." Mas não era a escravidão, sobre a qual muitas vezes se silenciava, que era pensada como o elo da comunidade, e sim o Brasil como um todo. Os brasileiros,

A família e agregados de João Angelo Campos. [Société des Missions Africaines]

de certa forma, se consideravam uma etnia do mesmo tipo que as etnias da região. Etnia com uma origem específica, a brasileira, uma língua própria, o português, roupa ocidental, cozinha, festas e cultos religiosos singulares.

A cultura arvorada pelos brasileiros tinha assim funções importantes. Os brasileiros se destacaram na "vida cultural e social" da colônia pelo seu gosto pelo teatro, pelo canto e pela dança. Em 1880, a Companhia Dramática Brasileira promove no Phoenix Hall de Lagos apresentações em honra do 55º aniversário de d. Pedro II; em 1882, é pelo aniversário da rainha Vitória. O programa inclui pequenas comédias, dramas, cantigas e números de violão e de violino. O grande sucesso que obtém a fará repetir a apresentação (*The Lagos Times*, 8.12.1880; *The Lagos Observer*, 16.3.1882; 4.5.1882; 18.5.1882; *The Lagos Times*, 24.5.1882). Várias sociedades de elite — a mais conhecida era a Aurora Society —, organizavam bailes. Alguns brasileiros tinham cavalos de corrida e frequentavam, até os anos 1880, o Palácio do Governador.

Se essas diversões elegantes diziam sobretudo respeito aos mais abastados, outras, ao contrário, congregavam todos os brasileiros, e eram centradas em

João Angelo Campos. Fotografia de Pierre Verger. [© Fundação Pierre Verger]

Duas casas da família Campos. Fotografias de Pierre Verger. [© Fundação Pierre Verger]

festas religiosas. As "Caretas", como no Maranhão (ver L. Câmara Cascudo, 1972, s. v. caretas), saíam na Páscoa (A. Laotan, 1961: 158) e eventualmente para certas festas: para celebrar, por exemplo, o jubileu da rainha Vitória (*The Lagos Observer*, 18.6.1887). Eram ocasião de grandes brigas com os saros do bairro de Olowogbowo, e os brasileiros tinham fama de serem grandes brigões.

Na véspera da Epifania, como na Bahia (M. Querino, 1938: 254-5), saía a Burrinha: personagens mascarados — um boi, um burro, uma ema — que dançavam até de manhãzinha (*Lagos Standard*, 8.1.1896). No dia seguinte, era a festa do Bonfim, Nosso Senhor do Bonfim, que em Lagos se tornou Nossa Senhora do Bonfim: mudança de sexo sobre a qual Gilberto Freyre (1959: 278-9) especulou longamente. A festa não parece ter mantido a associação com as Águas de Oxalá que há na Bahia desde pelo menos 1870 (R. Bastide, 1945: 211): era celebrada com um grande piquenique numa fazenda, na ilha de Ikoyi (A. Laotan, 1943: 8; P. Verger, 1968: 619).[18]

O Natal era ocasião de grandes banquetes: "comia-se Natal", e parece que se o "bebia também" (Séquer a Planque, Porto Novo, 2.1.1869, SMA Roma, entrada 499, rubrica 12/80200). A procissão de Corpus Christi percorria o bairro brasileiro, parando em Campos Square, diante da casa do negociante João Angelo Campos, onde a esperava um altar decorado (*Lagos Weekly Record*, 19.6.1909). A novena da Imaculada Conceição, a Festa do Rosário, todas essas festas pontuavam o ano e marcavam o espaço que os brasileiros se reservavam.

Alguns pratos eram especialmente preparados para essas ocasiões: o feijão de leite era comido na Páscoa, por exemplo. As brasileiras ficaram conhecidas em Lagos por venderem grude, mingau, munguzá, pirão de caranguejo, pratos que na Bahia são tidos por africanos e que em Lagos eram apanágio dos brasileiros.

Há, portanto, duas dimensões na cultura dos brasileiros: uma diz respeito à comunidade como um todo; outra, creio, é mais específica da burguesia comerciante que se formou, e francamente ligada aos valores ocidentais. Desta sairá, paradoxalmente, a primeira contestação política, um protonacionalismo que se manifesta sobretudo em revalorização das tradições iorubanas.

Mencionei anteriormente o "fechamento" do fim do século: o comércio

---

18. A festa parece, no entanto, ter sido associada a algum outro culto. Passava-se a noite dançando (diante da imagem de Nossa Senhora dos Prazeres ou de Nossa Senhora da Abadia, suspeitavam os padres) e dormia-se em cabanas feitas para a ocasião.

Os irmãos Alakija, advogados brasileiros. Fotógrafo não identificado. [© Fundação Pierre Verger a partir de foto pertencente à família Alakija]

Plácido Assumpção, futuro Sir Adeyemo Alakija. Fotógrafo não identificado. [© Fundação Pierre Verger a partir de foto pertencente à família Alakija]

estagnado desde a década de 1880, a penetração britânica no interior na década de 1890, o racismo nas funções públicas e nas igrejas configuram uma crise geral. A burguesia de Lagos, que se havia preparado para suceder os ingleses, cuja administração esperavam fosse apenas transitória, sente-se abandonada e sem perspectivas.

É nesse contexto que se desenvolve um movimento de revisão cultural (ver A. Ajayi, 1961). Pela primeira vez, edita-se em Lagos um jornal bilíngue inglês-iorubá, o *Iwe Irohin Eko*, fundado por um saro, Andrews Thomas, em 1888 (F. Omu, 1978: 108). A língua iorubá, antes desprezada e que não era ensinada nas escolas, onde o inglês era obrigatório desde 1882, passa a ser valorizada. Criam-se grupos de estudo de folclore e literatura iorubá. Em 1897, o pastor saro Samuel Johnson termina sua *History of the yorubas*. É nessa época que a Aurora Relief Society promove danças tradicionais como espetáculo no *intermezzo* de um baile (*Lagos Standard*, 2.5.1900).

Dois outros temas importantes nessa campanha nacionalista são as roupas e os nomes. Uma campanha de imprensa ridiculariza o uso de roupas ocidentais e de sobrenomes "estrangeiros". Os sobrenomes dos saros derivam, em geral, dos grandes abolicionistas ingleses do início do século, ou de missionários. Os dos brasileiros, como se sabe, eram muitas vezes os nomes dos antigos senhores. A campanha não foi um sucesso absoluto, mas teve repercussão, significativamente, em certas famílias importantes. Um ramo da família Assumpção toma nessa época o sobrenome Alakija.[19]

Lourenço Cardoso, antigo professor, negociante, leiloeiro, em época de dificuldades financeiras, muda o sobrenome para Alade e começa uma carreira política no National Congress of British West Africa (Deniga, 1921). Aqueles que se compraziam em ser chamados "negros brancos" passam a considerar, em 1898, que "um inglês negro é um absurdo, tanto na Inglaterra quanto na África" (*Lagos Standard*, apud F. Omu, 1978: 110).

Toda essa valorização da cultura iorubá parece ter passado ao largo dos

19. A mudança de sobrenomes tinha um evidente caráter simbólico, já que não existiam sobrenomes entre os iorubás.

brasileiros mais modestos, que preservam seus sobrenomes, seu gosto pela carne do sertão, e mantêm o quanto podem seus conhecimentos de português.

ESTRANGEIROS

O paradoxo da condição de estrangeiros arvorada pelos retornados em sua própria região de origem é que, sendo eles os agentes da ligação com o sistema mundial, tivessem estabelecido para o comércio com o Brasil, que conseguiram monopolizar, um tipo de organização tradicional na África Ocidental, a rede comercial fundada em um grupo étnico. Todo o tráfico continental transaárico havia se organizado em torno de caravanas e redes de grupos étnicos muçulmanos — entre os quais os diúlas e os hauçás são os mais notórios — instalados em cidades ao longo das rotas comerciais (ver, por exemplo, Meillassoux, 1971). Uma das condições de tais organizações, implantadas através da dispersão de um grupo étnico, de uma "diáspora", para usar o termo de Abner Cohen (1969), é que seus membros se mantenham — em sua cultura e em sua reprodução social — a boa distância da sociedade hospedeira. É essa distância que, por um lado, permite ao comerciante não se fundir em sociedades regidas por prestações, dádivas ou redistribuições que circulam pelos canais familiares ou clientelísticos e, por outro lado, identificar-se com outros estrangeiros ao longo da mesma rede comercial.

As sociedades tradicionais têm, em contrapartida, papéis reservados para esses estrangeiros, cujo lugar é assim parte integrante de sua estrutura social. A distância social do estrangeiro é, portanto, socialmente prescrita. A alteridade que exibe pretende marcar de forma explícita que, se ele *está* na sociedade, ele não *é* da sociedade. O estrangeiro é aquele, diz Simmel, que "chega hoje e fica amanhã, o vagabundo potencial, que, por mais que não parta, ainda tem a liberdade de ir ou de ficar" (G. Simmel, 1950 [1908]). É essa potencialidade da partida e não a partida real, essa acintosa indiferença às relações internas da sociedade, encobrindo relações padronizadas com a sociedade, que constroem o papel do estrangeiro.

Assim, a posição dos brasileiros não era apenas uma opção do grupo: era uma forma de ajustamento à sociedade hospedeira, e exige, portanto, para ser inteligível, uma análise no seu contexto, contexto que agora incluía um número maior de personagens e uma profunda alteração do sistema de poder. A manutenção de uma identidade separada não se deve simplesmente à saudade da Bahia ou a um desejo unilateral de distanciamento, mas à importância de se preservar uma distinção.

As distinções eram, como vimos, de vários tipos. Em um nível, era-se *brasileiro*, noutro, juntamente com os saros, *retornado*, noutro ainda era-se *egbá* retornado, *ijexá* retornado... Essas diversas identidades eram operativas em determinados contextos. Eram essas distinções que permitiam a ação política e o comércio.

Fundir-se na população local, abolir distâncias, era uma opção possível, em termos individuais: certamente, muitos a seguiram e não faziam, portanto, mais parte da comunidade brasileira. Se esta perdia membros, tinha também meios de adquiri-los: a incorporação de escravos, o casamento, as adoções foram mecanismos dessa absorção, que tinha, no entanto, de ficar patente através de sinais culturais.

É difícil saber hoje como funcionavam os mecanismos de decisão e controle em um sistema de comércio à distância, sem instituições bancárias, assente no crédito e na confiança pessoal. A história de Marcus Vera-Cruz, que recupera seu dinheiro quando seu tutor infiel está no leito de morte, mostra o poder e os limites de uma moralidade. Apesar disso, pode-se supor que era sobre a presunção de honestidade, baseada na religião e numa austera disciplina, que se fundava a confiança necessária ao sistema. Aqui, novamente, a existência de sinais que explicitassem a adesão ao grupo e às suas normas era essencial.

Tudo isso, porém, ainda não diz nada sobre a forma particular que assumiram esses sinais. Há, no entanto, algumas condições a que têm de obedecer: no mínimo, os sinais devem estar disponíveis — ou seja, não estarem sendo usados por outros grupos — e se articularem, se contraporem, aos sinais já em uso — ou seja, serem gramaticais (ver M. C. da Cunha, 1977). No próximo capítulo, tentarei mostrar que a religião católica foi o foco principal, o sinal por excelência da identidade brasileira em Lagos, que para tanto a reservou ciumentamente para si.

4. Catolicismo em Lagos: o rebanho e seus pastores

Tratarei neste capítulo da Igreja Católica em Lagos. Pretendo assim contribuir para a historiografia nigeriana, que, se dedicou grande atenção às missões protestantes do século XIX, não dispõe de estudo detalhado sobre as missões católicas. A documentação dos arquivos da Société des Missions Africaines, agora em Roma, é muito abundante para o período de suas atividades em Lagos, isto é, a partir da década de 1860. Essa documentação é de vários tipos: cartas e relatórios mandados regularmente ao superior, e relatórios e artigos para uso externo à congregação, seja para cardeais em Roma e para organizações financiadoras das missões, seja para revistas missionárias. Há também alguns livros publicados pelos missionários que se enquadram nesse último gênero. São, evidentemente, os documentos do primeiro tipo os mais francos e mais reveladores das relações entre os brasileiros e os missionários franceses. Concentrar-me-ei aqui na ambivalência dessas relações, nas versões conflitivas da religião e no uso recíproco que os padres e a comunidade fizeram uns dos outros.

PRIMÓRDIOS

Até 1862, não há notícia de missionário católico em Lagos. Desde abril de 1861, no entanto, uma congregação missionária fundada por um francês, a Société des Missions Africaines, com sede em Lyon, havia estabelecido uma missão no Daomé, em Ajudá: primeiro superior (*ad interim*) da nova missão, Francisco Xavier Borghéro, que ficaria quatro anos. Em março de 1862, a caminho de Freetown, e depois em abril, de volta dessa viagem, Borghéro descobre a existência em Lagos de uma população brasileira católica. Embora reconheça a posição estratégica da ilha para a penetração para o interior (assim como sua famosa insalubridade), Borghéro está interessado, nessa viagem, em obter autorização para uma missão em Porto Novo e não se demora em Lagos (Journal du Père Borghéro, arquivos SMA, Roma, 2E 3, pp. 85-6, 8-9 março, 21-28 de abril de 1862).

Aparentemente, na sua segunda visita fortuita a Lagos, em setembro de 1863, o missionário é dessa vez descoberto pela comunidade brasileira, que o assedia para que estabeleça uma missão em Lagos. Borghéro, que havia avaliado em uns duzentos os brasileiros católicos, quando lá passara em 1862, fala agora em mais de mil. Diante da pressão da comunidade, Borghéro invoca a falta de dinheiro e de missionários. Mas um comitê de católicos brancos (três italianos, um brasileiro e um francês) se forma (tudo indica que sem nenhum estímulo do padre, que não quer se comprometer com uma nova missão), e em um único dia consegue reunir uma soma mais do que respeitável (Borghéro a Planque, Lagos, 28.9.1863, arquivos SMA, entrada nº 19922).[1] Além disso, o comitê consegue a promessa do governador, realizada no ano seguinte, de uma doação de terreno para a missão, em Okofaji (*Anglo-African*, 5.12.1863). Mas Borghéro fica apenas seis dias. Daí por diante, de 1864 a 1868, Lagos passa a ser eclesiasticamente dependente de Porto Novo, e é visitada com regularidade pelos missionários.

A existência de uma comunidade católica, em Lagos como em Ajudá ou em Aguê, foi vista como um achado e uma bênção divina. Não demora o missionário a notar o "espírito corporativo muito pronunciado que se traduz por

---

1. Para evitar um alongamento ainda maior das referências, os arquivos da Société des Missions Africaines serão doravante designados SMA. Sem outra qualificação, SMA se refere aos arquivos de Roma. Os arquivos de Cork, na Irlanda, serão designados SMA Cork. O primeiro número citado após SMA se refere ao número de entrada do documento. O número de rubrica só será citado quando for diferente de 12/80200, que é o mais usual.

cerimônias, festas, onde a ideia religiosa domina". E, após ter citado as novenas, a festa de Natal, a procissão da "burrinha" da Epifania, o missionário conclui: "Podemos augurar bons resultados dessa atividade, embora externa, dessa devoção que não deixa de encerrar promessas para o futuro. É o corpo que espera uma alma. A alma é a graça, o Espírito Santo, é Jesus, esse bom Jesus que os missionários devem levar-lhes" (Bouche a Planque, Lagos, agosto de 1863, arquivos SMA, entrada nº 21147).

Em outubro de 1868, o padre Bouche funda finalmente a missão de Lagos, e logo dá início aos preparativos para uma escola. A escola era uma das questões mais vitais para a comunidade, indissociável da missão. Dissociemo-la por simples comodidade da exposição. A presença da missão significava para os brasileiros, na verdade, um status equivalente ao dos protestantes de Lagos, de conversos a uma religião ocidental prestigiosa. Era ao mesmo tempo uma sanção de sua existência enquanto comunidade distinta das outras. Não é de estranhar que, por mais relutantes que estivessem em seguir à risca as exigências dos padres, não hesitassem um momento em desembolsar somas importantes para o fausto das cerimônias ou para a construção da igreja.

A generosidade dos brasileiros é constantemente mencionada nos anais da missão: "Mostram-se zelosos em seguir as cerimônias diversas que se fazem na igreja e concorrem a dar ao culto muito esplendor", escrevia o severo missionário Bouche (Bouche a Planque, 26.2.1869, SMA, 17059). Desde o início, a igrejinha de bambu de Broad Street está sempre apinhada. A que se constrói em 1870 em Oke Ite, no lugar da atual catedral, também é insuficiente para a congregação, sobretudo nos dias de festa: o Natal, a Imaculada Conceição, a Epifania. As mulheres lotam a igreja, os homens assistem à missa do lado de fora. Aos sábados à noitinha, o longo ofício de Nossa Senhora é cantado em português por iniciativa da comunidade (Deniaud a Planque, Lagos, 4.4.1872; Courdioux a Planque, Porto Novo, 26.8.1869, SMA, 20539). A música, segundo os missionários, é um elemento importante na atração dos fiéis (Beaugendre a Planque, Lagos, 21.7.1871; Louapre a Planque, Lagos, outubro de 1878, 21227; Chausse a Planque, Lagos, 11.9.1880, SMA, 21319). Os fiéis decoram a igreja para a novena da Imaculada Conceição com quadros piedosos que trouxeram do Brasil, santo Antônio, são Benedito, são Francisco Xavier, e iluminam-na por sua conta e iniciativa, com quatrocentos lampiões, evocando as luzes e fogos de artifício inigualáveis da festa de Nossa Senhora da Praia, na Bahia (Séquer a Planque, SMA, Porto Novo, 2.1.1869, 499; Courdioux a Planque, Porto Novo, 30.12.1868, 20415).

Mas era o prédio da igreja que melhor resumiria o status que a comunidade entendia se arrogar. Desde 1869, um missionário comentava:

> Parece que os cristãos de Lagos estão dispostos a se concertarem para começar às suas custas a igreja definitiva nesta cidade. Há um impulso magnífico, próprio para reanimar a fé na prática da religião entre eles e produzir impressões favoráveis em protestantes e infiéis. Querem, pois, uma igreja, mas uma bela igreja que sobrepuje de muito as *churches* protestantes. Um está disposto a prover o custo da capela de Nossa Senhora, todos fazem questão de contribuir para a obra comum, seja por seu trabalho, seja por suas esmolas. Posso me recusar a seus desejos? Não... Reunirei os cristãos e farei o possível para confirmá-los em seu santo projeto. Parece conveniente formar uma comissão escolhida entre os membros mais influentes, que se entenderá conosco para o plano a adotar e que será encarregada de recolher os fundos e levar os trabalhos a bom cabo (Courdioux a Planque, Porto Novo, 10.11.1869, SMA, 20551; no mesmo sentido, Barthe a Planque, Lagos, 30.9.1869, SMA, 17067).

Em 1871, o superior de Lagos resolve dar início a uma olaria que fabricará tijolos destinados à construção de uma igreja de alvenaria. Consegue um terreno do governo de Lagos, em Ebute-Metta, e forma uma sociedade de doze acionistas que reúne um capital de 2000 piastras fortes. A ideia inicial parece ter sido a de organizar uma sociedade que gerisse a olaria (Courdioux a Planque, Porto Novo, 7.6.1871, SMA, 20752). Mas, no final das contas, esse capital é considerado um empréstimo à missão, que deverá pagar 5 por cento de juros ao ano. A missão fornece a administração da empresa, e a Sociedade elege um "visitador" que preside e vigia o andamento dos trabalhos (Cloud a Planque, Lagos, 3.7.1871, 17028). Contratos são feitos para fôrmas de tijolos com pedreiros de Cabo Verde e de Lagos (Copie des Lettres Cloud, SMA, 17131-4).

Quando, em 1874, se fala em iniciar as obras da construção da igreja, as subscrições entre os brasileiros logo atingem 5 mil francos. Também se fazem leilões em benefício da escola ou da igreja, embora um dos missionários questione sua conveniência e decoro (Cloud a Planque, Lagos, 25.8.1874, SMA, 17161, e Lagos, 10.2.1876, SMA, 21037; Chausse a Planque, Lagos, 1.1.1880, 21303; *The*

Lagos Observer, 27.11.1884; *The Eagle and Lagos Critic*, 29.11.1884). A capela de Nossa Senhora é oferecida em pagamento de uma promessa.

Em 1877, um comitê leigo pela construção da igreja pede a doação de um terreno ao governo inglês sob a forma de um Crown Grant, que é finalmente concedido em fins de 1878 (PRO, CO, 147/36). A igreja é desde logo chamada de catedral pelos fiéis, embora, como faz notar o padre Sheppard (ms. p. 17), Lagos não tenha passado a diocese senão em 1950! Mas desde 1890 os católicos brasileiros dirigiam petições a Roma para que Lagos, que era sede do vicariato do Benim, fosse elevada a diocese (Pellet a Planque, Lagos, 2.10.1890, SMA, 17541).

A munificência dos brasileiros de Lagos parece ter impressionado tanto os missionários que em 1871 o padre Bouche anuncia que vai esmolar no Brasil (Courdioux a Planque, Porto Novo, 6.7.1871, SMA, 20753). Duas décadas mais tarde, o padre Coquard, de Abeokuta, fará o mesmo, com resultados algo decepcionantes.

Em 1879, iniciam-se as obras da catedral, com planta e direção dos missionários, e os tijolos de Ebute-Metta. O mestre de obras é no entanto Lázaro Borges da Silva, um ijexá brasileiro, que tem alguns atritos com o padre supervisor (L. Arial, *circa* 1922, *Premiers temps de la Mission de Lagos d'après Mère Véronique*: 3ss.). A segunda torre da catedral é construída, aparentemente por outro mestre de obras brasileiro, Francisco Nobre, dessa vez com supervisão dos missionários e concluída em 1881 (Fr. Sheppard, 1954: 17); Baltazar dos Reis, o mais afamado carpinteiro de Lagos, que iria ganhar uma medalha por uma mesa marchetada na Exposição Colonial de 1886, esculpiu o altar-mor e a cátedra do bispo (A. Laotan, 1961; *Lagos Observer*, 1 e 15.1.1887).

As histórias locais da comunidade brasileira, tanto quanto as da congregação, sugerem que o trabalho de construção da igreja foi fornecido benevolamente pelos fiéis. A verdade não é bem essa, como aliás já se podia entrever na questão da olaria. No dia da bênção solene da primeira pedra da igreja, os fiéis haviam espontaneamente carregado tijolos da laguna até o lugar da obra, em grande festa e ao som da banda de música dos hauçás que escoltava o governador. A coleta mais uma vez havia rendido uma soma considerável. Mas, um ano e meio mais tarde, o superior da missão se queixa dos altos salários que os operários brasileiros o forçavam a pagar (Holley a Planque, Lagos, 20.3.1879, SMA, 923/72, rubrica nº 11/11; Chausse a Planque, Lagos, 12.11.1880, SMA, 939/72, rubrica nº 11/11).

Igreja Holy Cross. [Société des Missions Africaines]

Inaugurada em 1881 em grande pompa, a Igreja Católica conferiu aos brasileiros de Lagos status comparável ao dos protestantes. [Société des Missions Africaines]

Inaugurada em 1881 com uma festa magnífica, a igreja de Lagos "é o monumento de toda a costa. Deus seja louvado, os católicos de Lagos encabeçam a colônia" (Holley a Parrier, Abeokuta, 8.9.1881, SMA, 17196). No entanto, nos últimos meses já estava difícil conseguir recursos entre os brasileiros atingidos pela recessão comercial que se fazia sentir em Lagos (Carambaud a Planque, Lagos, 11.3.1881, SMA, 17193).

Mas, apesar dos tempos difíceis, os brasileiros continuam fazendo doações para a igreja, como aliás, também — isso os mais influentes —, para outras causas públicas, até para outras denominações religiosas.[2] Essas doações são em geral feitas por subscrições e publicadas nos jornais. Assim, por exemplo, a lista de contribuintes para as despesas de pintura da igreja é publicada no *Lagos Standard* (19.8.1896). Em 1902, para a consagração do bispo Lang, o mesmo *Lagos Standard* (19.11.1902) apregoa uma doação e um banquete, ambos substanciais, oferecidos pelos brasileiros de Lagos ao novo bispo; generosidade e status estavam assim claramente ligados.

ORTODOXIA

Se sua generosidade não deixava a desejar, tanto não se podia dizer, queixavam-se os missionários, da ortodoxia e do espírito de obediência da comunidade.

No capítulo da ortodoxia, três temas suscitam as objeções dos missionários: a ignorância doutrinal dos fiéis, seus costumes — e em particular o pouco-caso em que tinham o casamento na igreja e a monogamia —, enfim, sua participação despreocupada em mais de uma religião. Escreve o padre Verdelet:

Não vos será difícil, senhor superior, fazer uma ideia da ignorância que reinava entre esses cristãos. Vindos do Brasil na maioria, é verdade, mas batizados ou quando crianças ou após a recitação de algumas fórmulas e sem haverem sido instruídos dos fundamentos da religião nem tê-los entendido [...] Toda a sublime economia de nossos dogmas e de nossa moral se atêm em seu espírito a práticas exteriores. Oh! Conheço bem a religião, dizia-me um. — Então, o que é a religião?,

2. Desde 1869, há menção de doações protestantes para obras católicas e vice-versa (Séquer a Planque, Porto Novo, 2.1.1869, SMA, 499, e *Lagos Standard*, 16.9.1896).

respondi-lhe. É vir à missa, rezar algumas orações e jejuar certos dias. — Mas jejuar não é abster-se de fumar?, perguntava-me outro (Verdelet a Planque, Porto Novo, 1.11.1867, SMA, 20314; ver também Abbé Laffite, 1881: 178).

A indiferença dos brasileiros pelo preceito da abstinência de carne às sextas-feiras é tal que uma dúvida se infiltra entre os missionários que consultam em 1862 o Santo Ofício para inquirir se por algum acaso a nação portuguesa, que "tantos favores havia recebido da Santa Sé nos séculos anteriores, havia sido dispensada desse preceito, pelo menos no que se aplicava à colônia" (Borghéro a Planque, Whydah, 30.11.1862, SMA, 19891).

Em 1882, um padre chega a perguntar-se, dado que os escravos no Brasil recebiam o batismo tão logo soubessem o padre-nosso, a ave-maria e o credo, sem nenhuma outra instrução religiosa subsequente, dado também que aceitavam o batismo por medo do desprazer de seus senhores ou até da tortura, se não se devia pôr em causa a validade de tais batismos, e questionar seu acesso aos sacramentos (Ménager, "Questions sur le Baptême", 1882, SMA, 21387).

Os costumes dos católicos são outro motivo de escândalo. A festa de Natal, tão esplendorosa, é também "uma ocasião de grandes e longas bacanais". É o que eles chamam "comer Natal" (em português no original). "E garanto-lhe que o comem bem e o bebem melhor ainda" (Séquer a Planque, falando de Lagos, Porto Novo, 2.1.1869, SMA, 499).

Mas são a poligamia e o pequeno apreço pelo casamento na igreja que mais agitam os espíritos. Como nas igrejas protestantes, na mesma época, a poligamia entre os fiéis é causa de dissensões constantes entre os fiéis e os missionários. Quando ao chegar a Porto Novo o padre Laffite condena a poligamia, provoca a estupefação geral entre os brasileiros. E, diante de sua insistência, a igreja acaba deserta (Laffite, 1881: 83ss.).

Embora, em 1863, o padre Borghéro não criasse dificuldade para batizar ao mesmo tempo os filhos de diferentes mulheres de brasileiros de Lagos (Liber Baptismalis Ajudae, SMA, 3.B.1), estes procuram evitar que os missionários conheçam toda a extensão de suas famílias "com suas escravas e concubinas" (Pagès a Planque, Lagos, 19.11.1878). Por seu lado, os padres tentam dar grande solenidade e pôr em voga o casamento na igreja. Exigem-no até para chamar uma mulher de "Mrs.". As outras, curiosamente, teriam o título de "Madam" (F. Sheppard, s.d.ms., p. 18). Só são registrados dois casamentos em 1870, um em

1874, três em 1875, que sobem para sete em 1879 (Chausse Nice, 31.10.1878; Lettres Cloud, SMA, 2.E.4; Durieux, Lagos, 30.9.1879, SMA, 17179; Chausse a Planque, Lagos, 23.4.1881, SMA, 21342). As escravas, resgatadas pela missão e educadas por ela, parecem ter fornecido boa parte das noivas.

Em 1884, ano em que as várias igrejas, inclusive a católica, ficam autorizadas a celebrar casamentos com efeitos civis (*Lagos Observer*, 6.2.1886), os casamentos na igreja sobem a dezoito (Pagnon a Planque, Lagos, 25.4.1884, SMA, 17374, rubrica 14/80202). Mas em 1903 ainda, o bispo, visitando a casa da família Damasio, pai e filho, chama "Damasio pai e sua concubina para convencê-los a se casar. O pai responde que tem essa intenção. A mulher se mostra embaraçada e não quer responder. Finalmente diz que não se pode casar à força. Digo-lhe que é possível sim, tenho ordem de Deus para forçar as pessoas a vir partilhar o festim do rei" (Lang, Visite des Chrétiens à Domicile, 1902-3). O casamento religioso parece ser prestigiado entre os mais ricos da colônia,[3] mas os missionários continuam se queixando, em 1904, de que há cada vez menos casamentos: três na igreja e dois *in articulo mortis* em um ano (Lagos, 8 de outubro de 1904, SMA, 28366A).

O terceiro motivo de atrito doutrinal entre os missionários e os brasileiros residia numa concepção totalmente diferente da religião. A ideia do Deus ciumento de Israel, cioso da sua unicidade, não era partilhada pelos fiéis em geral, que aderiam a mais de uma religião com grande versatilidade. Num texto admirável, o padre Borghéro dá um testemunho importante da atitude dos africanos fons e iorubás com as chamadas religiões universais:

A ideia que possa haver uma religião falsa e outra verdadeira não se apresenta a um negro. Para ele, a religião não é senão um uso puramente local. Tem-se uma religião como se tem seus usos e costumes. Cada país tem seus fetiches: os brancos talvez tenham fetiches mais astutos que os negros, já que os brancos têm mais recursos. Mas o que é bom para um não é tão bom para outro, o que pode convir a um branco pode não convir a um negro. Esta é a invariável resposta que nos é dada quando um negro é encurralado pelo raciocínio evidente sobre a futilidade

---

3. Em 1896, J. T. Munis e Clementina Luisa anunciam seu noivado (*Lagos Standard*, 14.10.1896). O casamento de Clementina de Souza e José Pedro Marquis na igreja Holy Cross é ocasião de grande festa (*Lagos Standard*, 15.5.1901).

de seu culto e a excelência do culto católico. Segundo o negro (do Daomé e dos arredores, essa maneira de ver é generalizada), é preciso ter fetiches como se tem amigos. Quanto mais os temos, melhor, se um não nos ajudar, o outro o fará [...] Vi um bom número desses escravos originários desses países, levados em escravidão ao Brasil, onde viveram sob senhores cristãos, dizerem-se cristãos também, pois receberam o batismo mas sem mais nada professarem ao mesmo tempo o maometismo e terem todos os fetiches do lugar...

O rei Guezo (do Daomé), quando era vivo, havia feito vir da Europa várias estátuas de nossos santos que havia colocado em seu palácio e fazia levar em público... tinha em seus aposentos um quadro da Virgem Maria e havia encarregado várias mulheres de sua corte de lhes prestar sei lá que culto" (Fr. Borghéro, Journal de la Mission du Dahomey 1860-1864, SMA, 2E3).

Atitude semelhante é atestada entre os brasileiros. Um missionário se queixa de que

os santos são cultuados na mesma maneira como se cultuam os fetiches. Após ter saudado o santo (estilo aprendido) na igreja, saúda-se o santo dos ancestrais, o santo da pátria, isto é, o fetiche. Não é que se tenha maior confiança nos fetiches. Longe disso! Concede-se superioridade aos santos da igreja.[4] Mas não se recusa ao fetiche certo poder de intercessão: e muitos creem lhe dever certo culto. Outros, em grande número também, se dedicam ao maometismo. Nestes, não há fetiche. Mas infelizmente a fé em Jesus é muito fraca, quando já não se encontra de todo extinta (Bouche a Planque, Lagos, 26.2.1869, SMA, 17059; ver também Bourquet a Planque, Lagos, 26.6.1872, SMA, 17047).

"A religião de Deus é uma e não saberia ser duas", indigna-se um padre censurando as práticas muçulmanas entre os católicos (Verdelet a Planque, Porto Novo, 1.11.1867, SMA, 20314). Voltaremos a tudo isso.

4. Na mesma linha, veja-se o diálogo de Bouche com um sacerdote de Xangô (Abbé P. Bouche, 1885: 111). Ainda em 1900, um relatório assinala a existência de um altar na maioria das casas católicas, com estátua de Nossa Senhora, de santa Bárbara (na Bahia, associada com Iansã) ou de santa Rosa de Lima, além de uma de santo Antônio de Pádua. Quando houvesse gêmeos na família, acrescentar-se-iam as estátuas de Cosme e Damião, seguindo o costume iorubá dos ibejis (Relatório anônimo, 1900, SMA, entrada nº 53.305, rubrica 14/80202).

Além da questão da ortodoxia, a outra faceta das relações entre a comunidade e a hierarquia católica era a frequente contestação da autoridade que os padres achavam devesse ser sua. O episódio do padre Antônio é tão significativo que merece ser contado: não o é pela primeira vez, longe disso. Foi usado apologeticamente pelos missionários e foi lembrado por Laotan, por Verger e por J. M. Turner. A bem dizer, não irei contar propriamente essa estória mas a história dessa estória, em suas sucessivas versões.

A primeira menção ao padre Antônio que encontrei data de 19 de janeiro de 1866 e é singularmente pejorativa: o padre Bouche, futuro fundador da missão de Lagos, vem a saber que

> um antigo escravo liberto do Brasil *reza a missa* (concedamos essa expressão a nossos teólogos da Costa); depois, após essa missa, dança-se e faz-se festança. Achei que devia me preocupar com essa questão e pus-me em busca de informações; e em pouco tempo, descobrindo o lugar onde se faziam tais bacanais, vou falar com o patrão, que me declara só haver presenciado cerimônias muito inocentes. Isso não me bastava, e eu tinha o projeto de levar mais adiante minhas investigações. A Providência veio me socorrer, meu guia tendo desaparecido, deram-me outro a quem minhas perguntas levaram a dizer que o Padre (pois chamam-no de padre, a esse branco de cor preta) fazia algo em cima de uma mesa com pão e com vinho [...]

> 22 de junho — O Padre Antônio, que eu mandei chamar, chegou com seu patrão: pois está empregado. Eles declaram que o dito *Padre* foi escravo no Brasil e admitido numa congregação da qual se delegam os membros (*sic*) para certas cerimônias; que, estando habituado a fazer essas cerimônias, ele as faz certamente melhor que os outros; que tem um livro para se orientar; que ele não ousaria substituir as funções do padre; muito menos tentaria rezar a missa. O *Padre* sabe muito bem que não tem o poder de consagrar, não tem paramentos e ignora as rubricas e tudo o que diz respeito à oferenda do Santo Sacrifício. Limita-se a batizar em caso de necessidade e a presidir aos funerais na ausência do sacerdote, achando mais adequado presidir ele próprio do que deixar presidir um ministro protestante. Minha resposta foi simples:

1º) Qualquer delegação no Vicariado deve ser dada pelo chefe do Vicariado ou seu delegado; qualquer delegação dada no Brasil e para o Brasil é aqui nula.

2º) Quanto ao batismo: A. pode, em caso de necessidade, administrá-lo; mas deve-se abster de fazer as cerimônias que não fazem parte da essência do sacramento.

3º) Quanto à missa, o superior da missão informar-se-á daquilo que se pratica e tomará sanções, por todos os meios possíveis, para reprimir (se os houver) o escândalo e a irreverência.

4º) As danças e refeições por ocasião dos funerais são abusos que se devem deixar aos pagãos. Bastante gente, no paganismo, faz obra do diabo; nós, cristãos, só devemos fazer obras dignas de Deus e de nossa vocação.

Antônio, *vistas as circunstâncias*, pode presidir aos funerais e rezar orações como simples fiel; mas ser-lhe-ia proibido se ele participasse em seguida da orgia.

5º) Quero ver e examinar seus livros.

23 de junho — Santa Missa — 6 batismos

O *Padre* está já aqui, trazendo seus livros. Recita nos funerais as orações da missa de exéquias: *é só*, *diz* ele; não ousaria ir mais adiante; nem saberia fazer outra coisa.

— Cuidado! Se te permitires nisso qualquer coisa a mais, fazes obra do diabo, *e* não esqueças que não te deixaremos prosseguir nem o que agora te permitimos. Mais uma vez: toma cuidado! E não alies as obras de Deus às obras de demônio, ouviste?

Indicando-me as orações que ele recita em várias ocasiões, descubro que ele se acha no direito, na ausência de padre, de fazer água benta...

Reverendo Mestre [em português no texto], diz-me ele para se desculpar, eu omito as orações reservadas ao padre (mas o pilantra não omite os exorcismos).

— Não podes, de maneira nenhuma, dar à água as bênçãos da Igreja: deves parar de fazê-lo.

O homem prometeu conformar-se em tudo a minhas prescrições (Bouche a Planque, Porto Novo, 4.7.1866, SMA, 20227, rubrica nº 12/80200, grifos no original).

Antônio, neste primeiro embate, era um usurpador do ministério eclesiástico. Disseram uns que teria nascido em São Tomé por volta de 1788, outros, que era um cabinda de Angola; escravo talvez do convento do Carmo na Bahia, de seu prior d. Romualdo, ou da Ordem Terceira de São Francisco, teria sido alforriado e ido para Ajudá provavelmente em 1838 (ou 1848?) com seus cinquenta anos; teria viajado para São Tomé, Fernando Po, Porto Novo e se estabelecido em Lagos, onde teria morrido por volta de 1878 (L. A. Cardoso a Terrien, Lagos, 3.5.1928, e A. J. Salvador a Terrien, Lagos, 13.4.1928, SMA, 2117/75 e 2116/75, rubrica nº 14/80204).

Seja como for, percebe-se que Antônio pertencia, no Brasil, a uma irmandade religiosa. As irmandades, no Brasil, associações voluntárias de leigos, tinham, até a chamada Questão Religiosa, no último quartel do século XIX, uma importância considerável. As irmandades de negros, em geral sob a invocação de Nossa Senhora do Rosário, mas também de são Benedito, santo Antônio de Catagerona, santa Ifigênia, Nossa Senhora dos Prazeres etc., não eram exceção. Tinham terras (H. Koster, 1816a) e escravos; construíam igrejas, contratando arquitetos, pintores, escultores, e pagavam aos padres por serviços religiosos. Serviam também, como é sabido, de consórcio, adiantando aos irmãos a quantia necessária para a alforria. Como quase todas as associações voluntárias sob a égide de qualquer instituição, mesmo a Igreja, foram ambivalentes. Inicialmente encorajadas pela Coroa e pelo clero, que via nelas um veículo de controle de cristianização — que certamente também foram —, sua independência e às vezes o simples fato de serem organizações de negros ou de pardos acabou tornando-as suspeitas e até perigosas (ver, por exemplo, J. Scarano, 1976: 36). O que quero ressaltar aqui é seu caráter de associação de leigos com controle de substantiva parte das funções consideradas religiosas. Eram basicamente organizações autogestionárias.

É, em ponto pequeno, esse mesmo confronto que se reproduz na primeira entrevista do missionário com o padre Antônio. A comunidade brasileira, como veremos, continuou combativa. Mas Antônio cedeu. Acabou morando nas dependências da missão e em pouco tempo foi transformado em personagem edificante. O tom em que é descrita sua vocação de apóstolo, apenas oito anos mais tarde, é elucidativo:

> Mas a figura realmente bela, bela não só pela energia, mas ainda pelo gênio da fé, a figura do patriarca, do chefe, do padre... é a de Antônio.
>
> Entre os povos em que a fé está apenas nascendo e em que faltam padres, Deus

às vezes suscita esses homens extraordinários. São colunas que Deus coloca em seu templo para sustentar as abóbadas *it ponam ilium columnan in templo Dei mei...*

Foi comprado por um padre brasileiro, Dom Romualdo, que lhe devolveu a liberdade e lhe ensinou, com os elementos dos conhecimentos humanos, as verdades de nossa Santa Religião. Alma de elite, Antônio correspondeu aos cuidados do bom sacerdote com um comportamento exemplar. Não era, nele, apenas aquela piedade comum às crianças boas e virtuosas, foi o fogo do zelo apostólico que o inflamou a partir de então, com pureza angélica, com um devotamento capaz dos maiores sacrifícios, ele se fez não apenas o consolador mas também o catequista de seus companheiros de cativeiro — que, menos felizes que ele, serviam a senhores muito diferentes de Dom Romualdo.

Em breve, ele deu uma prova, pode-se dizer, heroica, desse zelo de apóstolo. Um certo número de escravos, tendo obtido a liberdade, voltavam a sua pátria, essa querida África pela qual tanto tinham chorado. Antônio não quis imitá-los, seu único desejo era viver e morrer junto ao seu bom senhor de quem se considerava um filho. Sua juventude transcorria assim numa doce paz quando soube que todos os negros que haviam voltado para a África se tinham colocado sob o jugo do demônio mal haviam aportado em sua terra natal. Haviam renegado a Deus e sacrificavam aos ídolos. Que ferida para seu coração, que dor para sua fé! Um pensamento único o ocupou então, devolver essas almas a Deus, salvar seus irmãos. Deixar seu benfeitor, abandonar esse querido Brasil, ir embora sozinho no meio dos povos selvagens e idólatras da Costa Africana, tentar essa obra humanamente impossível, tudo ele examinou diante de Deus, rezou, e sentiu a força de fazer esse sacrifício, a coragem de desempenhar essa missão. Inteirado do projeto, Dom Romualdo passou da surpresa à admiração, e abençoando Deus por seus desígnios sobre esse seu filho, autorizou-o a ir para a África. Ele conhecia os perigos aos quais ele o expunha, mas também conhecia as graças que Deus concede às almas puras e abnegadas. Antônio partiu portanto, missionário de um gênero todo novo, e armado só de sua fé veio aportar a esta terrível Costa do Benim. Foi eleito *Padre* [em português no texto], isto é, sacerdote, pastor, e cada domingo a pequena comunidade se reunia na sua cabana. Antônio lia as orações da missa, depois se cantavam cânticos na língua dos brancos. Era então que todos esses pobres exilados, pois eles eram realmente exilados, vertiam lágrimas amargas lembrando as festas e as alegrias do Brasil (Journal du Père Baudin 1874-1875, manuscrito, 49-51, SMA).

O coroamento dessa metamorfose de Antônio, de usurpador a precursor, veio em 1861, em um desses artigos de linguagem edulcorada que os padres mandavam para as revistas missionárias: "Antônio foi verdadeiramente o precursor dos missionários nestas paragens bárbaras, ele próprio missionário incomparável, desempenhou um papel providencial". E, sobre suas invasões nas prerrogativas eclesiásticas, o artigo comenta: "Trazem-lhe crianças recém-nascidas, ele as batiza. Ele abençoa os esposos, como os antigos patriarcas" (J. B. Chausse, 1881, "Antônio", *Les Missions Catholiques*, nº 624, 20.5.1881, e nº 625, 26.5.1881; ver também Mère Véronique a Planque, Lagos, 1881, SMA, 42122, rubrica nº 12/80200).

Com o resto da comunidade, as coisas não foram tão simples. Não está claro se formalmente já existia uma irmandade do Rosário em Lagos, pois o fundador da missão escreve que lhe foi pedido estabelecer irmandades de homens e mulheres (Bouche a Planque, Lagos, 18.2.1869, SMA, 17059). Mas a ideia e a organização leiga da comunidade religiosa por certo existiam e persistiam. A disposição manifestada de pagar as despesas da igreja e da escola é outro indício dessa organização. É justamente em torno da irmandade do Rosário, e acho que isso não é fortuito, que se dará outro episódio significativo das relações entre leigos e missionários.

Em 1872, um padre se indigna contra a fundação de duas lojas maçônicas, uma estabelecida pelos negociantes brancos de Lagos, outra de africanos (não especificados), que estabelecem associações entre si[5] (Bourguet a Planque, Lagos, 26.6.1872, SMA, 17047). Dois anos mais tarde, em fevereiro de 1874, um "indígena de origem portuguesa" de 35 anos, Galvão, morre sem ter podido receber os últimos sacramentos. Galvão, como outros tantos, era membro notório da maçonaria. Seu executor testamentário, José Augusto Ribeiro, pede ao superior da missão, o padre Cloud, que faça um enterro católico. Cloud a princípio aceita, embora estivesse em plena campanha antimaçônica no púlpito, com a condição de que não se fariam manifesta-

5. Ayandele, baseado no *Mirror* de 24.11.1888, dá a data de 1868 para a primeira loja maçônica de Lagos, em Bangboshe Street, mas sem registrar diferentes lojas para europeus e africanos (E. A. Ayandele, 1966: 268).

O "padre" Antônio, sentado, de chapéu. Esse brasileiro de Lagos, a princípio considerado usurpador das prerrogativas da Igreja, passa a personagem edificante. Esta capela de bambu foi o local onde funcionou a primeira Igreja Católica. [Société des Missions Africaines]

ções maçônicas no enterro; muda de ideia a seguir, e Ribeiro, irritado, teria devolvido o crucifixo que recebera para o enterro (L. Arial, 1922, Missions de La Nigéria, 1C5, doc. 2. Notes sur la Mission de Lagos d'après le Journal du Père Pagès). A disputa provoca grande comoção em Lagos, e Ribeiro chega a mandar uma carta de protesto ao *Jornal do Commercio* de Lisboa (28 de junho de 1874; ver Copie de Lettres Cloud, SMA, 20089, rubrica 14/80200), lembrando que outro maçom, o capitão Manoel dos Santos Silva, fora enterrado religiosamente: ao que Cloud replica que esse capitão havia recebido os sacramentos. O resultado foi que "os europeus e alguns cristãos (isto é, católicos brasileiros) foram pedir [o enterro] aos protestantes[6] e fizeram uma

6. Os protestantes não partilhavam a fobia dos ultramontanos católicos pela maçonaria, e isso não só em Lagos como em Londres. Vários missionários anglicanos e metodistas, tanto europeus quanto africanos, eram membros importantes da loja maçônica de Lagos — as missões emprestavam seus templos para a celebração de rituais maçônicos. As lojas tinham até capelães (A. E.

desagradável manifestação" (Ménager *et alia*, Chronique de la Mission du Vicariat de Dahomey, SMA, 3A30, p. 44).

Após essa declaração de guerra, Cloud decide fazer o que já vinha aventando: o expurgo dos membros maçons da irmandade do Rosário, o que não deixa de lembrar curiosamente o estopim da Questão Religiosa no Brasil, na mesma época, quando d. Vital e d. Macedo Costa exigiram que irmandades da diocese de Olinda e de Belém expulsassem os maçons que as integravam, e estas, se recusando, foram por eles interditadas (ver, por exemplo, R. S. Maciel de Barros, 1974). De um lado como de outro do Atlântico, era o ultramontanismo em campanha.

Dado o grande prestígio da maçonaria e de outras associações do mesmo tipo (como os Gardeners e os Foresters) como símbolo de status em Lagos, alguns brasileiros maçons, sobretudo os mais ligados à administração colonial, devem ter optado por abandonar o catolicismo e aderir ao protestantismo, mais tolerante e também mais propício a suas aspirações de ascensão social: é assim que o promissor alto funcionário Pedro Josiah Martins, ao morrer prematuramente, em 1900, teve para acompanhá-lo no seu funeral metodista os irmãos maçons — os membros da Forester Friendly Society, os Free Gardeners e os Old Fellows Manchester Unity, além do governador interino (*Lagos Standard*, 13.5.1900; sobre P. J. Martins, ver também Phillips a Meade, 28.1.1895, CO 147/102, e *Lagos Standard*, 7.12.1898). Se alguns apostasiam, abandonando as fileiras dos católicos, outros, segundo os missionários, teriam preferido abandonar a maçonaria[7] (relatório anônimo, SMA, 35305, rubrica 14/80202).

Seja como for, o padre Cloud dissolve a irmandade do Rosário em agosto de 1874 e a reconstitui exigindo que os postulantes a irmãos se inscrevam de novo e façam um noviciado mais longo (Cloud a Planque, Lagos, 25.8.1874, SMA, 17161).[8]

Ayandele, 1966: 268ss.; ver também *The Lagos Observer*, 10 e 17.11.1888, para convocação dos maçons a um serviço religioso na Christ's Church).

7. Em 1898, o único brasileiro na St. John's Freemason's Lodge, em Bangboshe Street, parece ser E. F. Gomes (*Lagos Standard*, 26.1.1898).

8. A partir daí, os missionários tentam controlar as associações que se formam à sombra da Igreja. Fundam sucessivamente uma congregação de Nossa Senhora para a juventude (Planque, 1879, SMA, 21278), a sociedade da Adoração Perpétua da Abençoada Virgem Maria, as Filhas de Maria, os Church Wardens, sociedade prestigiosa que não aceita polígamos, as Mães Cristãs, Ir-

* * *

Apesar de essa demonstração de força ter sido aparentemente bem-sucedida, os missionários continuam deplorando sua total falta de autoridade sobre os cristãos e de influência em geral (Louapre a Planque, Lagos, 19.12.1878, SMA, 21236). Duas décadas mais tarde, ainda se exortam os fiéis a aceitar a autoridade não só espiritual mas temporal do bispo.[9] Sinal de que a situação não havia mudado muito. Os brasileiros entendiam — e os padres até certo ponto o aceitavam — que sua posição de patronos e benfeitores da igreja lhes conferia um privilégio sobre os missionários (por exemplo, entrevista do dr. Sylvanus Olawale Marquis a Marianno C. da Cunha, Lagos, setembro de 1975). E estes se ressentiam claramente, queixando-se ainda em 1922 nos mesmos termos de antes: "Os lagosianos são difíceis de manejar: são orgulhosos, arrogantes e não admitem que se lhes falte minimamente ao respeito" (relatório de R. P. Schmitt, *in* L. Arial, *circa* 1922, Missions de la Nigeria, SMA, 1C5, doc. 4). O testemunho mais revelador talvez seja o do missionário católico, com longa experiência de Lagos, que teria desabafado em 1910 com Frobenius: "Haveria um futuro mag-

---

mandade do Sagrado Coração de Jesus, de Santa Cecília, Legião de Maria etc. Outras sociedades fortemente católicas escapam, no entanto, ao seu controle. A Catholic Friendly Society, muito exclusiva, fundada em 1903, reunia apenas a nata da sociedade brasileira e pretendia equiparar-se a outras sociedades elitistas (*Lagos Standard*, 3.6.1903; *The Times of Nigeria*, 5.5.1914). Exigia-se um padrinho para apresentar o novo sócio; o voto de admissão era secreto, e qualquer sócio tinha poder de veto. Funcionava como as antigas irmandades e as egbés iorubás, provendo o enterro dos sócios e as despesas de órfãos e de viúvas dos irmãos. Posteriormente adotou o sistema das modernas companhias de seguros, com mensalidades que aumentavam com a idade do postulante! (entrevista Cosmos Anthonio, Oshogbo, 21.6.75). Igualmente exclusiva dos brasileiros ricos era a Sociedade de São José, na igreja Holy Cross, que, segundo testemunhos contemporâneos, era semelhante à maçonaria (entrevista do padre Sheppard a Marianno C. da Cunha, Lagos, 16.6.1975).

9. Por ocasião da consagração em Lagos do bispo Lang, um dos bispos visitantes faz o seguinte discurso:

> Há algo que, em minha qualidade de *Grandpapa*, eu quero enfatizar, a saber: obediência e fidelidade ao vosso bispo. Vós estais cientes de que vós e o vosso bispo formais um só corpo, do qual o bispo é a cabeça [...] é a cabeça que planeja, determina e manda, enquanto o corpo só executa. Deixai, pois, vosso bispo ser vosso líder, guia e diretor, deixai-o ser vosso mestre não só em assuntos espirituais mas também nos temporais (*Lagos Standard*, 19.11.1902).

nífico para esta colônia se começássemos por dar a cada negro, a começar do topo, vinte [pontapés] no lugar em que eles usam as calças aos domingos". E Frobenius comenta: "Excessiva talvez, era esta a fala de uma amarga experiência" (L. Frobenius, 1968 [1913], vol. 1:40-1).

A ESCOLA

Os missionários tinham, no entanto, dois trunfos em questões de autoridade com os brasileiros. Um era, como vimos, o enterro religioso, cuja enorme importância deve ser avaliada no contexto local. A partir do incidente com os maçons em 1874, tornou-se política sistemática dos padres recusar o enterro católico a quem não houvesse chamado o padre para a extrema-unção (Chausse a seu irmão, Lagos, 23.7.1877). Sanção poderosa em uma sociedade em que o enterro era a cerimônia por excelência, e em que uma das principais funções das irmandades, como das tradicionais egbés, era conferir pompa aos funerais.[10] Não é de admirar que com essa ameaça se registrem vários casamentos e batismos *in articulo mortis*: as extrema-unções registradas, que eram duas no ano de 1870, pularam para onze em 1875 (Lettres Cloud, SMA, Rome, 2E4).

O outro trunfo era a escola.

A escola, como vimos, começou ao mesmo tempo que a missão, a 15 de fevereiro de 1869. Uma escola mista, com dezesseis meninos e catorze meninas. Em junho, tinha já cinquenta alunos, em setembro, 88 (53 rapazes e 35 meninas) e a 1º de outubro chegava a cem (64 meninos e 36 meninas). Em 1870, eram 228 (134 meninos e 94 meninas) (Bouche a Planque, Lagos, 18.2.1869, SMA, 17059; Barthe a Planque, Lagos, 4.6.1869, SMA, 17063; Lettres Cloud, SMA, 2E4).

Os alunos acorriam, regozijavam-se os missionários, retirados das insidiosas escolas protestantes, onde se encontravam sujeitos à propaganda herética

---

10. Já no Brasil, uma das principais funções, senão a principal, das irmandades era prover ao enterro dos irmãos, com o máximo de aparato e de séquito possíveis. Na região iorubá, onde os funerais tinham e têm importância social maior ainda, essa função deve ter se exacerbado. A importância dos enterros se reflete nas tarifas diferenciais para os serviços fúnebres: cinco classes de missas de defuntos, sendo a de corpo presente, de primeira classe, a mais cara, "missa cantada com noturno, eça, tapeçarias, repique às ave-marias de manhã e de tarde e doze velas". O enterro era gratuito para as pessoas indigentes (Cahier du Père Pagès, 1874-5, pp. 133-4, SMA, 2A 102).

(por exemplo, Bouche a Planque, Lagos, 3.9.1869, SMA, 17066; Courdioux a Planque, Porto Novo, 26.8.1869, SMA, 20539).

Desde logo se impõe a questão da língua, que só será definitivamente resolvida em 1882. Em que língua deveria ser o ensino? Os brasileiros queriam, a princípio, um ensino em português, não só por motivos de preservação da identidade do grupo,[11] mas também por considerarem que o português era a língua necessária para o comércio na Costa.

O português havia sido, realmente, a língua franca comercial, no Daomé e em todas as cidades costeiras da região: "A língua portuguesa", escrevia o padre Borghéro, "desde Ajudá, é muito espalhada nestas regiões e forma como que um laço comum e uma língua universal no meio de todas estas tribos diferentes que têm cada uma sua língua própria" (Journal du Père Borghéro, SMA, 2E3, 21.4.1861; Abbé Laffite, 1883: 203). Em 1863, Borghéro continua afirmando que em Lagos, como em Porto Novo e Ajudá, o português é a língua comum, e deveria ser a primeira base do ensino. No entanto, interesses políticos e religiosos, continua ele, levariam a se pensar em ensinar francês em Porto Novo (se este se tornasse de fato protetorado francês, o que ainda era incerto na época) e inglês em Lagos (Borghéro a Planque, Ajudá, 26.10.1863, SMA, 19928).

Assim, a primeira escola de Lagos adota o português como língua de ensino. O padre Bouche encomenda cem exemplares do *Compendio da doutrina christã para uso daqueles que não souberem*, cinco exemplares do *Manual da missa e da confissão*, além de exemplares de *Mappas geraes* e do *Fabulista da mocidade*, de Tristão da Cunha (Bouche a Planque, Porto Novo, 25.1.1869, SMA, 21150), e, uns cinco anos mais tarde, Cloud encomenda livros de gramática, aritmética, geografia, dicionários exclusivamente em português e os "manuaes encyclopedicos para o uso das escolas primarias", por Monte Verde (Lettres Cloud, SMA, 2.E.4).

Uma escola em inglês se inicia, no entanto, um ano após a primeira, em 1870, mas é pouco frequentada (Deniaud a Planque, Lagos, 4.4.1872, SMA, 17039). Nessa época, alguns missionários registram a frustração com a escola católica:

11. "Os brasileiros de Lagos, pelo menos os que eu ouvi na missão, esperam que a escola seja brasileira antes de mais nada (portuguesa) [...] Eles fazem questão de sua língua; para eles o português é a língua católica, aquela na qual se deve aprender a religião" (Séquer a Planque, Porto Novo, 2.1.1869, SMA, 499).

Um pai me disse um dia: "meu filho é da idade de fulano, que está na escola protestante, e este tem emprego e ganha a vida, enquanto meu filho ainda vai à sua escola e não aprende nada. A consequência de tudo isso é que muitos pais tiram seus filhos de nossa escola para pô-los nas escolas protestantes, onde, no entanto, só são admitidos mediante pagamento. Uma vez nessas escolas, evidentemente se tornam protestantes. Esse escândalo se repete com frequência. Recentemente ainda, certo crioulo, pai de uns cinquenta filhos dos quais dezesseis entre oito e doze anos, retirou quatro para colocá-los na escola protestante com os outros doze, e forçou-os imediatamente a apostasiar, obrigando-os a ir ao templo [...] é incontestável que as escolas protestantes são muito mais bem instruídas, mais bem cuidadas, mais numerosas e mais frequentadas do que as nossas. Há um belíssimo pensionato de moças; dois tipos de colégio onde se ensinam o belo e puro inglês, matemática, latim, grego, literatura, retórica e música. São negras e mulheres de pastores que instruem as moças, e negros [instruem] os rapazes. Os pastores supervisionam" (Bourguet a Planque, Lagos, 26.6.1872, SMA, 17.047; ver também Beaugendre a Planque, Lagos, 2.1.1871, SMA, 17027, mencionando irmãos brasileiros distribuídos por escolas protestantes e católicas).

Os parcos conhecimentos de inglês dos missionários não eram encorajadores, mas afinal seu português não devia ser muito melhor. Os missionários acabaram contratando um professor saro, protestante. Mas, quando este se vai, em 1873, a escola fecha. Chamado com insistência pelos seus confrades, chega um padre que fala inglês, mas morre pouco depois (R. Hales, 1968, ms.: 31-2). A escola inglesa parece reabrir apenas em 1875 (L. Arial, 1922, Journal du P. Pagès) e, em 1878, chega afinal um missionário irlandês (R. Hales, 1968: 48). Em 1879, um missionário afirma que a língua portuguesa está praticamente morta em Lagos (Boué a Planque, Lagos, 12.1.1879, SMA, 17171).

A questão do nagô fica latente durante esse período: em 1872, Deniaud francamente advoga pelo ensino em nagô, e o superior do Pró-Vicariato, Courdioux, se manifesta em 1873 pela urgência de ensinar iorubá nas escolas de Lagos, como os missionários protestantes (Deniaud a Planque, Lagos, 22.8.1872, SMA, 17053; Rapport Courdioux, 1873, SMA, 20820). Evidentemente a questão da língua está ligada às relações da comunidade brasileira com os missionários. A escola em português expressamente "evitava o descontentamento

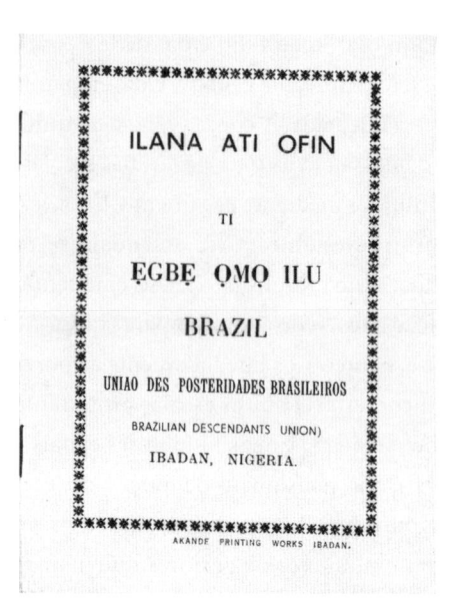

Até os anos 1970, ainda se publicavam em Ibadan opúsculos destinados aos descendentes de brasileiros, com listas de nomes próprios e algumas expressões básicas. [Acervo pessoal da autora]

dos brasileiros" (Séquer a Planque, Porto Novo, 2.1.1869, SMA, 499). Na mesma época, quando os missionários tentaram passar para o francês nas escolas de Ajudá, os brasileiros dessa cidade ameaçaram tirar todas as crianças da escola (J. M. Turner, 1975: 204). Durante a década de 1870, as tensões entre brasileiros e missionários se acentuam, e estes, como veremos mais adiante, de certa forma se sentem reféns dessa comunidade brasileira e incapazes de espalhar o Evangelho entre os "indígenas".

Em todo caso, em 1881, a preponderância inconteste da língua inglesa para o acesso às oportunidades de emprego, que a administração colonial ou as firmas europeias podiam prover, faz com que os brasileiros se inclinem por uma educação formal inglesa (Chausse a Planque, Lagos, 9.8.1881, SMA, 21348); quando, em 1882, o governo inglês proíbe o ensino em qualquer outra língua que não a inglesa (Chausse a Planque, Lagos, 7.7.1882, SMA, 21940; também Moloney a Kimberley, Lagos, 8.9.1882, CO 147/51), sua decisão vem ao encontro de uma opção nesse sentido, já nitidamente perceptível na comunidade. O uso do português, no entanto, perdura até pelo menos a década de 1920 como língua doméstica. A maioria dos descendentes de brasileiros entrevistados men-

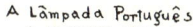

A Lâmpada Português
(- PORTUGUESE LAMP -)

A Paper In General Portuguese Language, Portuguese-Brazilian
Names & Other Items, Vocabulary, Conversations & Phrases...

No. 1   July --- August 1970   FREE

EDUCATOR-----EDUCADOR

Dear Comrades,

I salute you all. Viva dos Brasileiros : VIVA !

The purpose of this Paper which is to be known in Portuguese as ' A Lampada Portugues ' is a Private Journal to put interesting Light on the readers' thoughts.

Many indigenous persons especially in Nigeria and elsewhere known as the Brazilian Descendants who had returned from South-America to their native lands have nearly forgotten the languages which they often spoke in those days. In order to perpetuate as a momento of these foreign languages which can be preserved and spoken again for amusement and posterity, the contents of ' A Lampada Portugues ' will revive their brains by throwing some lights unto their researchs; this, of course will help to corre-ct the many irregularities often committed through spellings and pronounciations of the words and their meanings.

The Educator does not claim to be highly academical in this respect, but he hopes the use of this Journal will be practical and advantageous so far to many 'Brasileiros.' Furthermore, any one who is equally interested can send articles of educational matter to this paper for publications. 'A Lampada Portugues' is expected to be published every two months, and is FREE. Your articles are welcomed.

The Educator.

BRAZILIAN DESCENDANTS ASSOCIATION

2nd ANNIVERSARY SATURDAY 10th JULY
1 9 6 5

1. SERVICE HOLY CROSS CATHEDRAL 7.30 A.M.

"Surely our joy shall be increased"

2. ANNUAL BREAKFAST DIAMOND TEA 8.50 A.M.

"Unity is Strength"

3. SPECIAL MEAL (MOST PLEASURABLE) 12.40 P.M.

"Better is a Dinner of Herbs where love is than a stalled Ox with hatred there with"

4. GRAND MERRIMENT 4-8 P.M.

At St. Pauls School Hall Ebute—Metta

"Make yourself at Home"

a. Brazilian Ancient Dance "S A M B A"
b. Film Show   "B R A Z I L etc."

DRINKABLES

WHISKY GIN BEER STOUT WINE MINERALS.

Messrs A. O Martins and J. A. Cardoso
Barmen

Mesdame: E. A. Magnus Williams & C. I. Ajibodu
Ushers

Convite para uma festa da Associação de descendentes brasileiros em Lagos, 1965.

ciona seu uso e lembra provérbios, canções e expressões portuguesas, as últimas a morrer. Encontramos cartas, por volta de 1900, escritas ainda em português. E em 1970 surge em Ibadan um jornalzinho gratuito em português estropiado intitulado "*A Lâmpada Portuguesa (Portuguese Lamp)*", destinado a ensinar português aos descendentes de brasileiros.

A aquisição do inglês é lenta: em 1883 e ainda em 1886, o *Lagos Observer* (4.1.1883; 7.9.1886) criticava o deficiente domínio do inglês que tinham os alunos da escola secundária católica, quando estes haviam apresentado a comédia de Molière: *He would be a lord (Le bourgeois gentilhomme)*.

As escolas da missão, após um início espetacular, marcaram passo durante algum tempo. Os números do governo britânico e os dos missionários raramente coincidem, mas dão uma ordem de grandeza (Tabela 12).

Em 1873, a chegada das primeiras freiras missionárias havia acabado com a escola mista que os missionários deploravam. Uma escola só de moças, em português, é assim iniciada com umas cinquenta alunas (L. Arial, 1922, SMA, 1C5). Rapidamente o número de moças ultrapassa o de rapazes, o que é um tanto surpreendente, mas deve ser ligado à expectativa de empregos para os rapazes.

Família brasileira em Lagos.
[Société des Missions Africaines]

Aula de costura por professoras católicas em Abeokuta. [Société des Missions Africaines]

TABELA 12

ALUNOS DAS ESCOLAS DA MISSÃO CATÓLICA 1873-1905

Anos	Total de alunos (1)	Meninos	Meninas	Total de alunos (2)
1870		(3) 134	94	228
1871	272			
1872		(4) ±66	±34	±100
1873	235			
1874	250	(3) 94	140	236
1875	251	(3) 107	130	237
1876	255			
1877	280			
1878	300			
1879	337			
1880	316			
1881	337			
1882	305			
1883	150			
1884	253			
1885	495			
1886	511 (em 4 escolas)			
1887	554 (em 6 escolas)			
1890	611 (em 8 escolas)			
1892	648			
1893	728			
1895	705			
1897	706			
1899	830			
1900				
1902	885			
1905	1040			

(1) Fonte: *Blue books for Lagos colony*, 1873, 1874, 1875, 1882, 1885, 1887, 1905.
(2) Fonte: Arquivos SMA.
(3) Lettres Cloud, SMA, 2E4.
(4) Deniaud a Planque, Lagos, 2.8.1872, SMA, 17053.

Em 1882, começa a funcionar uma escola secundária católica (*Lagos Times*, 13.4.1881 e 22.2.1882), e, em 1884, uma nova escola primária é aberta em Ebute-Metta (*Lagos Observer*, 3.7.1884), dessa vez com diretores leigos brasileiros. Esta escola era destinada a agricultores brasileiros que se haviam mudado para Ebute-Metta e oferecido um terreno para a missão (*Lagos Observer*, 28.2.1884);[12] só em 1896 será aberta a primeira escola católica num bairro "pagão" de Lagos, em Itolo (L. Arial, 1922, SMA, 1C5).

Após 1882, as subvenções do governo inglês para as escolas são condicionadas à apreciação de inspetores e aos resultados dos exames públicos. A colaboração de um irmão irlandês vem melhorar as coisas em 1883, e em 1884 as escolas católicas anunciam excelentes resultados (Lettre du Frère Michel, Lagos, 2.6.1883, SMA, 17346, rubrica 14/80202; Pagnon a Planque, Lagos, 17 de outubro de 1884, SMA, 19043, rubrica 14/80205); no entanto, os três alunos brasileiros da escola secundária que prestam exame na escola normal ocupam nesse ano os três últimos lugares (*Lagos Observer*, 27.11.1884). Mas um esforço considerável é feito, e a partir de 1886 os católicos registram retumbante sucesso nos exames públicos, e em particular as escolas femininas (Report of rev. Sunter, Government Report on Schools in Lagos Colony, 1886-7, PRO, CO 147-59; R. Hales, 1968: 48; A. Laotan, 1942: 26). Estas eram as únicas em Lagos que ensinavam economia doméstica, além de bordado, costura, leitura e lavar e passar roupa. As matérias de exame eram leitura, escrita, gramática, geografia, aritmética, ditado e declamação. Na "escola superior" ensinavam-se, em 1900, álgebra, geometria e um pouco de latim (Rapport anonyme, 1900, SMA, 35305, rubrica 14/80202).

A disciplina era severa na escola. O regulamento que o padre Borghéro criara em 1862 para a escola de Ajudá não deixa dúvidas a respeito. Trabalhos domésticos, orações, missas, refeições feitas com faca e garfo, sestas, estudos, tudo isso em silêncio e pontuado por uma campainha. Três horas de aulas diárias. Alguns poucos recreios, dos quais eram expressamente banidos os cantos e as danças locais (Regulamento de Borghéro, *in* Courdioux, Journal d'un Missionaire, ms. SMA, vol. 1, pp. 41-4).

Quarenta anos mais tarde, em Lagos, André Quirino Pereira se queixa numa carta comovente, em português, de um missionário que dera bofetadas

---

12. Seria Eduardo de Souza esse patrono (Pagnon a Planque, Lagos, 25 de janeiro de 1884, entrada nº 17392, rubrica 14/80202).

nos ouvidos de seu filho e os deixara inchados, e pedindo que apenas castiguem o filho "no bolo da mão" (André Quirino Pereira, Lagos, 11.4.1903, SMA, s/ref.). Duas tendências são muito comentadas nas escolas católicas: os padres não favoreciam especialmente o acesso aos empregos da administração, e os mais ambiciosos recorriam às escolas protestantes. A ideia de formar uma comunidade católica de agricultores estava, por outro lado, presente desde pelo menos 1873, mas os missionários não demoraram a perceber que não podiam contar com os brasileiros para tanto.

O que isso revela novamente são apreciações diferentes do papel da escola. Para os brasileiros, era um meio de promoção social e um elo aglutinador da comunidade. Para os missionários, era antes de tudo um elemento de evangelização destinado a não se confinar a uma comunidade específica mas à maior população possível. Os missionários, após se terem regozijado com a existência de uma população católica que lhes era uma entrada na região, sentiam-se restritos ao papel de capelães.

Durante muito tempo, em Ajudá, eles haviam sido obrigados a esse confinamento pelos costumes do país, que entendiam que apenas os brasileiros, seus descendentes e seus escravos podiam se fazer batizar e frequentar as escolas das missões (Séquer a Planque, Ajudá, 26.12.1869, SMA, 20561). Mas esses entraves não existiam em Lagos, e os missionários tinham grandes esperanças dessa nova seara.

No Daomé, para tentar remediar a falta de acesso à população e a sua dependência dos brasileiros, eles haviam seguido a política de comprar crianças escravas para libertá-las e educá-las cristãmente em regime de internato, sendo os internos estritamente separados das outras crianças (Regulamento de Borghéro, *in* Courdioux, Journal d'un Missionaire, ms. SMA, vol. 1, pp. 41-4). Em Lagos, além dos órfãos e dos meninos que pagavam pensão, alguns chefes mandavam seus filhos para o internato. Sobre esses internos os missionários entendiam ter uma influência não compartilhada, e era neles que depositavam maiores esperanças. Courdioux, em 1875, recomendava que se aceitassem os filhos dos chefes[13] (Bouche a Arnal, Lagos, 5.5.1869, SMA, 17064) e se resgatassem

13. A ideia era, evidentemente, conseguir influência no país através desse meio. Em 1884, Chausse resgata a filha de um chefe de Abeokuta roubada pelos jebus. Reconhecido, esse chefe manda todos os seus filhos e seus escravos para a escola católica de Abeokuta (Chausse a Planque, Lagos, 20.6.1884, entrada nº 17376, rubrica 14/80202).

meninas escravas. Queixava-se, com efeito, de que havia poucas meninas internas nas escolas, pois os pais preferiam casá-las muito cedo.

Ora, as meninas católicas eram importantes para que os rapazes saídos das escolas católicas, "após um certo tempo passado para se criarem uma posição, possam contrair um casamento cristão".

É interessante encontrar menção de um noivo brasileiro de Lagos pagando a pensão na escola de freiras de Porto Novo para sua noiva durante três anos para educá-la convenientemente. Após o casamento, o marido descobre que sua mulher não sabe fazer nada, e a manda embora, após tê-la surrado.

A questão, levada ao tribunal, teve as mais tristes consequências. O juiz, vendo um trabalho de agulha dessa pobre mulher, não se conteve e lançou uma censura pública sobre as mestras cuja incúria só se comparava com o trabalho destruidor que ele tinha diante dos olhos! E os esposos quedaram-se separados. Quatro casamentos que deviam ser realizados estão suspensos, e um que já tinha sido anunciado não pode ser concluído (Chausse a Planque, Lagos, 1º de janeiro de 1880, SMA, 21203).

Para os rapazes internos, Courdioux tinha outros planos. Propunha enviar a maioria para um estabelecimento agrícola que queria fundar entre Porto Novo e Lagos (Pelatório do Pe. Courdioux, setembro 1873, SMA, 20820). Seria a futura fazenda-escola de Topo que, segundo o padre Freyburger, que lhe escreveu a crônica (SMA, Cork), era inspirada nas reduções jesuíticas do Paraguai. A ideia era formar uma fazenda "para o desenvolvimento da agricultura com aldeias de jovens que aí educamos" (Cloud ao governador, 4.10.1875, *in* Freyburger, SMA, Cork). Mais ou menos explícita estava também a ideia de que "o ensino mal digerido de tantas escolas na colônia iria produzir inúmeros desadaptados" (Chausse ao cardeal Ledóchowski, Lagos, 30.3.1892, SMA, 17680, rubrica 14/80202).

A fazenda-escola de Topo era, como vimos, um antigo projeto, já evocado desde 1873 (Relatório do Pe. Courdioux, setembro de 1873, entrada nº 20820). Fundada por volta de 1877 com o propósito de promover a agricultura e uma educação cristã, além de prover às despesas da missão, Topo não conseguiu, por razões que já descrevemos deixam evidentes, atrair brasileiros. Durante algum tempo, escravos fugidos de Porto Novo e do Daomé, premidos pela fome, foram se instalar na fazenda de Topo espontaneamente (Chausse a Planque, Lagos, 22.8.1890, SMA, 17538, rubrica 14/80202). Em 1892 e 1893, cem meninos e 35 meninas resgatados da escravidão pelos missionários ou penhorados por seus pais foram levados para a fazenda. Os meninos plantaram em um ano 20 mil pés de coco, para produção de copra, além de outros trabalhos agrícolas. Em 1895, havia 30 mil pés de coco, dos quais menos de um décimo em produção. As meninas faziam a farinha de mandioca, costuravam, lavavam e tratavam do galinheiro (Chausse ao cardeal Ledóchowski, 1893, SMA, 2091/75, rubrica 14/80202). Havia um pequeno rebanho de vacas e ovelhas. Em 1895, havia 65 crianças de oito a 22 anos (*sic*) (Pellet a Terrien Topo, 17.12.1895, SMA, 17724, rubrica 14/80202). Essa diminuição refletia a crescente dificuldade em conseguir escravos para resgate, da qual o missionário se queixa (Pied a Planque, Lagos, 18.4.1895, SMA, 17720, rubrica 14/80202).

É difícil saber se o apreço pelos "ofícios mecânicos", que levou tantos brasileiros que haviam frequentado as escolas a também se habilitar como carpinteiros, pedreiros, alfaiates, e que todos os testemunhos orais enfatizam, seriam consequência da educação dos missionários. É possível que, à falta de torná-los agricultores, os padres tenham encorajado os artesãos. Também é possível que uma tradição familiar tenha atuado nesse sentido, e certamente foi esse aspecto que a história oral reteve: a imagem dos velhos artesãos, dignos e severos, exigindo dos filhos que aprendessem algum ofício manual (entrevistas de Francisco Eugênio Pereira e dr. Alexander da Rocha a Marianno C. da Cunha, agosto de 1975), o que não obstava a que os empurrassem para profissões burocráticas ao mesmo tempo.

Mas o samba que o ourives Vera-Cruz lembra é inequívoco:

Minha mãe quero me casar
Minha filha, diga com quem
É com homem sapateiro
Minha filha não casa bem.

Minha mãe quero me casar
Minha filha, diga com quem
É com homem caixeiro
Minha filha se casa bem.

Muitos testemunhos orais enfatizam também a oposição dos missionários ao ingresso em certas carreiras: segundo o dr. Abiola Akerele (entrevista a Marianno C. da Cunha, outubro de 1975), os padres afirmavam que as carreiras de advogado ou de político eram pecaminosas porque exigiam que se mentisse! (Ver também entrevista de Sylvanus Marquis, setembro de 1975.)

Essas razões não deveriam, creio, ser levadas ao pé da letra. A relativa obscuridade política dos brasileiros em Lagos se deve, provavelmente, à posição mais privilegiada dos saros. Senão, como se poderia explicar que, submetidos à mesma educação e às mesmas influências, os brasileiros do Daomé, sendo os primeiros a ter acesso à língua francesa, tenham ocupado espaço político e social análogo ao dos saros em Lagos? (Ver, por exemplo, J. Turner, 1975: 208ss.)

PROFESSORES, CATEQUISTAS, IRMÃOS INDÍGENAS

Entretanto, a própria escola oferecia uma promessa de carreira. Os missionários católicos, contrariamente aos anglicanos — que em Londres, senão na África, encorajavam a africanização dos seus quadros[14] —, tinham uma posição cautelosa desde o início quanto a uma africanização do clero. Por outro lado, sentiam claramente a necessidade de ajuda nas missões, tanto mais que os já parcos voluntários europeus tinham uma média de vida de cerca de dois anos na costa africana! A ideia de se formar professores e catequistas — as duas atividades não eram distinguíveis — tomou corpo desde cedo. No seu relatório de 1873, o superior da missão sediada em Ajudá preconizava:

> Multiplicar as escolas em cada residência. Além da escola principal da residência, estabelecer em cada localidade uma ou mais escolas suplementares mantidas por indígenas e visitadas diariamente pelos missionários. Pôr à testa das escolas irmãos ou professores indígenas, sob a vigilância dos missionários, a fim de deixar a estes um tempo precioso para o estudo das línguas, para a visita das famílias e outras obras da missão (Rapport Courdioux, Lyon, setembro de 1873, SMA, 20820).

14. A literatura é imensa sobre o assunto. Ver, para uma excelente discussão, A. Ade Ajayi, 1965.

Em Lagos, em 1876, usavam-se e remuneravam-se os serviços de mestre-
-escola de Lourenço Rufino e Bernardo (Reis?) (Cloud a Planque, Lagos,
1.2.1876, SMA, 21037), dois antigos alunos da escola de Ajudá. Lourenço Rufino
voltou para Ajudá em 1880 como diretor da escola, mas sem autonomia real (J.
M. Turner, 1975: 205). Em Ajudá e também em Porto Novo, na década de 1880,
há uma paulatina substituição dos professores franceses por africanos, e quase
todos são brasileiros (J. M. Turner, 1975: 205ss.): em Lagos, também se fala na
contratação de professores locais (Chausse a Planque, Lagos, 7.7.1882, SMA,
21940). Em 1882, Lagos contaria com quatro escolas católicas, sendo uma escola secundária com um europeu e um africano (brasileiro) ensinando, duas
escolas primárias (uma de meninos, com dois professores africanos, e uma de
meninas, com duas professoras europeias); e um jardim de infância só para
meninas, dirigido por uma europeia e uma africana (L. C. Gwam, 1961: 21). Em
1890, seus professores-catequistas africanos trabalham em Lagos. Antonio Joaquim Marinho, antigo aluno de Porto Novo (1874-9), vai ensinar na escola
agrícola de Topo. Em 1887, quando Topo é queimada pelos ajidos, Marinho
será mandado para a escola de Ebute-Metta, em Lagos, como diretor.[15] Casa em
1890, e sua mulher, tida por excelente costureira, fica responsável pela escola de
moças (depoimento de Mr. Anthony J. Marinho *in* R. Hales, 1968: 72).

Muitos professores-catequistas são formados nas escolas de Lagos, a partir dessa época, e mandados depois para escolas do interior.[16] Quase todos
são brasileiros. Mas, para alguns, a profissão de *teacher* era o patamar para
uma carreira de outro tipo. Dos três primeiros professores diplomados por
exames públicos, em 1884 (*Lagos Observer*, 27.11.1884), um faz brilhante
carreira comercial e política, outro fica no ensino e do terceiro não se ouve
mais falar.[17] Ser professor era, no entanto, prestigioso em si mesmo (*Lagos*

15. Antonio Marinho guardou essas funções até 1924!
16. Por exemplo, Bernardo Santana e sua mulher, Rosália, vão para Ibonwon por volta de 1902
(Esure diary, s. d., p. 103, e Lang, 1902, Missionary diary, p. 57); Januário Gomes, em 1906, vai
para Isiwo, na mesma região.
17. Um é Lourenço Cardoso, que, após ter sido de 1884 a 1893 diretor da escola primária católica de Lagos (São Francisco Xavier), vem a ser próspero comerciante de atacado e varejo, além de
leiloeiro. Em 1898, torna-se agente de uma firma europeia a quem vende sua casa comercial

Weekly Record, 12.6.1909, comentando admoestação do bispo Lang aos professores católicos).

O controle dos professores continua uma preocupação. Ainda em 1902, um missionário explica aos jebus que, ao contrário dos anglicanos, "o professor católico não será senhor entre eles, não poderá conduzir o serviço religioso, e só poderá traduzir o que o padre lhe disser. Não terão que se preocupar com ele, o padre o vigiará e o mandará embora se ele não se comportar" (Missionary diary of Mr. Lang, 1902, SMA, p. 53).

Mais complicada do que a questão dos catequistas parece ter sido a da admissão de "indígenas" nos quadros da própria sociedade missionária. Como era de prever, essa questão não demorou a se apresentar: em 1868, dois brasileiros, Joaquim e Francisco Viranca (ou Villança?), pedem admissão como "irmãos"[18] em Porto Novo. Depois de um ano probatório, persistem nesse propósito (Courdioux a Planque, Porto Novo, 8.10.1864, SMA, 20546). Antes de receber seus votos, no entanto, o superior pede a todos os missionários que já haviam trabalhado na região sua opinião a respeito da admissão de "irmãos indígenas" na Sociedade das Missões Africanas e na própria Missão, da mesma forma como se admitiam irmãos europeus, sem distinção quanto ao alojamento, a comida e o enxoval (Courdioux a Planque, Porto Novo, 8.10.1869, SMA, 20546). As respostas variaram: o padre Bouche achava que, quanto à comida e ao enxoval, o que era necessário aos europeus era um luxo para os indígenas; e que convinha que não se distanciassem demais, pela sua roupa ou por seus hábitos, daqueles entre os quais deveriam trabalhar, "pois os negros vestidos são mal recebidos pelos outros". Sem ir até vesti-los de tanga, não se deveria dar-lhes casacas, meias, nem provê-los do guarda-sol branco, que assinalava a dignidade dos missionários. Podiam comer a comida do país, no refeitório,

---

(*Government Gazette*, 27.11.1896, pp. 48 ss.; *Lagos Standard*, 15.12.1897 e 21.12.1898); muda de nome para Alade por volta de 1894; entra na política nacionalista, ao lado de Macaulay, e elege-se vice-presidente da seção lagosiana do National Congress of British West Africa (Deniga, 1921). Outro é Antônio M. Sant'Anna: torna-se professor de inglês na escola católica de Porto Novo (*Lagos Observer*, 29.12.1888). Mais tarde, Anthony Laotan, educado em Ebute-Metta e adotado por Marinho, também seria professor antes de se lançar no jornalismo e na política ("Anthony Laotan as I knew him", ms. *in* R. Hales, 1968).

18. Irmão era um grau inferior ao de padre; tecnicamente, segundo as Constituições da Sociedade, sua função era a de "coadjutor temporal".

com os alunos. Um outro missionário, Durieux, tinha a mesma opinião. Mas Cloud e Courdioux, este último mais realista, sustentavam que não se deviam estabelecer diferenças de condição dentro da Sociedade, pois, além de motivos de justiça, "eles só podem gozar de consideração entre seus compatriotas se estiverem estreitamente assimilados aos irmãos europeus; se não admitirmos esta igualdade, moderada pela prudência do superior [...] será quase impossível se conseguirem irmãos indígenas". Enquanto Bouche e Cloud achavam que só se deviam conferir ocupações manuais e subalternas aos irmãos indígenas, Courdioux achava importante que, "*temporariamente e segundo as circunstâncias,* os superiores locais os empregassem em funções mais elevadas, como a de dar aulas, de ir ensinar os rudimentos da fé nas choças para preparar os doentes ao batismo etc. Isso sem deixar que percam a noção de que são antes de mais nada os ajudantes temporais dos missionários" (Courdioux, Question des frères indigènes, 1869, SMA, 20547; grifos no original).

O superior geral em Lyon, Planque, tem a mesma percepção dos motivos dos postulantes, mas tira conclusões opostas. Escreve ele:

> não devemos dissimular que dificilmente se encontram espíritos que não estejam imbuídos de ideias falsas sobre os irmãos que eles pomposamente chamam de irmãos catequistas. O que nós precisamos é de irmãos coadjutores que entendam a obra de Deus sob suas formas mais humildes e nos ofícios mais ordinários (Planque, Lyon, 20.6.1867, *in* Courdioux, *idem*).

Contra o bom senso de Courdioux, superior da missão, o superior geral Planque continua objetando em 1870: acha que equiparar os irmãos indígenas aos europeus provocaria, além de despesas para a missão, um orgulho desnecessário. Além disso, acrescenta, "é talvez também tirar-lhes uma parte da influência que eles podem ter sobre os outros negros. Pois se os negros desconfiam dos brancos e não lhes revelam todos seus pensamentos, não perderão eles a confiança num negro que se terá tornado completamente branco?" (Planque a Courdioux, Lyon, 30.1.1870, SMA, 20724, rubrica 14/80202).

Parte dessas objeções pode ser atribuída ao desconhecimento da situação local. O projeto de missionários como Planque era fazer penetrar o catolicismo na população africana em geral, "como o levedo na massa". A pressuposição do superior geral, em Lyon, era de que os primeiros conversos africanos seriam a ponta de lança dessa conversão, mas que para isso não deveriam distanciar-se da população. Essa apreciação pode ser comparada às atitudes um pouco mais tardias entre setores revivalistas protestantes. A associação que vem imediatamente à cabeça é a de Brooke, o missionário anglicano que pregava uma maior proximidade do clero africano com seu rebanho: Brooke em particular imitava os muçulmanos na sua proximidade com os fiéis, e queria uma intransigente conversão da alma. Foi ele o responsável, em 1890, pelo terrível expurgo da missão do Níger, que tinha à sua frente o bispo saro Crowther (J. B. Webster, 1964: 8ss.). Ora, a conversão ao cristianismo certamente não se dava ao longo dessas linhas: como bem sabia o superior local, era, ao contrário, enquanto provia um canal de europeização, de distinção, do resto da população "pagã", que o cristianismo tinha prestígio aos olhos dos africanos. Retirar-lhe esse cunho europeu era retirar-lhe qualquer possibilidade de influência e, portanto, qualquer possibilidade de propagação.

Seja como for, os dois "irmãos indígenas", após todas essas consultas, acabam sendo admitidos, aparentemente com os mesmos votos dos irmãos europeus, embora Planque houvesse sugerido a certa altura que fizessem votos simples que não dependessem de Roma para serem levantados (Planque a Courdioux, Lyon, 30.1.1870, SMA, 20724). Em 1872, esses dois irmãos são mencionados em Lagos (2.5.1872, Liste de personnel, SMA, 20774). Talvez ainda estejam entre os "quatro irmãos agregados à nossa sociedade" assinalados em 1878 (Louapre, Lagos, 12.11.1878, SMA, 21230). Mas depois disso não se ouve mais falar deles. No documento de 1878, Louapre observa que "será provavelmente necessário esperar outra geração para se obter vocações religiosas", e, em 1882, Chausse comenta que "não haverá tão logo sacerdotes indígenas" (Chausse, Réponse aux questions contenues dans l'Instructio S. Congregationis de Prop. Fide..., setembro de 1882, SMA, 21338). A comunidade parece ter ficado ressentida com essa exclusão: na mesma época em que o expurgo pelos ingleses da diocese do Níger, anteriormente sob o comando do bispo africano saro Crowther, agitava os espíritos, os católicos de Lagos dirigem uma petição por um bispo católico em Lagos ao prefeito da Propaganda da Fé, em Roma. O bispo sugerido é um francês, Chausse, sagrado alguns anos mais tarde, mas o arrazoado é eloquente:

> Os europeus nunca poderão levar as imensas regiões da África ao catolicismo a não ser que sejam ajudados em seu trabalho por um clero indígena. Esperamos

ver um dia alguns de nossos filhos serem padres e missionários. Mas nós não somos ricos, não poderemos mandá-los para a Europa para sua instrução sacerdotal. Terão de ser educados aqui. Será preciso um bispo para ordená-los (Anexo a Pellet, Lagos, 20.10.1890, SMA, 17541, rubrica 14/80202).

Em 1895, o futuro bispo Pellet menciona projetos de seminário em Topo (Pellet a Terrien, Topo, 17.12.1895, SMA, 17724, rubrica 14/80202), e, em 1896, o *Lagos Standard* (24.6.1896) noticia a ordenação na Igreja Holy Cross do "*brother* Aujere" pela "primeira vez na colônia de Lagos, e até na África Ocidental". Porém, não achei mais rastro desse primeiro irmão nigeriano em nenhuma história da missão: Martin J. Bane (1956: 149), por exemplo, um historiador da congregação, comenta a ausência de vocações religiosas "apesar dos esforços", e não menciona essa ordenação.

Em 1890, nas seis missões do Vicariado do Benim, há dezessete padres, dezenove freiras e dezesseis professores ou catequistas indígenas (*in* Pellet, Lagos, 2.10.1890, SMA, 17541, rubrica 14/80202). Entre esses últimos, seis trabalham em Lagos (Chausse ao cardeal Ledóchowski, Lagos, 30.3.1892, SMA, 17680, rubrica 14/80202). Mas a posição dos africanos é nitidamente secundária diante do clero europeu.

O CATOLICISMO COMO CACIFE DOS BRASILEIROS

Os missionários, lembremo-lo, haviam ido para Lagos com grandes esperanças evangelizadoras, pois aí, contrariamente a Ajudá, não vigorava a proibição de converterem os indígenas (Séquier a Planque, Ajudá, 26.12.1869, SMA, 20561). Proibição relativa, aliás, como veremos mais adiante. Seja como for, os resultados não foram espetaculares. No começo, cinco "pagãos" parecem ter pedido o batismo (Bouche a Planque, Lagos, 6.4.1869, SMA, 17060). Mas, com o correr dos anos, excetuando as crianças escravas resgatadas pela missão e os brasileiros, apenas uns raros "pagãos" aderiam ao catolicismo.

Em 1879, os missionários estavam se sentindo cada vez mais cerceados por seus patronos brasileiros, que já os haviam forçado a aprender português. Nesse ano, a presença em Lagos de um padre fluente em iorubá, o *père* Baudin, lhes dá novas esperanças. Baudin, que havia escrito um dicionário e uma gramática nagô, traduz o catecismo de Cambrai para iorubá (Boué a Planque, Lagos, 12.1.1879, SMA, 17171). Nesse ano, registra-se um alto número de conversões de pagãos — dez —, mas sua origem não é especificada (Durieux, Lagos, 30.9.1879, SMA, 17179). É nessa época também que se instalam as primeiras missões católicas no interior: Abeokuta em 1880; Oyo em 1884 e Ijebu em 1886 (F. Robert Hales, 1968: 46). Nesses três lugares, os missionários são bem-vindos por razões políticas: essas cidades temiam a iminente expansão inglesa e durante algum tempo favorecem a vinda dos franceses. Em Abeokuta, além disso, o ministro anglicano saro James Johnson havia indisposto a cidade com uma intransigente condenação da escravidão doméstica, e é assim que, embora a primeira escola comece na casa de Marcolino Assumpção, os padres pensam poder escapar aos seus exigentes patronos, e o missionário Holley pode escrever com alívio indisfarçado: "Aqui não temos católicos feitos, nosso novo povo até agora é composto de pagãos, de protestantes de todos os matizes" (Holley à sua irmã Marie, Abeokuta, 27.10.1880, SMA; Chausse a Planque, Abeokuta, 12.8.1880, SMA; *idem*, Lagos, 23.8.1880, SMA, 21938; sobre Ijebu, ver Chausse a Planque, Lagos, 21.6.1886, SMA, 17429, rubrica 14/80202).

Mas em Oyo, por exemplo, passado o primeiro entusiasmo (176 batismos em cinco meses!), a missão vegeta lamentavelmente durante pelo menos vinte anos. Em Oyo e em Abeokuta, as únicas crianças que os padres conseguem são as que lhes são dadas em penhor, em troca de empréstimos de dinheiro (Rapport du Père Hauger, Oyo, 7 de maio de 1905, *in* Journal d'Oyo, SMA, Cork; Récit du Père Coquard, *in* L. Arial, 1922, Mission de la Nigeria, SMA, 1C5), ou senão escravos resgatados e órfãos. Aparentemente, entre 1885 e 1887, já os brasileiros haviam retomado em Abeokuta a posição de fiéis privilegiados. Não só isso: "os brasileiros, ao contato dos protestantes, tinham ficado imbuídos de seu espírito. Queriam ser os senhores e governar eles próprios a missão. O padre superior seria apenas seu mandatário". As coisas se envenenam e o "chefe dos cristãos" (o babá egbé), Marcolino Assumpção, um belo dia proíbe que se vá à igreja. No domingo seguinte, na missa, só havia as religiosas com umas meninas, o professor, uns meninos e três ou quatro pagãos. Finalmente, a egbé vence e o padre Brun, o superior, vai embora para Lagos em 1887 (Récit du Père Coquard, *in* L. Arial, 1922, Missions de la Nigeria, SMA, 1C5). Coquard, um truculento bretão, consegue mais tarde reconquistar uma autonomia e uma nova seara, graças a um tipo de serviço que passa a prestar: o de médico e cirurgião. Coquard, que não era médico, funda primeiro um hospital e depois, em 1897, um leprosário em Abeokuta com a ajuda da brasileira de Lagos Luísa Rodrigues, e consegue com isso uma nova relação com a população. Em 1897, Coquard se orgulha de 184 batismos, dos quais 24 de adultos "heréticos e pagãos". Mas a maioria desses batismos era feita *in articulo mortis* (dos 184, 140 morreram imediatamente depois), condição pouco propícia para um aumento da comunidade cristã (Coquard à irmã, Abeokuta, 18.10.1897).

Em Lagos, as autoridades tradicionais conservavam os missionários à distância. O ex-rei Kosoko, exilado em Epe, havia mandado um dos filhos estudar com os padres, provavelmente para usar sua competência em português nas atividades comerciais. Kosoko havia tido, com efeito, muitos negreiros brasileiros na sua corte e comerciava direto com o Brasil, necessitando, pois, de pessoas que lessem e escrevessem português. Mas isso não implicava apoio à missão. O rei de Lagos, Docemo, também havia distribuído alguns filhos entre as escolas anglicanas e metodistas de Lagos, em 1872 e novamente em 1876, com intuitos análogos. O missionário saro James Johnson descreve, a propósito, que o ex-rei pensava utilizar os filhos para sua correspondência, além de querer entrar nas boas graças do governo britânico (J. Kopytoff, 1965: 250). As primeiras menções que encontrei de relações das autoridades tradicionais com a Igreja Católica datam do início do século XX, quando os chamados "White Cap Chiefs" de Lagos assistem à inauguração da igreja de São Miguel de Itolo, a primeira feita em bairro pagão (*Lagos Standard*, 11.5.1904.[19] Essa aproximação diplomática não implica, porém, adesão; em 1897, três quartos dos católicos de Lagos, avaliados em cerca de 3 mil, são ainda brasileiros (Pellet a Planque, Porto Novo, 5.8.1897, SMA, 21949, rubrica 14/80202).

As escolas, que haviam sido o instrumento de conversão privilegiado pelos missionários, atraíam certo número de não brasileiros: dos 740 alunos de 1897 em Lagos, 208 eram não católicos (86 pagãos, 57 muçulmanos e 65 protestantes). Mas os padres sabiam que só metade se converteria. Em contrapartida, alguns brasileiros — 32, no mesmo ano de 1897 — iam procurar

19. Três anos antes, os "*white cap chiefs*" estão entre os convidados ao casamento, na igreja católica, de Clementina de Souza e José Pedro Marquis (*Lagos Standard*, 15.5.1901).

Padre Coquard e Luísa Rodrigues em Abeokuta. [Société des Missions Africaines]

nas escolas protestantes uma educação mais anglicizada e voltada para a administração, a política e o comércio (Pellet a Plante, Porto Novo, 5.8.1897, SMA, 21949, rubrica 14/80202).

O que parece resultar de tudo isso é que pelo menos até o fim do século XIX prevaleceu no fundo a concepção tradicional da religião como coextensiva a determinado grupo social, como um "costume puramente local", conforme percebido por Borghéro (ver *supra*). Os brasileiros se apropriaram do catolicismo. O significado exato desse ponto não é que todos os brasileiros fossem católicos — muitos eram exclusivamente muçulmanos, alguns se tornaram protestantes, alguns, sobretudo no interior, voltaram aos cultos tradicionais —, nem que todos os católicos tivessem de fato um passado brasileiro. Descendentes mulatos dos negreiros e comerciantes brancos — a família do genovês Carrena é um exemplo —, além dos cubanos, eram geralmente assimilados aos de origem brasileira. Além disso, os escravos, esposas "indígenas" e os agregados em geral eram incorporados à comunidade[20] (por exemplo, Journal du Père Borghéro, abril de 1864; SMA, 253: 140).

A questão era, sim, que todo converso católico se tornava *ipso facto* brasileiro. Vários indícios: o termo *agudá* (derivado de Ajudá?) significava ao mesmo tempo católico e brasileiro; os padres implicitamente sustentavam a apropriação, pois, embora eles próprios fossem franceses e em país de língua inglesa, batizavam os conversos — quaisquer que fossem suas origens — com nomes portugueses, e isso durante todo o período considerado.[21]

Os "indígenas" também entendiam a questão nos mesmos termos: tornar-se católico era tornar-se membro de uma comunidade estrangeira. Escreve Borghéro:

> É verdade que em princípio o cristianismo é proibido, mesmo sob pena de morte aos indígenas [de Ajudá]. Mas a partir do momento em que, de uma forma ou de outra, um indivíduo é tido por agregado a um mulato ou a um desses negros que são chamados brancos porque vivem à moda dos brancos, ninguém mais se opõe. É verdade que o cristão é excluído dos cargos públicos, não se deixará jamais que tenha influência. Os cristãos são considerados estrangeiros vivendo entre os negros. O indígena que adere ao cristianismo é entendido como tendo renunciado à pátria, do mesmo modo que os cristãos são considerados estrangeiros no país. Mas até agora o rei [do Daomé] e os outros chefes não se mostram nada hostis (Journal du Père Borghéro, SMA, Rome, 2E3, abril de 1864, p. 140.).

E alguns anos mais tarde, Courdioux assinala que "o batismo confere o direito de se vestir à europeia e, em decorrência, de ser isentado do serviço militar [para o rei do Daomé]" (Courdioux a Planque, Porto Novo, 12.11.1872, SMA, 20782).

20. Laotan, o primeiro cronista da comunidade brasileira, professor e depois jornalista e político, é um bom exemplo: educado por Antonio Marinho, então diretor da escola católica de Ebute-Metta, Laotan, fervoroso católico, foi inteiramente incorporado à comunidade brasileira, embora não tivesse nenhuma história familiar que passasse pelo Brasil.
21. Ainda em 1908, o bispo Lang batiza um jebu, em Esure, mudando-lhe o nome de Jonathan para Lourenço! (Mgr. Lang, 1902, SMA, 80).

Assim, localmente, todos pareciam entender que catolicismo e brasilianidade eram termos coextensivos. As fronteiras do grupo e da religião coincidiam. Será preciso lembrar que a passagem de indivíduos por essas fronteiras não as anulava, mas ao contrário as reforçava, na medida em que cruzá-las implicava mudar de identidade (F. Barth 1969: 13ss.)?[22] Não é, portanto, de admirar que os brasileiros não estivessem interessados em propagar o catolicismo, mas antes em reservá-lo para si e seus parentes e agregados.

O catolicismo como religião universal se opõe à maneira como é entendida em contextos históricos: nesse caso, muito claramente, sua universalidade era esquecida em favor de sua aptidão para demarcar um grupo. Isso leva à conclusão, que explicitaremos mais adiante, de que não se pode falar em religiões universais no absoluto. Religiões são entendidas ou mesmo apropriadas localmente sob formas diferentes que podem, como nesse caso, obliterar uma característica tão importante quanto a universalidade que se arroga a mensagem cristã.

Sobre o islã entre os brasileiros de Lagos, sabemos muito pouco. Que era um contingente importante, não resta dúvida. Os testemunhos da época, como a história oral, o ressaltam. As perseguições policiais do Império, em torno da revolta dos malês em 1835, a que nos referimos longamente nos primeiros dois capítulos, baniram ou levaram à saída do Brasil um número considerável de muçulmanos. Mas o que não sabemos ao certo é se esses muçulmanos brasileiros se mantiveram distintos dos outros muçulmanos, ou até que ponto o fizeram. A. Laotan, fortemente associado ao grupo católico, dá uma longa lista de brasileiros muçulmanos de Lagos, mas afirma que muitos destes, apesar das convicções religiosas pessoais, se identificavam com "a causa católica" (A. Laotan, 1843: 17). Burton, falando dos muçulmanos que viu em Lagos em 1861, menciona nessa comunidade, que ele avalia em cerca de oitocentos, um alfaiate que viera do Brasil (R. Burton, 1863, vol. 2: 225). Aparentemente não fazia parte de nenhum subgrupo distinto de muçulmanos brasileiros.

22. Da mesma maneira, os muitos brasileiros que aderiam a uma Igreja Protestante se tornavam saros para todos os efeitos. Um exemplo é o famoso Meffre, brasileiro de origem ijexá, que havia sido convertido ao metodismo, e desde então considerado saro. Meffre, que fora babalaô, adivinho, tentou converter, por sua vez, os reis de Lagos, Akitoye e depois Docemo, através de sábias exegeses sobre os nomes de Ifá, o orixá da adivinhação, que tendiam a sugerir a identidade de Ifá e do Cristo (reverendo James Johnson ao reverendo H. Wright, CMS Archives, nº 57, rec. setembro 4/76, 2 de agosto de 1876: 375).

As duas monografias existentes sobre o islã no século XIX entre os iorubás não distinguem os brasileiros do resto da população muçulmana (T. G. O. Gbadosi, 1978, e P. Ryan, 1979). Há rastros, no entanto, de uma comunidade muçulmana brasileira em Lagos que se manteve distinta dos outros iorubás islamizados: são, por um lado, a existência de mesquitas brasileiras; por outro lado, algumas referências esparsas durante as agitações políticas da virada do século. No ato público convocado para protestar contra o projeto do governo de água encanada e as taxas associadas, em 1908, e que reuniu cerca de 10 mil pessoas, havia representantes distintos de vários grupos muçulmanos. Um deles, Lemomu Disu, falou em nome dos muçulmanos brasileiros (*The Nigerian Chronicle*, 27.11.1908). Na reunião da United Native Progress Society, que congregava vários setores de Lagos, os muçulmanos brasileiros são mencionados separadamente (*The Nigerian Chonicle* 19.8.1910).

Dois iorubás de origem brasileira, Imam Augusto e Jibril Martins, foram líderes da reforma islâmica de origem indiana, *Ahmadiyah*, que penetrou a região iorubá por volta da Primeira Guerra Mundial. Adeptos de uma ocidentalização da educação formal,[23] ambos foram estudar direito na Inglaterra.

Se não sabemos ao certo quais as relações dos muçulmanos brasileiros com seus irmãos de fé, a tradição oral ressalta os fortes laços existentes com os outros brasileiros (ver, por exemplo, entrevista do sr. Abiodun Akerele Pinheiro a Marianno C. da Cunha, Ibadan, novembro de 1975). Com eles participavam de festas familiares e de festas comunitárias, como a de Nossa Senhora dos Prazeres. Muitos seriam ao mesmo tempo — pelo menos até a década de 1870 — católicos e muçulmanos. Ramos de uma mesma família pertenciam a religiões diferentes sem quebra de seus laços: o sr. Cosmos Taiwo Ade Anthonio, por exemplo, nascido em Lagos em 1899 e católico fervoroso, tinha, além do nome brasileiro e iorubá, um nome muçulmano, Jimo, em atenção ao ramo islâmico da família (entrevista de Cosmos Anthonio, Oshogbo, 5.5.1975).

O caso do catolicismo dos brasileiros de Lagos permite várias comparações, algumas iluminadoras: de um lado, com os brasileiros do Daomé, estudados por J. M. Turner. De outro, com outras comunidades iorubás na diáspora, os *créoles*

---

23. Augusto havia começado em sua própria casa uma efêmera escola para crianças muçulmanas, no intuito de promover educação ocidental. A escola, iniciada em 1916, durou apenas um ano, mas somou-se a outros esforços no mesmo sentido (H. Fisher, 1963: 97, 104).

Mesquita central, em Victoria Road, cuja construção foi iniciada por João Baptista e concluída pelo seu aprendiz Sanusi Aka. Fotografias de Pierre Verger. [© Fundação Pierre Verger]

Mesquita de Shitta Bey e detalhes dos azulejos e da porta,
em Martin Street, construída por João Baptista da Costa.
Fotografias de Pierre Verger. [© Fundação Pierre Verger]

de Serra Leoa, os iorubás no Brasil; enfim, com outras comunidades semelhantes em Lagos mesmo, os saros e eventualmente os brasileiros muçulmanos.

No Daomé, J. M. Turner enfatiza com razão a singular relação de dependência dos brasileiros em que os missionários se achavam até a conquista do Daomé, no final do século. Os brasileiros seriam os patronos e eles, os clientes (J. M. Turner, 1975: 156). Embora Turner estenda a caracterização a Lagos, não creio que a situação fosse realmente a mesma. A presença de um governo colonial em Lagos, com o qual os missionários podiam se entender diretamente e sem intermediários, retirava aos brasileiros muito de sua força. Não creio que seja fortuito o fato de os padres em Lagos terem incorporado o padre Antonio e expurgado os maçons das irmandades. Ao contrário, em Abeokuta, no período entre o estabelecimento da missão e a anexação pelos ingleses, a comunidade brasileira acabou levando a melhor sobre a hierarquia: situação análoga à de Ajudá, onde os brasileiros jogavam com a disputa, na década de 1860, entre os padres franceses e portugueses pela sua jurisdição espiritual.

A independência das comunidades religiosas iorubás é atestada desde o início do século XIX em Serra Leoa. Em 1829, os iorubás estabelecidos na aldeia de Wellington haviam construído sua própria igreja. O governo objetou, e os habitantes negociaram com a Igreja Anglicana, que deveria assegurar um pregador regular. Mas o contrato estipulava que, se durante um ano o púlpito não fosse preenchido, os anglicanos perderiam seu privilégio (J. Peterson, 1969: 233). A existência de associações voluntárias com variados tipos de recrutamento, por origem étnica, por vizinhança, por terem chegado a bordo do mesmo navio negreiro, mas também por pertencerem à mesma Igreja, é característica dos iorubás de Freetown. Em 1817, na aldeia de Regent, uma associação voluntária que recruta seus membros na Igreja Anglicana sobrevive ao desaparecimento da missão CMS (J. Peterson, 1969: 259ss.).

As associações voluntárias *esusu*, *compins* e *tontines* foram a base, como já foi analisado em Freetown, de uma independência comercial e política consideráveis por parte dos iorubás (J. Peterson, 1969: 262ss.). O mesmo padrão foi encontrado, como vimos em capítulo anterior, entre os africanos ocidentais em Cuba e no Brasil do século XIX, em parte transplantado para os cantos ou cabildos, mas também canalizado nas irmandades religiosas. Até hoje esse tipo de organização de egbé, sociedades de leigos associados às igrejas, perdura entre os iorubás (J. Eades, 1980: 134).

Os católicos brasileiros de Abeokuta se organizavam nesses moldes, com um babá egbé (chefe de associação) à frente, e em 1887 conseguiram triunfar sobre os padres. A irmandade do Rosário de Lagos, contra a qual o padre Cloud fulminava, parece ter sido uma associação desse gênero. Em Lagos, os padres procuraram dar às irmandades o mesmo cunho estritamente devocional das Filhas de Maria, sem contudo lograr um sucesso total. A elitista Catholic Friendly Society organizou-se no começo do século XX, nos moldes tradicionais de sociedade de ajuda mútua. Mas a animosidade entre os pastores e seu rebanho revela a tensão existente entre a hierarquia católica e uma congregação fortemente organizada e capaz de fazer valer os próprios projetos.

Outras questões podem ser abordadas para fins de comparação, e uma delas é a ausência de cismas na Igreja Católica, em forte contraste com as Igrejas protestantes, que iniciaram em 1888 na Nigéria um movimento de divisão. Batistas primeiro, seguidos em 1891 por anglicanos e metodistas, criaram as Igrejas africanas independentes (J. B. Webster, 1964).

Os brasileiros tomaram parte ativa na movimentação política nacionalista que agitou Lagos nessa época (A. Ajayi, 1961). Muitos mudaram seus nomes para tomar nomes nativos (ver, por exemplo, anúncios publicados no *Lagos Standard*, 17.10.1900) e clubes sociais brasileiros começaram, como os de saros, a se interessar pelas tradições iorubás (*Lagos Standard*, 2.5.1900); vários brasileiros, inclusive pessoas com fortes laços com a Igreja quanto Egídio J. de Souza e Lourenço Cardoso, participaram dos movimentos de protesto do fim do século (ver, por exemplo, *Lagos Standard*, 15.9.1901).

O *Lagos Standard*, cujo dono era um dos líderes da Igreja cismática United Native African Church (UNA), fundada em 1891, foi um dos veículos da oposição religiosa e política à onda imperialista da década de 1890. Um brasileiro, sob o pseudônimo de SUPRA, provavelmente de origem egbá, publicou uma dúzia de cartas nesse jornal: numa protestava contra a discriminação nos empregos (*Lagos Standard*, 17.7.1901); noutra, contra ações de um padre católico em Abeokuta (*Lagos Standard*, 3.2.1902).

Os brasileiros católicos não ficaram, portanto, à margem do movimento político geral. Sua íntima associação com o importante líder John Augustus Otonba Payne, que visitou o Brasil em 1886 e casou em segundas núpcias com uma brasileira (J. Kopytoff, 1965: 296), é outro indício nesse sentido.[24] Uma filha de Payne foi educada em escola católica (Rapport 1900, SMA, rubrica 14/80202).

No entanto, esse nacionalismo, que foi intimamente ligado ao separatismo religioso, deixou de produzir cisma em uma única Igreja, a Católica. Não que esta fosse isenta de acusações de discriminação e racismo semelhante às que pesavam sobre as Igrejas Batista, Metodista e sobretudo contra a Church Missionary Society na mesma época. Um exemplo: o organista e regente do corpo da igreja Holy Cross, de 1895 a 1897, após a morte do padre Sedant, havia sido um brasileiro, o sr. A. F. Silva. Mas em 1897 um padre francês é nomeado organista, enquanto ao organista brasileiro são apenas concedidas uma bolsa e um discurso de agradecimento. O *Lagos Standard* comenta com acidez: "Isso simplesmente nos lembra que as sociedades missionárias são afinal todas iguais, sejam católicas ou protestantes, francesas ou inglesas" (*Lagos Standard*, 17.11.1897).[25]

O padrão dos cismas religiosos nas diversas comunidades iorubás é recorrente. De forma genérica, uma comunidade que é ao mesmo tempo étnica e religiosa se separa da matriz, em geral após uma disputa pelo controle das posições de autoridade nas igrejas. Um bom exemplo pode ser encontrado em Serra Leoa, na primeira metade do século XIX. Por descontentamento com os quadros europeus, boa parte dos iorubás libertos adere à West African Methodist Society, ramo dissidente de Wesleyan Methodist Missionary Society, fundada pelos chamados "Nova Scotians" em 1822. Estes eram ex-escravos norte-americanos que haviam combatido ao lado dos ingleses durante a guerra da independência americana, e que, sob proteção britânica, se haviam estabelecido em Serra Leoa em 1792. Por terem chegado à colônia antes dos iorubás, detinham uma posição política privilegiada em relação a estes. Em 1844, os iorubás se separam dos Nova Scotians, que os discriminavam por mero receio de sua superioridade numérica, e fundam a West African Methodist Church (J. Peterson, 1969; 231ss.). As facções político-religiosas seguem assim clivagens que, à primeira vista, são de origem étnica. Mas a aparência é enganosa, pois não existem cismas egbás ou ijexás, embora na mesma época houvesse em Freetown uma

---

24. Payne, um saro de origem jebu, foi, por exemplo, quem fez o discurso comemorativo da abolição da escravidão no Brasil, representando a comunidade brasileira (Anti-Slavery Society Papers).

25. No ano seguinte, G. A. Williams, o dono do *Lagos Standard*, é multado por causa de um artigo contra o bispo católico Pellet (J. B. Webster, 1964: 137).

separação territorial de grupos de origem iorubá (ou seja, de Oyo), egbá e ijexá (J. Peterson, 1969: 163-4). O que claramente determina a identidade relevante são os agrupamentos políticos significativos no âmbito da colônia, e estes não distinguem necessariamente os subgrupos étnicos.

Poderia ser argumentado, como faz Ayandele (1966: 242ss.), que muitas vezes são as próprias Igrejas que criam um sentido de comunidade mais abrangente, e que, portanto, de alguma maneira definem a identidade étnica relevante. Mas essa observação, que por certo é fundamentada, não torna tautológica a relação acima. Reforça, ao contrário, a ideia que expus de que religião e comunidade são pensadas como coextensivas na África Ocidental no século XIX. Assim, tanto poderíamos dizer que a cada comunidade corresponde uma Igreja quanto que são as Igrejas que, ao longo de todo esse período, formam novas unidades políticas relevantes para a arena da época.

Dada essa participação dos brasileiros católicos na movimentação religiosa e política que marcou o final do século XIX, como explicar que, única entre as Igrejas missionárias, a Católica não tivesse passado por um cisma?

Webster (1964: XVI-XVII) sugere um certo número de razões para tanto, algumas das quais não são claramente explicitadas. A primeira seria a falta de expansão dinâmica e a ênfase na comunidade brasileira. Webster compara a situação à dos saros, que teriam ficado ligados às missões protestantes de origem. Esse último ponto, no entanto, não está bem documentado, pois foram os saros os principais esteios das Igrejas africanas (por exemplo, Cole, George Johnson, J. P. Haastrup etc.; ver J. Kopytoff, 1965: 288; G. B. Webster, 1964: 136). Webster acrescenta outras razões: a falta de ênfase entre os católicos na necessidade de uma Igreja autofinanciada, autogovernada e catequizadora. O financiamento da Igreja Católica pela comunidade, no entanto, era grande, bem maior que na Europa. Não sabemos se era total, e os relatórios dos padres a diversas organizações europeias — à St. Enfance, por exemplo — sugerem que não o fosse. Mas as contribuições brasileiras eram suficientes para fundamentar seu poder. Segundo o padre R. Hales, historiador da Société des Missions Africaines, os brasileiros que não gostassem de algum padre simplesmente o deixariam morrer de fome (entrevista R. Hales, Ibadan, 19.5.75). Quanto ao autogoverno, de fato não há paralelo possível com a atitude política de africanização do clero implementada por aquele que dirigiu os destinos da Church Missionary Society entre 1841 e 1872, Henry Venn; nem com os metodistas e batistas que

Comemoração pelos brasileiros de Lagos da abolição da escravatura no Brasil. [Société des Missions Africaines]

Comitê brasileiro dos festejos da abolição em Lagos. A comunidade brasileira, sempre que pôde, procurou guardar o controle sobre os missionários e a exclusividade sobre o catolicismo. Nesse sentido, tornou o local uma religião que se pensa universal. [Société des Missions Africaines]

seguiram a mesma tendência até a década de 1880 (J. Kopytoff, 1965; J. F. A. Ajayi, 1965). O autogoverno estava em grande parte contido, no entanto, na tradição das irmandades religiosas que, desde o início da missão, entravam em choque com os padres, imbuídos de outra visão das coisas. Com o Concílio Vaticano i, em 1870, a tendência se acentuou.

É verdade, como vimos, que a Igreja Católica, contrariamente às protestantes na sua primeira época, nunca incentivou um clero africano, e Webster tem razão em acentuar esse ponto. No entanto, o próprio papel do clero é ambíguo. Apesar das fricções do clero africano com os missionários europeus, que caracterizavam as três denominações protestantes a partir do fim da década de 1880 (expurgo dos africanos no Níger e proclamação do fracasso do bispo saro Crowther em 1890, retorno ao comando da hierarquia branca entre batistas, metodistas e anglicanos), apenas quatro dos duzentos clérigos africanos aderiram ao movimento da Igreja africana até 1920 (J. B. Webster, 1964: 46). O famoso reverendo James Johnson é um caso exemplar: após ter sido o líder africano mais popular e ter estado no centro das disputas pelo controle da missão cms, ele susta *in extremis* a fundação da West African Church em janeiro de 1891: a United Native African Church, fundada alguns meses mais tarde, tem de contar apenas com os leigos (J. B. Webster, 1964: 65ss.). É a comunidade de leigos que, sistematicamente, tomará a iniciativa de cindir-se da missão original, nos primeiros anos da Igreja africana: em 1888, a congregação batista se separa, levando um ministro a reboque. Em 1891 e em 1907, o mesmo padrão se repete (J. B. Webster, 1964: 94, 46).

Se, portanto, o clero africano europeizado não aderiu frontalmente à Igreja africana, resta no entanto que sua posição relativa de autonomia ou de subordinação foi o pomo da discórdia que acabou resultando nas cisões. A recusa da cms de nomear um sucessor africano ao bispo Crowther foi o símbolo da submissão que nessa época a hierarquia branca passou a exigir do clero africano. Na Igreja Católica, com falta total de clero africano e com controle dos professores-catequistas, o problema nem sequer se colocou.

Enfim, Webster aponta para a identificação dos protestantes ingleses com o imperialismo, o que teria feito os nacionalistas engrossarem as fileiras das Igrejas africanas. Tal identificação não vigoraria entre os católicos.

Novamente, o fato é indiscutível, embora se possam questionar os efeitos que causou. Quando Abeokuta, Oyo e Ijebu chamam os padres católicos na década de 1880, era confessadamente por reação aos ingleses, de quem, na época, se temia uma invasão. Mas o mesmo não se pode dizer do Daomé, onde os franceses e os padres atuavam certamente associados, e onde, no entanto, os cismas metodistas também não tiveram equivalente na Igreja Católica.

Tudo isso parece configurar uma situação histórica única, em que é difícil separar o peso de cada componente. No entanto, gostaria de voltar ao primeiro elemento de explicação de Webster, a ênfase da Igreja Católica na comunidade brasileira. Creio que a questão, nesses termos, está ambiguamente apresentada, pois sugere a primazia da ação do clero, que teria favorecido uma certa comunidade. Mais apropriado seria dizer, como vimos, que houve êxito na ação da comunidade brasileira em reter com exclusividade o catolicismo ao longo do século XIX.[26]

Se uma das dimensões dos cismas das Igrejas era fazer coincidir grupos étnicos e/ou políticos com grupos religiosos, os brasileiros, também nesse aspecto, poucos motivos tinham para uma cisão.

RELIGIÕES UNIVERSAIS NA ÁFRICA OCIDENTAL?

O catolicismo dos brasileiros de Lagos é interessante também sob outra perspectiva, pois me parece pôr em causa uma das generalizações que percorrem a historiografia africanista: a da conversão em massa às religiões universais a partir do século XIX.

A África Ocidental passou, nos dois últimos séculos, por mudanças sociais e políticas em ritmo talvez sem precedentes. Nesse mesmo período, enraizaram-se ou brotaram um sem-número de novas religiões: o islã e suas diversas irmandades, Igrejas protestantes de várias denominações europeias e suas cisões africanas, catolicismo, etiopianismo, a seita da Aladura, movimentos proféticos... Enquanto isso, as religiões ditas tradicionais pareciam perder terreno.

Entre as duas ordens, a político-social e a religiosa, cientistas sociais logo teceram analogias. Analogias que poderíamos agrupar sob três títulos: uns perceberam as implicações políticas das novas religiões, seja como aceitação de

---

26. A conversão ao catolicismo, já no século XX, de grandes contingentes de jebus e de ibos, que posteriormente migraram para Lagos, veio alterar a composição da comunidade católica dessa cidade e fez florescer associações exclusivistas brasileiras de um novo gênero.

uma nova ordem, seja como fermento contestatório, seja como sublimação de atividades propriamente políticas; outros realçaram o paralelismo entre as mudanças sociais e as conversões religiosas, procurando perceber relações entre conversão e migração, entre a tolerância social (por exemplo, em relação à poligamia ou à escravidão doméstica) de certas religiões e o sucesso que obtinham; outros, enfim, procuraram mostrar o paralelismo entre a inserção na ordem mundial e o advento das religiões universais, vendo no sistema cosmológico a réplica da nova situação política.

Robin Horton foi provavelmente quem levou essa última variante ao seu limite. Em um artigo de 1971, que suscitou uma polêmica que se estendeu por anos a fio na revista *Africa*,[27] ele sustentava que a aceitação do islã e do cristianismo, religiões monolátricas,[28] é resposta à quebra de um universo social "microcósmico" e à introdução no "macrocosmo". Por outro lado, viria de encontro às religiões tradicionais, enfatizando um Ser Supremo, antes pouco interessado pelos negócios deste mundo, mas não obstante presente no panteão. A nova ênfase no Ser Supremo corresponderia à tentativa de cobrir explanatoriamente um mundo em mudança assim como a um sentimento de "derrota" das divindades menores diante da dissolução dos limites do "microcosmo". Como se o Ser Supremo que subtende o macrocosmo tivesse decidido tomar as rédeas do mundo cotidiano (R. Horton, 1971; 102ss.).

Não contestarei essa explicação, mas sim as próprias premissas. Não se parece ter questionado a realidade da passagem maciça das religiões tradicionais para as religiões ditas universais. É precisamente esse pressuposto que me parece contestável.

Comecemos por discutir as definições correntes, explícitas ou não, do que sejam religiões universais. Evitaremos assim que a ambiguidade no uso do termo permita resvalar convenientemente entre seus vários sentidos intuitivos.

O que seria uma religião universal? Podemos defini-la de vários modos *não equivalentes*. 1. Uma religião sustentada por uma organização transna-

---

27. Ver R. Horton, 1971; H. Fisher, 1973; R. Horton, 1975 e o número de novembro de 1971 da revista *African Religion Research*.

28. O termo monolátrico parece impróprio pelo menos para o cristianismo da hierarquia religiosa. A monolatria supõe o culto a um só deus entre os numerosos que supõe existir. Seria a religião de Moisés: "Quem entre os deuses é como Tu, Iavé?" (Êxodo, 15, 11). O cristianismo não é monolátrico, é monoteísta.

cional, a Igreja, a qual pode ser mais ou menos hierarquizada e centralizada e que em geral dispõe de uma doutrina escrita. A universalidade, nesse sentido, reside na organização *existente*, em contraste com sua potencialidade. Essa é visivelmente uma definição draconiana. 2. Uma religião que professe ser adequada a todos os seres humanos, por oposição à que se julga privativa de um grupo social, seja de uma família, linhagem, cidade, etnia. A universalidade, nessa acepção, reside na extensão *potencial* da Igreja. Essa definição não deixa de ter seus problemas também, pois supõe uma distinção ela própria universal entre a humanidade em geral e grupos sociais particulares. É sabido, porém, que a noção de humanidade, no mais das vezes, se confunde com as fronteiras do grupo social: no próprio catolicismo foi preciso uma longa controvérsia que desembocou na bula de 1532 de Paulo III para decidir se eram humanos e racionais os habitantes do Novo Mundo e, portanto, se podiam ser trazidos ao seio da Igreja. 3. Uma religião cujas divindades (no seu conjunto) têm competência sobre todo o universo. Essa me parece uma definição trivial, pois nesse sentido creio que todas as religiões são universais, já que encerram etiologias extensas que dão conta do mundo conhecido e têm instrumentos para incorporar as situações inauditas.

Repare-se, em todo caso, que essa competência universal de uma divindade não significa que a extensão do grupo de culto deva ser potencialmente universal, isto é, preencha a definição 2. Mesmo no caso extremo do monoteísmo de Israel, embora Iavé fosse, a partir do Deuteronômio, *único*, e a partir dos profetas do século VIII, *Senhor do Universo* (J. Bottéro, 1983: 15), a Aliança particular e bilateral entre Ele e Seu Povo Eleito pôde restringir e delimitar sua Igreja. O simples fato de ser considerada "verdadeira" de forma absoluta não torna uma religião adequada a todos. A universalidade de um deus não é, portanto, condição suficiente de uma Igreja universal. É preciso mais que isso; é preciso alargar as fronteiras do grupo de culto, o domínio social da religião. Na tradição judaico-cristã, esse alargamento foi obra de reformadores como o Segundo Isaías, Jesus Cristo e são Paulo.

Em que sentido, pois, poderíamos afirmar que houve uma conversão maciça dos povos da África Ocidental às religiões universais?

No sentido 1, que supõe uma Igreja transnacional em existência e não simplesmente postulada, a afirmação não é verdadeira: grande parte da cristianização, por exemplo, se deu em Igrejas cismáticas nacionais.

No sentido 3, como vimos, a afirmação é tautológica, já que, de partida, as religiões tradicionais são universais segundo essa definição.

Resta o sentido 2. Pensemo-lo em maior detalhe. Ele supõe um contraste marcado entre duas formas de religião:

a) uma em que o deus é exclusivo (enquanto exclui os outros deuses) *e* inclui todos os homens entre seus potenciais adeptos. Sua Igreja é teoricamente coextensiva à própria humanidade. É o que se costuma entender por uma atitude universalista e generosa, sem atentar para o fato de que é também a mais intolerante;

b) outra em que o grupo de culto é exclusivo (enquanto seu deus é associado a um grupo específico) mas, por isso mesmo, esse deus não exclui a possibilidade de outros deuses, tão específicos quanto ele próprio. Sua Igreja é coextensiva ao grupo social.

Um parêntese: não se pense que esse contraste é estritamente equivalente ao que separa religiões que se expandem das que não o fazem. Uma religião de tipo *b* pode se expandir ao mesmo tempo que mantém sua exclusividade. Isso, longe de ser contraditório, é um meio simples de expansão numérica de uma religião: o grupo religioso se mantém fechado, reservado a uma categoria de pessoas, mas ativam-se os mecanismos de incorporação a essa categoria. Está-se, assim, aumentando o grupo de culto, sem mexer na extensão categorial, no domínio social da religião. Ao contrário, uma religião do tipo *a* alterou a própria categoria dos fiéis possíveis, estendendo-a a toda a humanidade.

Religião universal, na definição com que estamos trabalhando, corresponde ao tipo *a* acima. Poder-se-ia, então, dizer que houve adesão maciça às religiões universais no sentido em que as tomamos?

O catolicismo, na região iorubá no século XIX, tem sido englobado entre os exemplos da penetração das religiões universais. Tentarei mostrar que não o foi, e suspeito que o mesmo se possa dizer de vários grupos protestantes.

Vejamos. Os missionários franceses que, a partir de 1868, tentaram arrebanhar os brasileiros católicos se queixavam, lembremo-lo, de várias coisas, entre as quais eu ressaltaria agora duas: queixavam-se do pluralismo religioso dos seus fiéis, que aderiam simultaneamente a diversas religiões; e queixavam-se também de serem prisioneiros virtuais de uma comunidade que não concebia partilhá-los com nenhuma outra. Ou seja, o catolicismo de Lagos, com uma base de sustentação exclusiva, teve no século XIX as características das religiões tradicionais. É isso que também explica a pluralidade dos cultos praticados pelos fiéis. Membros ao mesmo tempo de comunidades brasileiras e conservando ligações com suas cidades de origem, sua pluralidade religiosa replica a pluralidade de afiliações.

Em outras palavras, e pelos critérios que vimos, o catolicismo *não* foi, em Lagos, uma religião universal.

Na realidade, o paradoxo é que, em um período que ainda está para ser determinado, quem se universalizou, e isso no Brasil e em Cuba, foi a religião iorubá. Para tanto, usou o potencial que Bascom já havia assinalado em 1944: a possibilidade de um grupo de culto dos orixás poder transcender linhagens. Com isso, soube alargar as bases de sua Igreja. Não através da ênfase no Ser Supremo, como sustenta Horton, mas através de um recrutamento cada vez mais abrangente. Primeiro outras etnias africanas, depois toda a humanidade se tornaram passíveis do chamado dos orixás.

Quando Horton publicou seu artigo de 1971, foi chamado derrisoriamente de "Cavaleiro do Fênix", por tentar mostrar que a religião tradicional podia renascer das próprias cinzas (H. Fischer, 1973). O exemplo do Novo Mundo mostra que pode, mas não da maneira como Horton pensava: não desenvolvendo sua teologia em direção do monoteísmo, mas alargando sua Igreja. Religiões politeístas também podem ser universais.

Conclusão

Nenhum homem sabe quem é, nenhum homem é alguém.

Macedonio Fernández

Gostaria de concluir tirando algumas implicações do que precedeu e daquilo que escrevi anteriormente (1977, 1979, 1983b) sobre questões de identidade étnica. Se me limito a isso é porque não teria muito a acrescentar àqueles artigos, tampouco creio que os estudos de etnicidade que assolaram a década de 1970 (a ponto de haver, por exemplo, sido publicada em 1980 *a Harvard Enciclopedia of American Ethnic Groups* com verbetes para cem grupos étnicos) tenham trazido um avanço real.

Estamos no Ocidente (na União Soviética, a situação é ainda pior) na fase de rotinização, termo elegante para uma ruminação *ad nauseam* daquilo que, sim, constituiu uma virada nos estudos da etnicidade: a publicação, em 1969, da monografia de Cohen (1969) e de três páginas de Introdução que Barth fez a um livro (1969: 11-3). O que eles escreveram estava no ar: Elizabeth Colson (1953) certamente fora uma precursora, como também Roberto Cardoso de Oliveira (1962, 1964 e 1967).

Desde 1969, apesar de vários trabalhos bem-feitos (os mais reputados são os de Whitten, de Schildkrout e, mais recentemente, de Gilsenan), não se foi adiante. Entre os marxistas ocidentais, Tom Nairn (1977) talvez seja o único digno de exceção. Por isso gostaria de ir noutra direção, com os perigos que isso possa comportar.

O que se ganhou com os estudos de etnicidade foi a noção clara de que a identidade é construída de forma situacional e contrastiva, ou seja, que ela constitui resposta política a uma conjuntura, resposta *articulada* com as outras identidades em jogo, com as quais forma um sistema. É uma estratégia de diferenças.

Percebeu-se também que, se a identidade repousa numa taxonomia social, resulta de uma classificação, deriva daí que ela é um lugar de enfrentamentos. Há toda uma luta que Bourdieu, com sua (detestável) mania de trocadilhos, chama de luta de classificações; luta em que os contendores querem afirmar categorias para deslocar fronteiras, pôr em realce ou simplesmente fazer reconhecer grupos sociais (P. Bourdieu, 1979: 554-64).

A outra face do mesmo processo é a que faz das diferenças reais algo mais do que são, ou seja, sinais diacríticos. É pela tomada de consciência das diferenças, e não pelas diferenças em si, que se constrói a identidade étnica (S. Wallman, 1978: 5): mas esse acesso das diferenças a uma significação que as ultrapassa advém-lhes de sua colocação dentro de um sistema.

Muito do que precede se aplica igualmente a outras identidades, sexuais ou religiosas, por exemplo. Mas a identidade étnica se refere a algo específico, uma origem histórica. É uma afirmação sobre essa origem putativa, através de sinais tangíveis: a "cultura".

Pois a história não é necessariamente desfiada: basta que esteja implícita. Ela é, na verdade, uma caução para o que de fato, no dia a dia, marca a identidade étnica, ou seja, "a tradição" ou a "cultura", modo imediato de manifestação da origem do grupo, caução que a ancestralidade confere.

Por isso, nos processos de identificação étnica, assistimos a uma dupla e indissociável gênese: a formação de uma cultura que, por conveniência, chamarei de "cultura da diáspora", e a constituição simultânea da comunidade que se pauta por ela, à qual, para ser mais precisa, essa cultura serve de peso e de medida. Pois é confrontando-se, medindo-se a ela que cada qual vê julgada sua pertinência à comunidade étnica.

É nesse sentido que os estudos de etnicidade, essa construção de uma cultura da diferença, põem em causa a própria noção de cultura. Doravante parâmetro, a "cultura da diáspora" é coisa diversa do que poderá ter sido. *Seleção* elaborada de traços culturais tidos por autênticos, tradicionais, imemoriais... poderia até, no limite, ser composta de *todos* os traços de uma eventual cultura de origem: no entanto, mesmo nesse improvável caso, sua condição de parâmetro, de pedra de toque da identidade, altera-lhe essencialmente a natureza.

Suponhamos que um grupo indígena, desses que lutam por suas terras invadidas e por reconhecimento, consiga recuperar plenamente a língua dos antepassados, suas técnicas, suas tradições. Apesar disso, o cocar, feito de modo escrupuloso segundo os cânones mais tradicionais, o ritual executado do modo mais ortodoxo não serão mais estritamente o que foram na origem. As técnicas não são mais apenas uma relação à natureza, os símbolos tradicionais não marcam mais relações e privilégios que distinguem os membros do grupo: é em bloco, agora, que eles passam a marcar relações e privilégios entre *todos* desse grupo e um grupo *outro*. Foi-lhes acrescida uma nova dimensão, uma função que de alguma maneira reutiliza mas oblitera as anteriores: a de ser uma afirmação sobre a identidade étnica de homens e mulheres. O paradoxo nesse processo é que esse deslocamento, essa passagem de um plano de realidade para outro, se faz sob o signo da semelhança absoluta. Busca-se a fidelidade total ao modelo. Ao tornar-se um traço diacrítico, um traço cultural se torna simulacro de si mesmo, espectro. Nunca tão diferentes de si mesmo do que quando não muda, numa fidelidade realmente espectral: o que dá aos grupos étnicos sua aparência de conservadorismo, de tradicionalismo, como se a cultura, assim petrificada, fosse uma morta--viva. A ironia é que essa semelhança ao passado é, de saída, um projeto, e um projeto irrealizável, a menos que, ao inverso de se ajustar o presente ao passado, se proceda na ordem inversa, ou seja, se ajuste o passado ao presente. É o que se faz. As tradições, como se sabe hoje, são sempre reinventadas.

Há aqui, portanto, um trabalho de apropriação produtiva que Giannotti (1975) e Eunice Durham (1977) analisaram mediante a analogia com o trabalho morto de *O capital*: a produção cultural se vale de produto anterior, consumindo-o para atualizá-lo. O que torna específico o trabalho de constituição étnica é que ele opera uma descontinuidade de planos. A produção cultural em uma sociedade dada é uma inovação constante e perceptível: a ênfase está na continuidade, não na imutabilidade, do produto. Ao contrário, na constituição da etnicidade há uma descontinuidade real e uma ênfase na imutabilidade aparente do produto.

É nesse sentido que a questão da etnicidade é análoga à do totemismo: se este usa espécies naturais para pensar grupos sociais, a etnicidade usa espécies culturais para pensar um conjunto social de novo tipo, a sociedade multiétnica. O processo é da mesma ordem, a matéria-prima com que opera mudou.

Da mesma forma que as sociedades usam as diferenças naturais — mas não todas — para pensar diferenças entre seus segmentos, são aqui usadas as diferenças culturais — mas não todas — para pensar a sociedade multiétnica. A coerência é agora dada pelo sistema multiétnico e não mais pela cultura original: daí provêm a seleção de traços, a eleição de alguns a símbolos privilegiados da identidade étnica, o esquecimento sumário de outros que caracterizam os processos de constituição étnica. A memória e o esquecimento históricos são assim comandados pela relevância no novo sistema.

O processo de constituição da sociedade multiétnica é semelhante, portanto, ao de qualquer sociedade: o que lhe serve de linguagem simbólica — pacotes culturais — é que é específico. A "cultura" aparece como o penhor, a medida da identidade, um se revela no outro, diria Giannotti (1983: 32), um se constitui através do outro.

Passamos, assim, da identidade enquanto uma constante, algo imutável que "caracterizaria" um grupo, presa à ideia de uma história realmente presente em uma cultura anteposta, a uma concepção mais adequada que poderíamos chamar de "algébrica" da identidade, adotando assim uma imagem de Simmel que compara a identidade a uma variável numa equação (talvez tivesse sido mais apropriado falar em um sistema de equações): "embora se trate sempre da mesma variável, seu valor muda em função dos valores dos outros fatores" (G. Simmel, 1977 [1892]: 59).

Mas a questão essencial permanece irresolvida: o que garante a existência dessa identidade? *Nada*, responde Simmel. A identidade, tanto a pessoal quanto a de um grupo, é um pressuposto metodológico, *a priori*, sem o qual seria impossível classificar e entender os dados históricos (leia-se também sociológicos, antropológicos). É a condição de possibilidade da história (sociologia, antropologia), da coerência da interpretação (G. Simmel, 1977 [1892]: 61-3). Conclusão não muito diferente da de Lévi-Strauss, que faz da identidade "um tipo de foco virtual, ao qual é indispensável que nos refiramos para explicar um certo número de coisas, mas sem que tenha jamais uma existência real" (C. Lévi-Strauss, 1977: 332). Condição de inteligibilidade, de coerência, de homogeneidade.

Jorge Luís Borges escreveu em 1941 uma crítica sobre o filme de Orson Welles, *Cidadão Kane*. Dizia, em resumo, que havia duas maneiras de se ver o filme: ou como uma história pessoal com nexo — e nesse caso o filme era trivial, opinião que eu compartilhava — ou, pelo contrário, como uma história sobre a ausência de identidade do personagem, e, nesse caso, o filme se tornava interessante (J. L. Borges, 1984 [1941]). Em suma, a identidade era necessária para tornar significativa a história pessoal (que era desinteressante). Sem esse pressuposto, a história não fazia sentido. A questão interessante é que talvez a história não faça sentido e que a identidade seja uma condição supérflua.

Cronologia

1792	Revolução escrava em Santo Domingo (atual Haiti).
	O Império Britânico funda Freetown (atual capital de Serra Leoa) para repatriar escravos libertos durante a guerra de independência norte-americana.
1798	Revolta dos alfaiates, na Bahia, quando parte dos libertos é abandonada na Costa d'África.
1804	O Haiti declara-se independente da França e abole a escravidão.
1807	Cessa o tráfico negreiro nos EUA.
	O tráfico de escravos é abolido no Império Britânico.
1808	A Família Real aporta no Brasil, fugindo das tropas napoleônicas, e declara a abertura dos portos às nações amigas.
1809	Cerca de trezentos escravos das etnias hauçás e nagôs rebelam-se no Recôncavo baiano.
1813	Revolta de escravos hauçás, na Bahia.
1814	Nova revolta de escravos hauçás na Bahia.
1815	Acordo entre Inglaterra e Portugal proíbe o tráfico negreiro acima da linha do equador.
1816	Nos Estados Unidos, é criada a American Colonization Society, com o objetivo de repatriar libertos para a Libéria, no continente africano.

1815	Portugal firma tratado com a Inglaterra, comprometendo-se a abolir a escravidão.
1822	O Brasil declara independência de Portugal.
	A Libéria é formalmente fundada por colonizadores afro-americanos.
1824	É outorgada a primeira Constituição do Brasil.
1826	Revolta de escravos nagôs na Bahia.
	O Brasil se compromete com a Inglaterra a abolir o tráfico negreiro ao norte do equador e acabar com o comércio de escravos ao sul do equador até 1830.
	O Esquadrão Britânico passa a patrulhar o oceano Atlântico para reprimir o tráfico negreiro.
1827	Na Bahia, escravos crioulos se rebelam.
1828	Revolta de escravos nagôs em Itapoã (BA).
1830	Nova rebelião de escravos nagôs em Salvador (BA).
	Iniciam-se medidas policiais repressivas na província da Bahia particularmente contra africanos.
	Libertos africanos e crioulos, vindos do Brasil, começam a se instalar na costa ocidental da África.
1831	Lei de 7 de novembro proíbe a entrada de libertos africanos em qualquer porto do Brasil.
	Eclode violenta revolta escrava no estado da Virgínia (EUA).
1833	O Parlamento inglês aprova o Emancipation Act, que abole, de forma gradual, a escravidão em suas colônias.
1835	Revolta dos malês, africanos islamizados, em Salvador. Após a revolta, uma série de medidas discriminatórias é aprovada pela Assembleia Provincial da Bahia para coibir novos levantes.
	A Assembleia Legislativa da Bahia solicita à Assembleia Geral o estabelecimento urgente de uma colônia na costa africana para repatriar todo africano que se alforriasse.
	A Assembleia Provincial do Rio de Janeiro solicita o impedimento do desembarque de escravos da Bahia e libertos de qualquer outra região.
	O estado da Georgia (EUA) aprova lei que condena à pena de morte os acusados de publicar propagandas abolicionistas, que poderiam fomentar insurreições escravas.
1837	No Brasil, Revolta da Sabinada.

O governo central solicita aos presidentes das províncias para que os libertos portem suas cartas de alforria quando saírem de suas províncias.

1839 O primeiro contingente de saros, iorubás refugiados em Serra Leoa, volta a Lagos.

1844 Na Paraíba, escravos ou negros livres achados nas ruas depois do entardecer são levados à delegacia de polícia e açoitados.

1845 A Inglaterra aprova a Lei Bill Aberdeen, que autoriza a apreensão de navios negreiros com destino ao Brasil.

1848 Revolução Praieira em Pernambuco.

1849 Francisco Gonçalves Martins, antigo chefe da Polícia da Bahia responsável pela repressão à Revolta dos malês e da Sabinada, é eleito para a presidência da província da Bahia.

1850 O Brasil aprova a Lei Eusébio de Queiroz, que extingue o tráfico negreiro para qualquer latitude.

A província da Bahia aprova a lei que exclui os escravos e os africanos do serviço de saveiro. 750 africanos são atingidos com essa nova medida.

A lei nº 344 prescreve a preferência de libertos brasileiros a escravos para o ofício de estivador.

Libertos vindos do Brasil comercializam escravos em Lagos.

A Grã-Bretanha inicia linhas de vapores.

1851 Na Bahia, é aprovada a lei que exclui escravos das ocupações mecânicas e marítimas e oferece quitação de pesadas taxas e impostos para escravos que se retirarem do Império, sem o direito de retorno.

O exército britânico bombardeia Lagos e restaura Akitoye no trono, visando cessar o tráfico negreiro.

1852 Cessa o comércio negreiro em Lagos. O porto de Lagos torna-se um local seguro para os libertos.

1853 Na Bahia, são realizadas buscas contínuas em casas de libertos nagôs e minas sob a suspeita de conspirações.

1855 Em Lagos, é criado o Committee of Liberated Africans, composto de saros, brasileiros e cubanos, para regular disputas comerciais internas.

Os egbas de Lagos (brasileiros e saros) mandam munição para defender Abeokuta (cidade povoada por egbas) de um ataque daomeano.

1856 Libertos da Bahia contratam uma viagem para Lagos, mas desembarcam em Daomé (atual Benim), onde são mortos e escravizados.

230 pessoas provenientes da Bahia desembarcam em Lagos. Nessa época, a colônia de Lagos contava com 20 mil habitantes.

1857   O cônsul inglês convence o rei de Lagos, Docemo, a isentar libertos vindos do Brasil e de Cuba de taxas tributárias.

1860   Cessa o tráfico negreiro em Cuba.

1861   Início das tensões diplomáticas entre d. Pedro ii e o embaixador britânico no Brasil, William Dougal Christie.

A Guerra de Secessão eclode nos Estados Unidos.

A Inglaterra implanta estatuto colonial em Lagos.

A Société des Missions Africaines estabelece uma missão católica no Daomé.

1862   Navios ingleses atacam embarcações brasileiras.

1863   O Brasil rompe relações diplomáticas com a Inglaterra.

Em Lagos chegam mais imigrantes brasileiros a bordo do navio *Lisbonense*.

1865   Firmado o Tratado da Tríplice Aliança, entre Brasil, Argentina e Uruguai.

Reatamento das relações diplomáticas entre Brasil e Inglaterra.

Fim da Guerra de Secessão; a escravidão é abolida nos Estados Unidos.

1868   Missão católica é fundada em Lagos.

1870   Fim da Guerra do Paraguai. Escravos que lutaram na guerra são libertos no Brasil.

1871   No Brasil, é instituída a Lei do Ventre Livre.

O primeiro censo da colônia de Lagos detecta 1237 brasileiros e cubanos.

1872   Revogadas as medidas discriminatórias adotadas na província da Bahia após a revolta dos malês, em 1835.

1877   Moloney, administrador de Lagos, busca incentivar o comércio e o trânsito entre Lagos e Bahia.

1879   No Brasil, são fundadas as primeiras associações abolicionistas, como Perseverança e Porvir de Fortaleza.

1880   Joaquim Nabuco e André Rebouças fundam a Sociedade Brasileira contra a Escravidão.

1881   Um novo censo detecta 2723 brasileiros em Lagos.

1883   A National African Company Ltd., de Londres, experimenta oferecer seus serviços para frete de passageiros de Lagos com destino à Bahia e dali a outros portos brasileiros.

1884	No Brasil, os estados do Ceará e do Amazonas abolem a escravidão.
1885	O Brasil aprova a Lei dos Sexagenários, prevendo a libertação de escravos com mais de 65 anos.
	A Conferência de Berlim divide o território africano entre as principais potências europeias, para controle colonial.
1886	A Inglaterra implanta comunicação telegráfica de Lagos com a Europa e conecta essa linha com a Eastern and Brazilian Companies.
	Cuba abole a escravidão.
1887	No Brasil, a Igreja Católica manifesta-se oficialmente a favor do fim da escravidão.
	O Império Britânico conquista Daomé.
1888	O movimento abolicionista propõe a apreciação do projeto de abolição da escravidão em regime de urgência. Logo depois, o Senado e a princesa Isabel aprovam a Lei Áurea, pondo fim à escravidão no Brasil.
	A National African Company Ltd. experimenta novamente oferecer passagens de Lagos para a Bahia.
	Contabilizam-se 3221 brasileiros em Lagos.
1889	Proclamação da República no Brasil.
1890	Moloney encoraja a criação de uma linha de vapores da Bahia a Lagos.
	Na primeira viagem, 110 passageiros imigram em Lagos.
1891	É promulgada a primeira Constituição da República brasileira.
	Deodoro da Fonseca é eleito o primeiro presidente do Brasil.
	Início do movimento nacionalista em Lagos; brasileiros que ali residem adotam nomes nativos, enquanto as associações brasileiras e de saros passam a se interessar pelas tradições iorubás.
1893	O Império Britânico estabelece o Protetorado da Costa do Níger, na região do Delta do Níger.
1894	A França conquista Daomé, hoje República do Benim.
1900	O Império Britânico assume o controle de Sokoto, no noroeste, a Borno, no nordeste da Nigéria.
1901	A resistência da Confederação Aro (união de etnias) à penetração britânica ao sudeste da Nigéria culmina na Guerra Anglo-Aro.
1914	O governo britânico unifica a colônia de Lagos com as regiões do sul e do norte da Nigéria, formando a Colônia e Protetorado da Nigéria.

Fontes e referências bibliográficas

1. FONTES OFICIAIS, ARQUIVOS E JORNAIS

a. Manuscritos

Arquivos da Société des Missions Africaines (SMA) em Roma, Itália, e em Cork, Irlanda.
Arquivo da Anti-Slavery Society, na Bodlean Library, Oxford séries G. 2 e G. 79.
Foreign Office Records (FO). Colonial Office Records (CO). Papers of Sir John Hawley Glover.
Entrevistas com descendentes de brasileiros de Lagos 1975-1976.

b. Impressos

Fallas de Presidentes da Província da Bahia por ocasião de aberturas da Assembleia Legislativa:
1.3.1850 — Francisco Gonçalves Martins
1.3.1851 — Francisco Gonçalves Martins
1.3.1852 — Francisco Gonçalves Martins
1.3.1853 — João Maurício Wanderley
1.3.1854 — João Maurício Wanderley
1.3.1855 — João Maurício Wanderley 14. 5.1856 — Alvaro Ribeiro de Moncorvo e Lima
1.9.1857 — João Lins Vieira Cansansão de Sinimbú
10.4.1860 — Herculano Ferreira Pena
1.3.1861 — Antonio da Costa Pinto
1.9.1861 — José Augusto Chaves

1.3.1862 — Joaquim Antão Fernandes Leão
15.11.1862 — Antonio Coelho de Sá e Albuquerque
1.3.1863 — Antonio Coelho de Sá e Albuquerque
1.3.1868 — José Bonifácio Nascentes de Azambuja

Relatórios de Presidentes da Província da Bahia apresentados à Assembleia Legislativa:
1.3.1865 — Luiz Antonio Barbosa de Almeida
1.3.1866 — Manuel Pinto de Souza Dantas
1867 — Ambrozio Leitão da Cunha
11.4.1869 — Barão de São Lourenço
6.3.1870 — Barão de São Lourenço
1.3.1871 — Barão de São Lourenço

Relatórios de Presidentes da Província da Bahia quando da transferência da administração aos sucessores:
1859 — Manoel Messias de Leão
1862 — José Augusto Chaves
30.9.1862 — Joaquim Antão Fernandes Leão
20.2.1864 — Antonio Joaquim da Silva Lemos
26.7.1868 — José Bonifácio Nascentes de Azambuja
21.10.1869 — Antonio Ladislao de Figueiredo Rocha

Anais do Parlamento Brasileiro. Câmara dos Deputados

Anais do Senado do Império do Brasil

Coleção das Leis do Império do Brasil

Coleção de Leis da Província da Bahia

Parliamentary Papers (PP)
1847-8, XXII (272) (366) (536) (623). Four reports from the Select Committee on the Slave Trade
1849, XIX (309) (410). Two further reports of the House of Commons Select Committee
1849, XVIII (32). Report of the House of Lords Select Committee on the Slave Trade
1850, XXIV (35). Second Report of the House of Lords Select Committee on the Slave Trade
1852-3, XXXIX (920). Report of the House of Commons Select Committee on the Slave Trade

Lagos Blue books

Jornais de Lagos:
The Anglo-African, 1863-5
The Lagos Times, 1881-91
The Eagle and Lagos Critic, 1883-8

Lagos Observer, 1882-91
Lagos Weekly Times, 1890
Lagos Weekly Record, 1891-1905
The Lagos Standard, 1894-1906.

2. LIVROS E ARTIGOS

AIMES, Herbert H. S.
1909 "Coartacion: A Spanish institution for the advancement of slaves into freedmen", *Yale Review*, XVII, fevereiro de 1909, 412-31.

AJAYI, J. F. Ade
1961 "Nineteenth century origins of Nigerian nationalism", *Journal of the Historical Society of Nigeria*, vol. 2, nº 1.
1965 *Christian missions in Nigeria 1841-1891. The Making of a New Elite*, Londres, Longman.

AJAYI, J. F. A. e SMITH, R.
1971 *Yoruba warfare in the nineteenth century*, 2ª ed., Cambridge, Cambridge University Press.

AKINJOGBIN, I. A.
1967 *Dahomey and its neighbours 1708-1818*, Cambridge, Cambridge University Press.

AKINTOYE, S. A.
1971 *Revolution and power politics in Yorubaland 1840-1893: Ibadan expansion and the rise of Ekitiparapo*, Londres, Longman.

ALDEN, Dauril
1963 "The population of Brazil in the late eighteenth century: A preliminary study", *Hispanic American Historical Review*, 1963, vol. XLIII: 173-205.

ALMEIDA, Cândido Mendes de
1870 *Código philippino ou Ordenações e leis do reino de Portugal*, Rio de Janeiro, Tipografia do Instituto Philomathico.

ALMEIDA, Manuel Antônio de
1944 (1854) *Memórias de um sargento de milícias*, Rio de Janeiro, INL.

AMARAL, Braz do
1941 "Os grandes mercados de escravos africanos. As tribos importadas. Sua distribuição regional", *Fatos da Vida do Brasil*, Bahia, Tip. Naval, 1941.
1957 *História da independência da Bahia*, Salvador, Livraria Progresso Editora.

AMIN, Samir
1971 "La politique coloniale française à l'égard de la bourgeoisie commerçant sénégalaise (1820-1960)", *in* Cl. Meillassoux (org.), *The development of indigenous trade and markets in West Africa*, Oxford University Press.

ANJORIN, A. O.
1966 "European attempts to develop cotton cultivation in West Africa 1850-1903", *Odu*, vol. 3, nº 1.

ARIAL, L.
1922 *Missions de la Nigeria*, Arquivos SMA, Roma, 1C5.

AYANDELE, E. A.

1966 *The missionary impact on modern Nigeria: 1842-1914. A political and social analysis,* Londres, Longman.

AZEVEDO, Thaïes de

1969 *Povoamento da Cidade do Salvador,* Salvador, Itapuã.

BALBI, Adrien

1822 *Essai statistique sur le royaume de Portugal et d'Algarve, comparé aux autres États de l'Europe,* 2 vols., Paris, Reych Gravier.

BANDINEL, James

1842 *Some account of the trade in slaves from Africa,* Londres, Longman, Brown, and Co.

BANE, Martins Janes S. M. A.

1956 *Catholic pioneers in West Africa,* Dublin, Clonmore and Reynolds, Ltd.

BANTON, Michael

1963 "African prophets", *Race,* vol. 5, nº 2: 42-55.

BARROS, Roque Spencer Maciel de

1974 "A questão religiosa", *in* Sérgio Buarque de Holanda (org.), *História geral da civilização brasileira,* São Paulo, Difel, tomo II, vol. 4: 338-65.

BARTH, Fredrick

1969 *Ethnic groups and boundaries. The social organization of culture difference,* Bergen-Oslo, Universitets Forlaget.

BASCOM, William R.

1952 "The *Esusu:* A credit institution of the Yoruba", *Journal of Royal Anthropological Institute,* 82(1): 63-9.

1959 "Urbanism as a traditional African pattern", *Sociological Review,* nº 7: 29-43.

BASTIDE, Roger

1945 *Imagens do Nordeste místico,* Rio de Janeiro, O Cruzeiro.

1973 "O leão do Brasil atravessa o Atlântico", *in Estudos Afro-Brasileiros,* São Paulo, Perspectiva: 377-84.

BERLIN, Ira

1974 *Slaves without masters: The Free Negro in the Antebellum South,* Nova York, The New Press.

BERRY, Sara S.

1967 *Cocoa in Western Nigeria 1890-1940, A study of an innovation in a developing economy,* University of Michigan.

1968 "Christianity and the rise of cocoa-growing in Ibadan and Ondo", *Journal of the Historical Society of Nigeria,* vol. 4, nº 3: 439-51.

BETHELL, Leslie

1970 *The abolition of the Brazilian slave trade,* Cambridge, Cambridge University Press.

BIOBAKU, Saburi O.

1957 *The Egba and their neighbours 1842-1872,* Oxford, Clarendon.

BLOCH, Marc

1947 "Comment et pourquoi finit l'esclavage antique", *Annales,* 2ᵉ année, nᵒˢ 1 e 2: 30-44 e 161-70.

BORGES, Jorge Luís
1983 (1941) "Um filme esmagador", *Folhetim*, 13.5.83:2.

BOTTÉRO, Jean
1983 "Du polythéisme babylonien au monothéisme d'Israel. L'ancien Oriént, la Bible et le Dieu unique", *Cahier du Centre Thomas Moore*: 1-18.

BOUCHE, Abbé Pierre
1885 *La côte des esclaves et le Dahomey*, Paris, Plon.

BOURDIEU, Pierre
1979 *La distinction. Critique social du jugement*, Paris, Éditions de Minuit.

BOWEN, T. J.
1857 *Central Africa. Adventures and missionary labors in several countries in the interior of Africa from 1849-1856*, Charleston, Southern Baptist Publication Society.

BRAGA, Júlio Santanna
1968 "Notas sobre o 'Quartier Bresil' no Daomé", *Afro-Ásia*, nº 6-7.

BRASIL, Etienne Ignace
1909 "La secte musulmane des males du Brésil et leur révolte en 1835", *Anthropos*, 4: 414-5.

BROOKS, George
1970 *Yankee traders, old coasters and African middlemen. A history of American legitimate trade with West Africa in the nineteenth century*, Boston, Boston University Press.

BROWN, Spencer H.
1964 "A history of the people of Lagos 1852-1886", tese de doutorado, Northwestern University.

BURLAMAQUI, Frederico L. C.
1837 *Memoria analytica á cerca do commercio d'escravos e á cerca dos malles da escravidão domestica*, Rio de Janeiro, Tipographia Commercial Fluminense.

BURMEISTER, Hermann
1980 (1853) *Viagem ao Brasil*, São Paulo, Itatiaia e Edusp.

BURNS, A. C.
1929 *History of Nigeria*, Londres.

BURTON, Richard B.
1864 *A mission to Gelele, king of Dahomey*, 2 vols., Londres, Tinsley Brothers.

CARDOSO, Fernando Henrique
1962 *Capitalismo e escravidão no Brasil meridional*, São Paulo, Difel.

CARDOZO, Manoel da Silveira
1973 "As irmandades da antiga Bahia", *Revista de História*, São Paulo, vol. XLVII, nº 95: 237-62.

CASCUDO, Luís da Câmara
1972 *Dicionário do folclore brasileiro*, Brasília, INL.

CLARKE, W. H.
1972 *Travels and explorations in Yorubaland (1854-1858)*, Ibadan, Ibadan University Press.

COHEN, Abner
1969 *Custom and politics in Urban Africa*, Londres, Routledge and Kegan Paul.

COHEN, D. W. e GREENE, J. P.
1972 *Neither slave nor free: The freedman of African descent in the slave society of the New World*, Baltimore e Londres, The Johns Hopkins University Press.

COLE, Patrick

1975 *Modern and traditional elites in the politics of Lagos.* Cambridge, Cambridge University Press.

COLSON, Elizabeth

1953 *The Makah Indians: A study of an Indian tribe in modern American society,* University of Minnesota Press.

CONRAD, Robert

1975 *Os últimos anos da escravatura no Brasil,* Rio de Janeiro, Civilização Brasileira.

COQUERY-VIDROVITCH, Catherine

1971 "De la traite des esclaves à l'exportation de l'huile de palme et des palmistes au Dahomey: XIXème siècle", *in* Claude Meillassoux (org.), *The development of indigenous trade and markets in West Africa,* Londres, Oxford University Press: 107-22.

COUTINHO, J. J. Azeredo

1966 (1808) "Análise sobre a justiça do comércio do resgate dos escravos da Costa da África, *in Obras econômicas,* São Paulo, Nacional.

COUTY, Louis

1883 *L'esclavage au Brésil,* Paris, Librairie Guillaumin.

CUNHA, Manuela Carneiro da

1977 "Religião, comércio e etnicidade: Uma interpretação preliminar do catolicismo brasileiro em Lagos, no século XIX", *Religião e Sociedade,* nº 1: 51-60.

1979 "Etnicidade: Da cultura, residual mas irredutível", *Revista de Cultura e Política,* vol. 1, nº 1: 35-9.

1981 "Critérios de indianidade", *Folha de S. Paulo,* 12.1.1981.

1983a "Sobre os silêncios da lei. Lei costumeira e positiva nas alforrias de escravos no Brasil do século XIX", *Cadernos IFCH Unicamp,* nº 4: 1-27.

1983b "Parecer sobre os critérios de identidade étnica", *in O índio e a cidadania,* São Paulo, Comissão Pró-Índio e Brasiliense: 96-100.

1985 "Sobre os silêncios da lei: lei costumeira e lei positiva nas alforrias de escravos no Brasil do século XIX". *Dados,* Rio de Janeiro, v. 28, nº 1: 45-60.

1991 Introdução a "On The Amelioration Of Slavery" (1816), de Henry Koster, *Slavery and Abolition. A Journal of Comparative Studies,* v. 2, nº 3: 368-376.

2009 "Henry Koster, inventor do cordial escravismo brasileiro", *in: Cultura com aspas,* São Paulo, Cosac Naify, p. 151-156.

CUNHA, Marianno Carneiro da

1985 *Da senzala ao sobrado: A arquitetura brasileira na África Ocidental,* São Paulo, Nobel-Edusp.

CURTIN, P. D. e VANSINA, J.

1964 "Sources of the nineteenth century atlantic slave trade", *Journal of African History,* vol. 2: 185-208.

DAGLIONE, Vivaldo W. F.

1968-9 "A libertação dos escravos no Brasil através de alguns documentos", *Anais de história de Assis,* I: 131-4.

DANTAS, Beatriz Góis

1982 "Repensando a pureza nagô", *Religião e Sociedade,* nº 8: 15-20.

DEBRET, Jean-Baptiste

1972 (1834-1939) *Viagem pitoresca e histórica ao Brasil*, São Paulo, Livraria Martins e Edusp.

DEGLER, Carl N.

1971 *Neither black nor white. Slavery and race relations in Brazil and the United States*, Nova York, MacMillan.

DENIGA, Adeoye

1921 *Nigerian Who's Who for 1922*, Lagos.

DURHAM, Eunice

1977 "A dinâmica cultural na sociedade moderna", *Ensaios de Opinião*: 32-5.

EADES, Jerry S.

1980 *The Yoruba today*, Cambridge, Cambridge University Press.

EISENBERG, Peter

1977a "The consequences of modernization for Brazil's sugar plantation in the nineteenth century", *in* Kenneth & Rutledge (orgs.), *Land and labour in Latin America*, Cambridge, Cambridge University Press: 345-67.

1977b *Modernização com mudança. A indústria açucareira em Pernambuco, 1840-1910*. São Paulo, Paz e Terra e Unicamp.

ELKINS, Stanley Maurice

1959 *Slavery: A problem in American institutional and intellectual life*, Chicago, University of Chicago Press.

ERMAKOFF, George

2004 *O negro na fotografia brasileira do século XIX*, Rio de Janeiro, G. Ermakoff Casa Editorial.

EWBANK, Thomas

1856 *Life in Brazil*, Nova York, Harper & Brothers.

FERNANDES, Florestan e BASTIDE, Roger

1955 *Brancos e negros em São Paulo*, São Paulo, Companhia Editora Nacional.

FINLEY, Sir Moses

1980 *Ancient slavery and modern ideology*, Londres, Chatto & Windus.

FISHER, Humphrey J.

1963 *Ahmadiga*, Londres, Oxford University Press.

1973 "Conversion reconsidered: Some historical aspects of religious conversion in black Africa", *Africa*, vol. 43, 27-40.

FITZROY, Capt. R. e Darwin, Charles

1839 *Narrative of the surveying voyages of His Majesty's ships Adventure and Beagle, between years 1826 and 1836*, 3 vols., Londres, Henry Colburn.

FONER, Laura e GENOVESE, Eugene D.

1969 *Slavery in the New World: A reader in comparative history*, Nova Jersey, Englewood Cliffs.

FORBES, Frederick E.

1851 *Dahomey and the Dahomeans*, 2 vols., Londres, Longrenans.

FRANCO, Maria Sylvia de Carvalho

1974 (1968) *Homens livres na ordem escravocrata*, São Paulo, Ática.

FREYRE, Gilberto

1959 "Acontece que são baianos", *in Problemas Brasileiros de Antropologia*, Rio de Janeiro: 263-319.

FROBENIUS, Leo

1968 (1913) *The voice of Africa*, vol. 1, Nova York, Londres, B. Blom.

FYFE, Christopher

1962 *A history of Sierra Leone*, Oxford University Press.

1974 "Reform in West Africa: The Abolition of the slave trade", *in* J. F. A. Ajayi e M. Crowder (orgs.), *History of West Africa*, Londres, Longman, vol. 2: 30-56.

GALLAGHER, J.

1950 "Fowell Buxton and the New African Policy, 1838-1842", *Cambridge Historical Journal*, vol. 10, nº 1: 36-58.

GALLIZA, Diana Soares

1979 *O declínio da escravidão na Paraíba 1850-1888*, João Pessoa, Editora da Universidade Federal da Paraíba.

GBAMADOSI, T. G. O.

1978 *The growth of Islam among the Yoruba, 1841-1908*, Londres, Longman.

GENOVESE, Eugene

1968 "Negro slavery in the Americas", *Journal of Social History*: 371-94.

1969 *The world the slaveholders made*, Nova York, Pantheon Books.

1974 *Roll, Jordan, roll. The world the slaves made*, Nova York, Pantheon Books.

1979 *From rebellion to revolution: Afro-American slave revolts in the making of the modern world*, Baton Rouge, Louisiana State University Press.

GIANNOTTI, José Arthur

1983 (1973) "O ardil do trabalho", *in Trabalho e reflexão. Ensaios para uma dialética da sociabilidade*, São Paulo, Brasiliense: 80-125.

1983 "Imperativos da ilusão", *in Trabalho e reflexão. Ensaios para uma dialética da sociabilidade*, São Paulo, Brasiliense: 15-79.

GILSENAN, Michael

1982 *Recognizing Islam. An anthropologist's introduction*, Londres, Croom Helm.

GOODY, Jack

1980 "Slavery in time and space", *in* J. Watson (org.), *Asian and African Systems of Slavery*: 16-42. Oxford, Basil Blackwell.

GORENDER, Jacob

1978 *O escravismo colonial*, São Paulo, Ática.

GRAHAM, Richard

1966 "Causes of the abolition of slavery in Brazil: An interpretative essay", *Hispanic American Historical Review*, XLVI, maio de 1966: 123-37.

1970 "Brazilian slavery reexamined: A review article", *Journal of Social History*, vol. 3, nº 4: 431-53.

GUIMARÃES, Bernardo

1977 (1875) *A escrava Isaura*, Itatiaia Belo Horizonte.

GWAM, Lloyd Chike

1961 "The educational work of Christian missions in the settlement of Lagos 1842-1882", *Ibadan*, 12.6.1961: 18-21.

HABERLY, David T.
1972 "Abolitionism in Brazil: Anti-Slavery and anti-slave", *Luso Brazilian Review*, IX, nº 2, dezembro de 1972: 30-46.

HAIR, Paul E. H.
1965 "The enslavement of Koelle's informants", *Journal of African History*, 6: 193-203.

HALES, Robert
1968 *ITAN IJO AGUDA. Yoruba Catholic Beginnings. 1868-1968*, ms.

HARRIS, Marvin
1964 *Patterns of Race in the Americas*, Nova York, Walker and Company.

HOPKINS, Antony Gerald
1964 "An Economic History of Lagos 1880-1914", tese de doutorado, University of London.
1968 "Economic imperialism in West Africa: Lagos 1880-1892", *Economic History Review*, 21: 580-606.
1969 "A report on the Yoruba, 1910", *Journal of Historical Society of Nigeria*, 5(1): 67: 100.

HORTON, Robin
1971 "African Conversion", *Africa*, vol. 41: 85-108.
1975 "On the rationality of conversion", *Africa*, vol. 45. n° 3: 219-35 e n° 4: 373-99.

IANNI, Octávio
1962 *As metamorfoses do escravo*, São Paulo, Difel.

JACOB, François
1981 *Le jeu des possibles*, Paris, Fayard.

JOHNSON, Samuel
1921 *The history of the yorubas*, Lagos, CSS.

JOHNSTON, Sir Harry Hamilton
1969 (1910) *The negro in the New World*, Nova York, Johnson Reprint Corp.

KARASH, Mary
1972 "Slave life in Rio de Janeiro 1808-1850", tese de doutorado, University of Wisconsin.
1973 "Manumission in the city of Rio de Janeiro 1807-1851", trabalho apresentado na reunião de American Historical Association, San Francisco, ms.
1975 "From porterage to proprietorship", *in* S. Engelman e E. Genovese (orgs.), *Race and slavery in the Western hemisphere: A quantitative study*, Princeton University Press.

KIDDER, D. P. e FLETCHER, J. C.
1857 *Brazil and the Brazilians*, Nova York, Childs and Peterson.

KIERNAN, James Patrick
1976 "The manumission of slaves in colonial Brazil: Paraty 1789-1822", tese de doutorado, New York University, ms.

KLEIN, Herbert
1971 "Anglicanism, Catholicism and the negro slave", *in* A. J. Lane, org., *The debate over 'slavery'". Stanley Elkins and his critics*. Urbana, University of Illinois Press: 137-90.
1978 "Os homens livres de cor na sociedade escravista brasileira", *Dados*, nº 17: 3-27.

KOELLE, S. W.
1854 *Polyglotta africana, or a Comparative vocabulary of nearly three hundred words and phrases, in more than one hundred distinct African languages*, Londres, Church Missionary House.

KOPYTOFF, Jean H.

1965 *A preface to modern Nigeria. The "Sierra Leoneans" in Yoruba 1830-1890*, Madison, The University of Wisconsin Press.

KOSTER, Henry

1816a *Travels in Brazil*, Londres, Longman, Hurst, Rees, Orme, and Brown.

1816b "On the Amelioration of Slavery", *The Pamphleteer*, vol. VIII, nº XVI: 305-36.

LAFFITE, Abbé

1881 *Le pays des nègres et la côte des eclaves*, Tours, Marne et Fils.

1883 *Le Dahomé. Souvenir de voyage et de mission*, Tours, Alfred Marne.

LANG, Monseigneur

1902 Missionary diary, SMA ms.

LAOTAN, Anthony B.

1943 *The torch bearers or Old Brazilian colony in Lagos*, Lagos.

1961 "Brazilian influence on Lagos", *Nigerian Magazine*, 69: 156-65.

LAST, Murray

1974 "Reform in West Africa: The Jihad movements of the nineteenth century", *in* J. F. A. Ajayi & M. Crowder (orgs.), *History of West Africa*, vol. 2: 1-29.

LAW, Robin

1977 *The Oyo empire c. 1600-c. 1836*, Oxford, Clarendon Press.

1978 "Slaves, trade and taxes: The material basis of political power in precolonial West Africa", *in* G. Dalton (orgs.), *Research in Economic Anthropology*, vol. 1: 37-52.

LÉVI-STRAUSS, Claude

1977 *L'identité* (seminário dirigido por Claude Lévi-Strauss), Paris, Grasset.

LINDLEY, Thomas

1969 *Narrativa de uma viagem ao Brasil*, São Paulo, Nacional.

LINHARES, M. Y. e LEVY, Maria Barbar

1971 "Aspectos da história demográfica e social do Rio de Janeiro (1808-1889)", *in* F. Mauro (orgs.), *L'histoire quantitative du Brésil de 1800 à 1930*, Paris, CNRS.

LUNA, Francisco Vidal e COSTA, Iraci del Nero da

1980 "A presença do elemento forro no conjunto dos proprietários de escravos", *Ciência e Cultura*, 32, 7: 839-40,

MABOGUNJE, Akin L.

1961 *A geography of Lagos, 1850-1960*, Londres, University of London Press.

1968 *Urbanization in Nigeria*, Londres, University of London Press.

MALHEIRO, Agostinho Perdigão

1976 (1867) *A escravidão no Brasil*, Petrópolis, Vozes, 2 vols.

MARTINS Fº, Amilcar e MARTINS, Roberto B.

1983 "Slavery in a nonexport economy: Nineteenth-century. Minas Gerais revisited", *Hispanic American Historical Review*, vol. 63, nº 3: 537-68.

MARTINS, Roberto B.

1983 "Minas Gerais, século XIX: Tráfico e apego à escravidão numa economia não exportadora", *Estudos Econômicos*, IPE/USP, vol. 13, nº 1: 181-210.

MATTOSO, Kátia M. de Queiroz

1972 "A propósito das cartas de alforria, Bahia 1779-1850", *Anais de História*, FFCL Assis, vol. 4: 23-52.

1974 "Os escravos na Bahia no Alvorecer do séc. xix (Estudo de um Grupo Social)", *Revista de História*, São Paulo, ano xxv, vol. xlvii, nº 97: 109-135.

1978 *Bahia: A Cidade do Salvador e seu mercado no século xix*, São Paulo, Hucitec.

1979a "Testamento de escravos libertos na Bahia no século xix". Centro de Estudos Baianos. Publicação Universidade Federal da Bahia 85: 53 pp.

1979b *Ser escravo no Brasil. Séculos xvi-xix*. São Paulo. Brasiliense.

MAXWELL, Kenneth

1973 *Conflicts and conspiracies, Brazil and Portugal. 1750-1808*. Cambridge, Cambridge University Press.

MEILLASSOUX, Claude

1971 "Introduction", *in* Claude Meillassoux (orgs.), *The development of indigenous trade and markets in Africa*, Londres, Oxford University Press: 3-86.

MENUCCI, Sud

1938 *O precursor do abolicionismo (Luís Gama)*, São Paulo, Nacional.

MIERS, Suzanne e KOPYTOFF, Igor, orgs.

1977 *Slavery in Africa, Historical and Anthropological Perspectives*, Madison, University of Wisconsin Press.

MOLONEY, Alfred C.

1889 "Cotton interests, foreign and native, in Yoruba and generally in West Africa", *Manchester Geographical Society Journal*, vol. 5.

1890 "Notes on the Yoruba and the colony and protectorate of Lagos, West Africa", *Proceedings of the Royal Geographical Society*, vol. 12, nº 10: 596-614.

MOTT, Luís

1973 "Cautelas de alforria de duas escravas na província do Pará (1829-1846)", *Revista de História*, São Paulo, vol. xlvii, nº 95: 263-8.

NABUCO DE ARAÚJO, Joaquim

1977 (1883) *O abolicionismo*, Petrópolis, Vozes.

NAIRN, Tom

1977 "The modern Janus", *in The break-up of England*, Londres, New Left Books: 329-63.

NEWBURY, C. W.

1961 *The Western slave-coast and its rulers*, Oxford Clarendon.

1969 "Trade and authority in West Africa from 1850 to 1880", *in* L. H. Gamm e Peter Duignan (orgs.), *Colonialism in Africa*, Stanford University Press, vol. 1: 66-99.

1972 "Credit in early nineteenth century West Africa Trade", *Journal of African History*, vol. xiii, 1: 81-95.

NIELSEN, Lawrence J.

1975 "Of gentry, peasants and slaves: Rural society in Sabará and its hinterland, 1780-1930", tese de doutorado não publicada.

OLINTO, Antônio

1964 *Brasileiros na África*, Rio de Janeiro, GRD.

OLIVEIRA, Maria Inês Côrtes de

1979 "O liberto: O seu mundo e os outros (Salvador 1790-1890)", dissertação de mestrado, 1979, ms., Universidade Federal da Bahia.

OLIVEIRA, Roberto Cardoso de

1962 "Estudos de áreas de fricção interétnica no Brasil", *América Latina*, ano v, nº 3.

1964 *O índio e o mundo dos brancos*, São Paulo, Difel.

1972 (1967) "Problemas e hipóteses relativos à fricção interétnica: Sugestões para uma metodologia", *A sociologia do Brasil indígena*, Rio de Janeiro, Tempo Brasileiro: 85-130.

OMOSINI, Olufemi

1975 "Alfred Moloney and his strategies for economic development in Lagos colony and hinterland 1886-1891", *Journal of the Historical Society of Nigeria*, vol. VII, nº 4.

OMU, Fred I. A.

1978 *Press and politics in Nigeria 1880-1937*, Londres, Longman.

ORTIZ, Fernando

1921 "Los cabildos afro-cubanos", *Rev. Bimestre Cubana*, XVI: 5-39.

1975 (1916) *Los negros esclavos*, Havana, Ed. de Ciencias Sociales.

PAGÈS, Père

circa 1873 a 1878 *Cahier*, ms. SMA Roma, 2A: 102.

PEEL, John D. Y.

1968 "Syncretism and religions change", *Comparative Studies in Society and History*, 10(2): 121-41.

1983 *Ijeshas and Nigerians. The incorporation of a Yoruba Kingdom, 1890s-1970s*, Cambridge, Cambridge University Press.

PÉREZ DE LA RIVA, Juan

1976 *Para la historia de las gentes sin historia*, Barcelona, Ariel.

PETERSON, John E.

1969 *Province of freedom. A History of Sierra Leone 1787-1870*, Londres, Faber and Faber.

POLÁNYI, Karl

1966 *Dahomey and the slave trade. An analysis of an archaic economy*, Seattle e Londres, University of Washington Press.

PRADO, J. F. de Almeida

1954 "Les relations de Bahia (Brésil) avec le Dahomey", *Revue d'Histoire des Colonies*, segundo trimestre, tomo XVI, 1954.

QUERINO, Manoel

1938 *Costumes africanos no Brasil*, Rio de Janeiro, Biblioteca de Divulgação Científica.

REIS, João J.

1976 "A elite baiana face os movimentos sociais: Bahia, 1824-1840", Revista de História, nº 108: 341-384.

RODRIGUES, A. Nina

1976 (1932) *Os africanos no Brasil*, São Paulo, Nacional, Coleção Brasiliana.

ROSS, David A.

1965 "The career of Domingo Martinez in the Bight of Benin, 1833-1864", *Journal of African History*, v. 1, I: 79-90.

RUSSELL-WOOD, A. J. R.

1972 "Colonial Brazil", *in* D. W. Cohen e J. P. Green (orgs.), *Neither slave nor free: The freedmen of African descent in the slave societies of the New World*, Baltimore, The John Hopkins University Press.

1974 "Black and mulatto brotherhoods in colonial Brazil: A study in collection behavior", *Hispanic American Historical Review*, LIV: 4: 567-602.

RUY, Affonso

1942 *A primeira revolução social brasileira*, São Paulo, Companhia Editora Nacional, Brasiliana nº 217.

SAYERS, Raymond

1958 *O negro na literatura brasileira*, trad. e notas de A. Houaiss, Rio de Janeiro, O Cruzeiro.

SCALLA, Giambattista

1862 *Memorie di Giambattista Scalla, console di S. M. Italiana in Lagos de Guinea, intorno ad un suo viaggio in Abbeokuta, citta nell'Interno di Africa*, Sampierdarena, 1858.

SCARANO, Julia

1976 *Devoção e escravidão*, São Paulo, Nacional, Brasiliana nº 357.

SCHILDKROUT, Enid

1978 *People of the Zongo. The transformation of ethnic Identities in Ghana*, Cambridge, Cambridge University Press.

SCHWARTZ, Stuart B.

1970 "The mocambo: Slave resistance in colonial Bahia", *Journal of Social History III*, primavera de 1970: 313-33.

1973 "Free labor in a slave economy: The lavradores de cana of colonial Bahia", *in* D. Alden (orgs.), *Colonial roots of modern Brazil*, Califórnia, University of California Press, 147-97.

1974 "The manumission of slaves in colonial Brazil: Bahia, 1864-1745", *Hispanic American Historical Review*, LIV, 4: 603-35.

1975 "Elite politics and the growth of a peasantry", *in* A. J. Russell-Wood, org., *From colony to nation*, Baltimore e Londres, The John Hopkins University Press.

1977 "Resistance and accomodation in eighteenth-century Brazil: The slaves view of slavery", *Hispanic American Historical Review*, vol. 57, nº 1: 69-81.

1982 "Brésil, le royaume noir des 'mocambos'", *L'Histoire*, nº 41, janeiro de 1982: 38.

SEIDLER, Carl

1980 (1835) *Dez anos no Brasil*, São Paulo, Itatiaia e Edusp.

SILVA, José Bonifácio de Andrada e

1910 (1823) *Representação à Assembleia Geral Constituinte e Legislativa do Império do Brasil sobre a escravatura, in Homenagem a José Bonifácio*, Rio de Janeiro, Ministério de Agricultura, Indústria e Comércio: 45-76.

SILVA, José Justino de Andrade e

1850 *Colleção chronológica da legislação portuguesa, compilada e annotada*, Lisboa, Imprensa Nacional, 10 vols.

SIMMEL, Georg

1950 (1908) "The stranger", *in* K. H. Wolff (orgs.), *The sociology of Georg Simmel*, Nova York, The Free Press: 402-8.

1977 (1892) *The problems of the philosophy of history. An epistemological essay*, Nova York, The Free Press.

SKIDMORE, Thomas Elliott

1974 *Black into white: Race and nationality in Brazilian thought*, Oxford University Press.

SLENES, Robert Wayne

1976 "The demography and economics of Brazilian slavery, 1850-1888", tese de doutorado, Stanford University: 748.

SMITH, H. F. C.

1961 "The Islamic revolutions of the nineteenth century", *Journal of the Historical Society of Nigeria* (JHSN), II, 2.

SMITH, Robert

1978 *The Lagos consulate, 1851-1861*, Londres, Macmillan and The University of Lagos Press.

SOUTHEY, Robert

1965 (1810) *História do Brasil*, São Paulo, Obelisco.

SPIX, J. B. Von e MARTIUS, C. F. P.

1824 *Travels in Brazil in the years 1817-1820*, Londres, 2 vols.

STEIN, Stanley

1957 *Vassouras: A Brazilian coffee county, 1850-1900*, Cambridge, Massachusetts, Harvard Historical Studies 69.

TALBOT, P. Amaury

1969 (1926) *The peoples of souther Nigeria*, 4 vols., Londres, Humphrey Milford.

TANNENBAUM, Frank

1947 *Slave and citizen, the negro in the Americas*, Nova York, Vintage Books.

THOMPSON, H. W. G.

1932 *Census of Nigeria*, 1931, vol. 4, Census of Lagos.

TOLLENARE, Louis-François de

1956 (1818) *Notas dominicais*, tomadas durante uma viagem em Portugal e no Brasil em 1816, 1817 e 1818, Recife, Livraria Progresso Editora.

TRIMINGHAM, J. S.

1959 *A history of Islam in West Africa*, Glasgow University Publications.

TSCHUDI, Johann Jakob Von

1953 (1866-9) *Viagem às províncias do Rio de Janeiro e S. Paulo*, São Paulo, Martins, Biblioteca Histórica Paulista, 5.

TURNER, Jerry Michael

1975 "Les brésiliens: The impact of former Brazilian slaves upon Dahomey", tese de doutorado, Boston University.

TURNER, Lorenzo D.

1942 "Some contacts of Brazilian ex-slaves with Nigeria, West Africa", *Journal of Negro History*, vol. 27, nº 1.

VERGER, Pierre

1953 "Influence du Brésil au golfe du Bénin", *in Les Afro-Americains, Memoires de l'IFAN*, nº 27, Dacar, IFAN.

1966 *O fumo da Bahia e o tráfico dos escravos do golfo de Benim*, Salvador, UFBA e Centro de Estudos Afro-Orientais.

1968 *Flux et reflux de la traite des nègres entre le golfe de Bénim et Bahia de Todos os Santos,* Paris-La Haye, Mouton.

VIDAL, Luiz Maria

1886 *Repertório da legislação servil,* Rio de Janeiro, Laemmert.

VILHENA, Luís dos Santos

1969 (1802) *A Bahia do século XVIII (Recopilação de notícias soteropolitanas e brasílicas),* Salvador, Itapuã.

VIOTTI DA COSTA, Emilia

1966 *Da senzala à colônia,* Difel, São Paulo.

WALLERSTEIN, Immanuel

1979 "American slavery and the capitalist world-economy", *The Capitalist World-Economy,* Cambridge University Press e Maison des Sciences de l'Homme: 202-21.

WALLMAN, Sandra

1978 *Ethnicity at work,* Cambridge, Cambridge University Press.

WALSH, Rev. R.

1933 (1831) *Notices of Brazil in 1828 and 1829,* Boston Press, 2 vols.

WEBSTER, J. B.

1963 "The Bible and the plough", *Journal of the Historical Society of Nigeria,* vol. 2, nº 4.

1964 *The African Churches among the Yoruba. 1888-1922,* Oxford, Clarendon Press.

WETHERELL, James

1860 *Brazil. Stray notes from Bahia: Being extracts from letters, &c. during a residence of fifteen years,* Liverpool, W. Hadfield, 1860.

WHITTEN, Norman

1976 *Sacha Runa: Ethnicity and adaptation of Ecuadorian jungle quichua,* Urbana, University of Illinois Press.

WICKHAM, C. J.

1982 "Servants of the *Shari'a*", *The Times Literary Supplement,* 30.4.1982: 495.

Lista de tabelas

Índice remissivo

exportação, 36n, 80, 84, 138, 140n, 148n, 154, 156, 161, 166, 169

fazendas, 35, 80-1, 126n, 165
feitiçaria, 51
feitores, 62, 71, 97, 115, 125
Fernandez & Co., 161
Fernández, M., 241
Festa de Nossa Senhora dos Prazeres, 178
Festa de Nosso Senhor do Bonfim, 182
fetiches, 195-6
filanis, 133
Finley, M., 33, 77n, 87-8
firmas inglesas, 161
Fisher, H., 227n, 237n
Fitzroy, capitão, 96n
Fletcher, J. C., 50n, 54, 56, 70, 116n, 138
Forbes, F. E., 137, 139
Forester Friendly Society, 203
França, 109, 142, 144-6, 160, 247, 251
Franco, M. S. C., 81-2, 89
Free Gardeners, 203
Freeman, lorde, 166
Freetown, 132, 166, 188, 230, 232, 247
Freyre, G., 9, 21, 24, 89, 91, 182
Frobenius, L., 204-5
fulânis, 45, 50n, 135
fumo, 79, 84, 138, 142, 145, 154, 158-9
funerais, 197-8, 205

Gallagher, J., 141
Galliza, D. S., 63n, 65, 72
Galvão, indígena, 201
Gama, L., 43n, 67n
Gana, 38n, 106
ganhadeiras, 118; ver também negros de ganho
Gbamadosi, T. G. O., 45, 47n, 50, 136, 227
geges, 44, 51n
Genovese, E., 87, 92-3
George, J. O., 161
Giannotti, J. A., 243-4
Gilsenan, M., 241
Glover Papers, 157n, 162

Gomes, E. F., 203n
Gomes, P. F., 161
Goody, J., 21n
Gorender, J., 33, 86n, 88
Goring, lorde, 54, 83
Goulart, M., 65
Government Gazette, 161, 169, 218n
Grã-Bretanha, 142-6, 160, 249
Graham, R., 86n, 89
Grécia Antiga, 87
Grigg, lorde, 66n, 96, 140
grupos linguísticos, 133-4
Guarda Nacional, 94, 99
Guerra do Paraguai, 67, 250
"guerras santas" ver jihads
Guezo, rei, 141, 196
Guimarães, B. de, 112
Guran, M., 10
gurmas, 51n
Gwam, L. C., 217

Haastrup, F., 174, 233
Hair, P. E. H., 133, 135
Haiti, 92, 96-7, 247
Hales, R., 207, 212, 217, 218n, 222, 233
Harris, M., 90-3, 114, 126
hauçás, 12-3, 38n, 45, 47, 50-1, 133, 136, 151, 185, 191, 247
Havana, 138; ver também Cuba
Henriques, J. A. A. F., 125, 145
Herring, C., 39n
Hesketh, lorde, 140
History of the yorubas (Johnson), 184
Holanda, 142
Holley, 191, 193, 222
Holy Cross, igreja, 168, 192, 195n, 204n, 221, 232
Hopkins, A. G., 139, 141, 143, 154-8, 160-2, 164, 167
Horton, R., 237, 240
Howden, lorde, 43n, 58

Ianni, O., 77n, 89, 94

1ª EDIÇÃO [2012] 1 reimpressão

ESTA OBRA FOI COMPOSTA PELA SPRESS EM DANTE E IMPRESSA EM OFSETE
PELA GEOGRÁFICA SOBE PAPEL PÓLEN SOFT DA SUZANO S.A.
PARA A EDITORA SCHWARCZ EM MARÇO DE 2020